세계 음식 문화를 만든 7가지 식재료

호모 코쿠엔스의 음식 이야기

세계 음식 문화를 만든 7가지 식재료

호모 코쿠엔스의 음식 이야기

초판 1쇄 발행 2020년 1월 10일
초판 2쇄 발행 2020년 6월 15일

지은이 | 제니 린포드
그린이 | 앨리스 패툴로
옮긴이 | 강선웅, 황혜전

펴낸이 | 김태화
펴낸곳 | 파라북스
편 집 | 전지영
디자인 | 김현제

등록번호 | 제313-2004-000003호 등록일자 | 2004년 1월 7일
주소 | 서울특별시 마포구 와우산로29가길 83 (서교동)
전화 | 02) 322-5353   팩스 | 070) 4103-5353

ISBN 979-11-88509-29-4 (03900)

이 도서의 국립중앙도서관 출판예정도서목록(CIP)은 서지정보유통지원시스템 홈페이지
(http://seoji.nl.go.kr)와 국가자료종합목록 구축시스템(http://kolis-net.nl.go.kr)에서 이용하실
수 있습니다. (CIP제어번호 : CIP2019051004)

호모 코쿠엔스의 음식 이야기

세계 음식 문화를 만든
7가지 식재료

제니 린포드 지음 | 강선웅, 황혜전 옮김

칠리

소금

토마토

쌀

돼지고기

카카오

꿀

파라북스

머리말

매일 먹는 식재료들은 우리 삶에서 특별한 역할을 한다.
무엇보다 우리와 매우 밀접한 관계를 가지며 우리 몸을 유지하는 데
꼭 필요하다. 오늘날 매일 먹는 주요 식재료들과 우리의 관계는
수천 년을 거슬러 올라간다. 수천 년을 지나오면서 이들 식재료들은
우리 식습관을 만들었고, 우리 역사 곳곳에서 문화적·종교적 가치를
지니며 상징적이고 때로는 미신적인 의미를 가지기도 한다.

이 책에서 탐구한 7가지 식재료들은 하나같이 우리가 잘 알고 있는 것들이다.

돼지고기는 오늘날 어디에서나 볼 수 있는 매우 흔한 고기로, 베이컨이나 소시지 패티는 아침식사로 애용되고, 햄 샌드위치는 사무직 직원들의 간단한 점심식사로 사랑을 받으며, 야구경기장에서는 핫도그가 인기를 끌고 있다. 병에 담아 슈퍼마켓에서 판매하는 꿀은 팬케이크에 뿌리거나 과일 스무디에 들어가 단맛을 즐기게 한다. 값싸고 어디에나 있는 소금은 식사를 하는 동안에도 개인의 기호에 따라 음식에 뿌려먹을 수 있도록 식탁에 늘 놓여 있다. 또 식품 제조업계에서 널리 사용하고 있는 첨가제 중 하나로, 가공식품의 맛을 높이고 방부 효과를 더하는 데에도 사용된다. 감자칩과 같은 짠 음식은 누구나 예상을 하지만, 놀랍게도 빵이나 토마토 케첩, 케이크와 같은 일상적인 가공식품에도 소금이 들어간

다. 전 세계적으로 칠리는 소고기 타코에서 커리에 이르기까지 매운맛을 내는 간편한 방법으로 사용된다. 쌀은 이제 식품저장고의 필수품이고, 필요할 때 편리하게 보관하고 요리할 수 있는 만족스러운 탄수화물이다. 카카오로 만든 초콜릿 과자류는 식료품점이나 편의점에서 저렴하게 이용 가능하다. 초콜릿 바는 그 달콤함 때문에 사는 순간에 다 먹어치우게 된다. 과육이 풍부하고 자극적이지 않은 토마토는 샐러드, 샌드위치, 버거, 피자 토핑 등에 널리 사용된다. 이러한 식재료가 없는 음식은 생각할 수가 없다.

이들은 모두 그 자체로 주목할 만한 재료들이며, 하나하나에 다양하고 흥미로운 이야기들이 숨어 있다. 이 식재료들은 하나같이 모든 것에 호기심을 가진 한 종족(인류)의 관심을 반영하여 전 세계를 여행했다. 여기에는 새로운 식품을 경계하는 저항과 더불어, 긴 항해를 거쳐온 칠리, 쌀, 토마토와 같은 '외계' 식물을 심고자 하는 인간의 실험의지도 담겨 있다. 이 책에 수록된 국제적 요리법들은 – 말레이시아의 나시고렝, 이탈리아의 수고 알 포모도로, 포르투갈의 소금에 절인 대구 크로켓, 중국의 차슈, 북미의 브라우니, 그리스의 바클라바, 이스라엘의 주그 등 – 음식에 대한 개방적인 마음과 7가지의 식재료가 세계를 여행하면서 인간에 내재화된 부분이 반영된 것이다.

음식의 역사를 추적하면 인간이 얼마나 독창적이고 호기심이 많은지 알게 된다. 인류는 수많은 사람들에게 영양을 공급하기 위해 자원을 사용하고 자연을 활용하면서 스스로 자연계에 맞춰 살아왔다. 소금은 바다와 땅에서 발견되었다. 돼지, 양, 소 그리고 닭 같은 야생동물과 새들은 고기, 우유, 양털, 비료, 가죽을 얻기 위해 사육되었다. 야생식물들은 매력적이지 않고 경작하기 힘든 것도 있었지만, 좋은 맛과 식감, 더 많은 수확량, 질병에 대한 저항력 그리고 수확의 용이성과 같은 우리가 원하는 특성을 갖도록 개량되면서 세대를 거쳐 재배되어왔다. 심지어 꿀을 쉽고 안전하게 수확하기 위해 벌들과 함께 일하는 방법이 개발되기도 하였다.

인간이 최초로 길들인 동물 가운데 야생 멧돼지의 후손인 돼지가 있다. 고대 사람들은 야생 멧돼지에 대해 경외심을 가졌다. 고대 그리스와 로마의 신화, 켈트 전설, 아서 이야기에서는 강력하고 사나운 멧돼지들이 격렬하게 돌진한다. 그러나 돼지는 도살될 때까지 먹을 것을 스스로 찾아내는 능력이 있어 사육하기 좋은 동물이 되었다. 흥미롭게도 유대교와 이슬람교에서는 아직도 금기시되고 있지만, 돼지고기는 세계에서 가장 많이 소비되는 고기이다. 전 세계 많은 시골 지역에서 돼지 도축은 연례행사였고, 그날에는 보기 드문 특별한 음식으로 신선한 돼지고기를 즐기며 축제를 벌였다. 신선한 소시지에서 잘 보존된 햄과 살라미에 이르기까지 다양한 형태의 풍부한 식품을 즐길 수 있는 오늘날은 그야말로 돼지고기 식품의 세계이다.

꿀은 인류의 첫 번째 감미료이다. 수천 년 전부터 야생벌의 벌집에서 수집해 먹었는데, 꿀에 대한 인류의 욕망을 최초로 묘사한 것은 8,000~10,000년 전의 동굴 벽화로, 꿀을 채집하는 인간의 모습이 그려져 있다. 단맛은 우리 혀가 인식하는 근본적인 오감 중 하나이고, 우리는 생물학적으로 단맛을 좋아하도록 프로그램되어 있다. 오늘날까지 양봉은 계속되고 있는데, 여기에는 벌과 벌 집단의 복합적인 노동 활동에 매료된 사람들의 존중이 반영되어 있다.

소금은 우리 생명 유지에 필수적이다. 단맛과 마찬가지로 짠맛은 우리의 혀가 인식하는 근본적인 오감 중에 하나로, 우리가 갈망하는 핵심적인 맛이다. 몇 세기 동안 소금은 정말 가치가 있었다. 경제적으로 중요하다는 것은 어원에서도 확인된다. 많이 알려진 것처럼 급여를 뜻하는 영

어 단어 'Salary'는 소금이라는 뜻의 라틴어 'Sal'에서 비롯되었다. 소금은 소금물을 증발시켜 얻거나 암염에서처럼 많은 물리적 노동을 통해 추출한 광물이다. 소금은 양념으로 사용되는 것뿐만 아니라 햄과 치즈부터 김치나 간장 같은 발효식품에 이르기까지 훌륭한 보존식품을 만드는 데 필수적이다.

남아메리카 볼리비아에서 유래된 것으로 추측되는 칠리는 오늘날에는 전 세계에서 재배된다. 세계 인구의 1/4가량이 어떠한 형태로든 칠리를 먹는 것으로 추정된다. 특히 씨앗과 주변 조직에 함유된 캡사이시노이드라는 성분이 그 독특한 매운맛의 원인이다. 흥미롭게도 인간은 이 고통스러운 효과를 가진 열매를 피하기보다 오히려 즐기는 쪽을 선택했다. 스페인이 메소아메리카 침략한 이후 칠리는 교역로를 통해 전파되어, 유럽, 아프리카, 인도, 동남아시아를 포함한 세계 곳곳에 소개되었고, 멕시코, 인도, 태국 등에서는 광범위하게 사용하는 대표 식재료가 되었다. 칠리의 매운맛에 매혹된 사람들은 경이적이고 기록적인 수준의 극단적인 매운맛에 도달하기 위해 새로운 경작지를 개발하고 있다.

카카오로 만든 초콜릿은 선진국에서 사탕이나 과자로 널리 알려져 있지만, 그럼에도 여전히 화려하고 특별한 의미를 인정받는다. 초콜릿은 밸런타인데이 선물로 많은 사람들에게 인기 있다. 카카오 원산지는 아메리카 대륙으로, 역사적으로 통화나 제수 용품으로 사용한 올멕, 마야, 아즈텍 문명에서 높이 평가받았다. 마야와 아즈텍 사회의 특권층 사람들은 카카오로 만든 음료를 정성껏 준비해 마셨다. 카카오가 유럽 대륙과 세계 다른 지역에 소개된 것은 메소아메리카를 침략한 스페인 정복자들에 의해서인데, 오랜 기간 카카오는 음식보다는 음료로 소비되었다. 지금 우리가 소비하고 있는 부드러운 식감의 초콜릿을 먹을 수 있게 된 것은 산업혁명과 특정기계의 개발로 카카오 콩을 가공하게 되면서부터다.

곡물인 쌀은 주요한 식량 작물 중 하나이며, 세계 인구의 절반 이상이 섭취하는 중요한 영양 공급원이다. 재배되는 쌀은 야생의 쌀에서 유래되었지만 처음 경작한 곳은 아직 확인되지 않아, 중국과 인도가 이 영예를 차지하기 위해 경쟁하고 있다. 오늘날까지도 쌀은 두 나라의 주식이다. 쌀을 잘 경작하기 위해서 아시아의 농부들은 반수생 식물인 벼를 논이라고 불리는 물을 넣은 땅에서 재배하는 시스템을 개발하였다. 이러한 방식의 쌀 재배는 많은 농부들에게 물이 공평하게 분배되도록 하는 복잡한 관개시스템을 구축하게 하였다. 이것은 높은 수준의 사회적 협력이 필요한 일이고, 이 때문에 사회를 형성하는 데 작물이 미치는 영향을 연구하는 사회사학자들은 '쌀 재배 사회rice-growing societies'라는 용어를 만들어 사용한다.

역시 남아메리카에서 온 토마토는 세계 일주를 한, 엄청나게 성공적인 식재료이다. 처음에는 식재료로는 회의적이었기에 비교적 늦게 요리의 주요 식재료가 되었다. 토마토는 스페인 사람들에 의해 유럽에 소개되었는데, 이국적이고 신기한 이 열매는 처음에는 최음제로 명성을 얻었다. 그래서 '사랑의 사과'라는 별명을 갖기도 했다. 색이 밝고 화려한 토마토는 식용보다는 눈요기로 재배되기 시작했다. 그러다가 19세기에 이탈리아에서 토마토 재배와 통조림 산업 모두가 성공하면서, 오늘날 포모도로Pomodoro. 이탈리아어로 토마토를 말한다는 파스타 소스에서 피자까지 전형적인 이탈리아 음식을 의미하는 말이 되었다. 이탈리아를 여행해 본 사람은 누구나 인정하듯이 따뜻한 햇볕과 좋은 토양에서 자란 신선한 토마토의 맛은 이기기는 어렵다.

이 역사적인 식재료들이 거쳐온 여정은 전반적으로 같은 궤적을 그린다. 처음에는 매우 전설적이고 비싸고 사치품으로 평가되지만, 수세기 동안 인간의 창의성과 노력에 의해 널리 사용되고 저렴해졌다. 그 덕에 이국적인 매력은 상당히 줄어들었지만, 이러한 식재료들의 역사를 살펴보면 이 일상적인 음식들이 얼마나 특이한 것들인지를 새삼 깨닫게 된다. 그리고 그와 더불어 이 7가지 식재료들을 비로소 제대로 인식하게 될 것이다.

차례

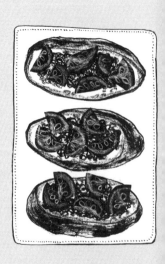

돼지고기

돼지고기

돼지는 인간 역사에서 매우 특별한 동물이다.
개와 더불어 최초로 사육된 동물로,
인간과 오랫동안 관계를 맺고 있다.
길들여진 돼지는 모두 멧돼지의 후손이다.

돼지를 최초로 사육한 지역은 확실히 알 수 없지만, 고고학적 증거에 의하면 기원전 8000년경 중국인 것으로 추측된다. 중동의 여러 곳에서도 사육된 돼지의 뼈가 발견되었지만, 고고학적으로 의미 있는 것은 기원전 8000년경의 것으로 터키의 할란 세미Hallan Çemi에서 출토되었다. 이 뼈들을 통해 야생 멧돼지가 길들여져 사람들의 마을 안에서 함께 살았음을 알게 된다.

돼지가 사람들과 어울려 살 수 있었던 것은 호기심 많고 자신만만한 멧돼지의 타고난 성격 때문이다. 돼지는 주로 삼림지대에 서식하지만 무엇이든 닥치는 대로 먹어치우는 유능한 청소부이기도 하다. 초기 인간의 정착지에서 나온 쓰레기더미와 음식 찌꺼기가 멧돼지를 사람들과 점차 친숙하게 만들었고, 야생 멧돼지의 새끼들이 사람들에게 포획되고 길들여지며 서서히 사육된 것으로 보인다. 또 제물로 쓰기에 적절한 동물이었다는 것도 돼지가 가축이 되는 데 한몫했을 것이다. 돼지는 중국뿐만 아니라 고대 그리스와 로마에서도 신에게 바치는 제물이었다. 로마 작가 플리니우스Pliny the Elder는 ≪박물지Natural History≫(77년)에서 "돼지 새끼는 생후 5일 되었을 때가 제물로서의 순수한 상태"라고 썼다.

소, 양, 염소 같은 동물들은 우유나 고기를 먹기 위해 또 털을 얻기 위해 사육하지만, 돼지는 오로지 고기 생산을 목적으로 길렀다. 이 책의 '돼지고기 요리'(34~52쪽) 부분에서는 도축된 돼지에서 나온 고기를 전 세계 사람들이 얼마나 기발한 방법으로 요리에 사용하고 있는지 볼 수 있다. 돼지는 오랫동안 많은 나라에서 중요한 고기 공급원이었다. 특히 역사적으로 중국인들의 삶에서 돼지는 매우 중요했는데, 한자에서 집家은 돼지豕와 지붕宀을 의미하는 글자의 조합으로 이루어져 있다. 유럽에서도 돼지 치는 사람의 모습은 호메로스의 ≪오디세이≫(기원전 725 ~ 기원전 675년)에 등장하는 돼지치기 유마에우스Eumaeus에서부터 안데르센의 ≪돼지치기 왕자The Swineherd≫(1842년) 이야기에 이르기까지 문학과 민속을 관통하고 있다.

돼지는 잡식성인데다가 살을 찌우는 능력이 있으며 먹이를 쉽게 찾고 사람이 먹고 남은 음식 찌꺼기도 먹기 때문에 인간에게 매우 유용한 동물이었다. 생물학적으로도 돼지는 훌륭한 장비를 갖추고 있다. 날카로운 이빨은 다양한 종류의 음식을 걸신들린 듯 먹어치우는 데 유리하다. 돼지의 코도 놀랄 만한 자산이다. 단단해서 딱딱한 땅을 파기에도 효과적일 뿐만 아니라 고양이의 수염처럼 민감하다. 냄새에 민감한 수용체가 구비되어 있어 냄새로 음식을 찾아내는 놀라운 후각 기능도 갖추고 있다. 땅속에 있는 식용 줄기와 뿌리를 냄새로 찾아낼 만큼 후각이 뛰어나 땅속에서 자라는 귀한 송로버섯을 찾을 때 개뿐만 아니라 돼지도 동원되었다. 15세기 이탈리아 르네상스 시대의 역사가이자 작가인 바르톨로미

오 플라티나Bartolomeo Sacchi Platina는 돼지와 사냥개로 송로버섯을 찾는 것에 대해 썼는데, 돼지를 투입하여 고품질 버섯을 찾는 관습은 오늘날까지 이어지고 있다.

중국에서는 돼지를 돼지우리에서 키워 쉽게 살을 찌울 수 있었다. 사람들의 배설물을 포함한 쓰레기를 먹어치우고 사람들이 먹을 수 있는 고기를 제공하기 때문에 한나라(기원전 206 ~ 기원후 220년) 시대에는 돼지 사육을 장려했다. 이 시기에는 죽은 사람과 사후세계에서 동행하도록 함께 순장될 정도로 귀하게 여겼다.

유럽에서는 두 종류 돼지가 사육되었다. 정해진 공간에서 사는 다리 짧은 스티sty와 돼지치기의 감시 아래 나무숲에서 방목되는 다리 긴 돼지

살라드 오 라흐동
salade aux lardons

라흐동은 프랑스어로 베이컨 또는 기름살 조각을 의미한다. 전통적인 프
랑스 비스트로^{편안한 분위기의 작은 식당}에서 내놓는 샐러드에서는 튀긴 라흐동
과 수란水卵이 여린 양상추를 풍부한 맛과 식감이 가득한 요리로 만든다.

4인분
준비시간 10분
조리시간 8~9분

- 올리브유 6큰술
- 디존 머스터드 1작은술
- 베이컨 225g, 2.5cm 크기로 깍둑 썰기한다.
- 레드와인 식초 5큰술
- 신선한 계란 4개
- 프리제 2대, 5cm 길이로 자른다.
- 소금, 갈은 블랙 후추

1. 올리브유과 머스터드를 섞어 드레싱을 만든다. 소금 약간과 통후추를 넉
   넉히 갈아 베이컨에 간을 한다.

2. 베이컨을 팬에 넣어 중간 불에 5분 정도 뒤집어가며 바삭거리도록 튀긴
   다. 레드와인 식초를 팬에 넣고 1분간 살짝 졸인 후, 따뜻하게 따로 둔다.

3. 소스 팬에 물을 끓이다 불을 줄인다. 계란을 깨뜨려 작은 그릇에 두었다
   가, 끓는 물에 넣는다. 2~3분 정도 기다려 수란을 만든다. 구멍 뚫린 스푼
   으로 건져 종이타월로 물기를 제거한다.

4. 프리제에 드레싱을 부어 가볍게 섞은 다음 접시 4개에 나누어 담고, 조리
   한 베이컨을 각각의 접시에 올려 가볍게 섞어준다. 그 위에 수란을 올려
   완성한다.

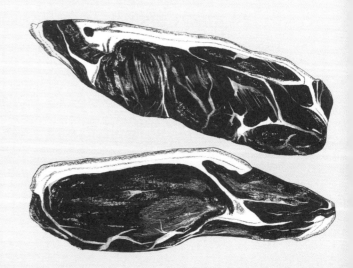

이다. 돼지를 숲속에 방목하는 것은 유럽의 오랜 전통이었는데, 돼지는 숲에서 계절에 따라 너도밤나무 열매, 헤이즐넛개암나무 열매, 도토리 등과 같은 풍부한 과일과 견과류로 살찌웠다. 방목은 경제적인 가치가 있는 것으로 영국의 《토지 대장Domesday Book》(1086년)에 기록되었다. 예를 들면, 오설스톤Ossulstone, 지금은 런던으로 편입된 미들섹스 지역에 있었던 옛 지명에 있는 웨스트민스터 성 베드로St. Peter of Westminster의 땅에는 "쟁기 11개 분량의 목초지, 작은 마을의 가축을 위한 초원, 돼지 100마리를 위한 삼림지대가 있다"고 기재되어 있다.

수세기 동안 사람들의 거주와 농업을 위해 숲이 베어지면서 돼지를 너도밤나무 숲에 방목하는 것이 계절적으로 제한되었는데, 주로 성 미셸 축일인 9월 29일에 시작되어 성 앤드류 축일인 11월 30일에 끝났다. 스페인에서는 요즘도 방목 전통이 계속되고 있다. 그곳에서는 도토리 숲에서 방목된 돼지로 '하몽jamón, 건조 햄'을 만든다(46쪽 참조). 사과 재배지역에서는 과수원 돼지를 키우는 전통도 있는데, 영국 글로스터셔의 전통적인 돼지 품종은 사과 과수원에서 풀을 뜯어 먹거나 낙과한 사과를 먹으며 자란다.

남은 음식을 잘 먹고 어디에서든 잘 적응하는 돼지는 긴 항해에서도 고기를 공급하는 동물로 유용했다. 매년 많은 새끼를 낳는 돼지의 번식력은 다른 나라에 가서도 번식을 잘하여 번성했다.

고고학과 DNA 검사는 이민자들이 돼지들을 태평양의 섬으로 데려 갔다는 것을 알게 한다. 1493년에 탐험가인 크리스토퍼 콜럼버스는 돼지들을 유럽에서 신세계로 데려갔다. 서인도제도의 히스파니올라Hispaniola 섬에서는 무리지어 살던 돼지 8마리가 그 왕성한 번식력으로 흔히 볼 수 있는 야생동물이 되었다. 스페인 정복자들은 중남미에 돼지를 소개했고, 1539년에서 1542년까지 에르난도 데 소토Hernando de Soto의 탐험대는 지금의 미국 플로리다에 돼지를 알렸다. 또 주목되는 돼지 전파는 1607년 영국 탐험가 월터 롤리Walter Raleigh가 존 스미스의 제임스타운현재 미국 버지니아 주의 윌리엄스버그 지역으로 북미에서 최초로 영국 식민지가 된 곳 정착지에 돼지를 데려가 개체수를 크게 증가시킨 것이다.

번식력이 좋은 돼지들은 북미 정착민에게 유용한 동물이었다. 신선한 돼지고기를 염장한 소금돼지고기는 북미지역 식단에서 중요한 부분을 차지했다. 노르웨이 사람인 올레 먼치 레이더Ole Munch Raeder는 19세기 북미의 생활을 기록하면서 이렇게 썼다. "미국인들이 가장 좋아하는 애완동물인 돼지에 대해 호의적인 말을 하지 않을 수 없다. 나는 그곳의 어느 도시나 마을에서도 이 사랑스러운 동물들이 엄청난 떼를 지어 평화롭게 돌아다니는 것을 보지 못한 곳이 없다."

18, 19세기 영국에서는 돼지품종 개발을 위해 많은 연구가 이루어졌고, 20세기에는 산업화된 대규모 돼지 농장이 개발되면서 지방이 적은 고기를 생산하기 위한 돼지 사육이 증가하였다. 오랫동안 식생활에서 중요하게 여긴 지방에 대한 호감도가 떨어졌기 때문이다. 오늘날 돼지고기는 전 세계에서 가장 많이 소비되는 고기이며, 중국은 1인당 돼지고기 소비량에서 1위를 차지하고 있다.

전설 속의 야생돼지

인간과 돼지의 오랜 관계는 농업에서의 역할뿐만 아니라 민속과 신화에서도 반영되어 돼지가 역사적으로 중요한 동물임을 알려준다.

기원을 따라가면 적어도 한나라(기원전 206 ~기원후 220년)까지 거슬러 올라가는 중국의 12간지 가운데 마지막 동물이 돼지이다. 전설에 따르면, 돼

지가 12간지의 마지막 자리에 놓이게 된 이유는 옥황상제가 동물들을 불렀을 때 게으르고 뚱뚱한 돼지가 마지막에 도착했기 때문이라고 한다. 하지만 중국 사람들은 돼지의 해에 태어난 사람들은 근면하고 인정이 많으며 관대하고 집중력이 있다고 여긴다.

고대 그리스 신화에 등장하는 돼지는 거대한 '에리만토스Erymanthus의 멧돼지'로 더 무시시하다. 헤라클레스의 열두 가지 과업 중 하나는 에리만토스 산에 살면서 아르카디아 사람들의 농작물과 가축들에 해를 입히는 거대하고 사나운 멧돼지를 생포하는 것이었다. 헤라클레스는 에우리스테우스 왕에게 지시받은 대로 멧돼지를 쫓아 포획해왔다. 하지만 겁쟁이 왕은 멧돼지를 보자마자 겁에 질려 커다란 저장용 항아리로 뛰어들어 숨었다.

사나운 야생 멧돼지 사냥은 고대 전설에서 되풀이되는 주제이다. 로마 시인 오비디우스는 그 유명한 ≪변신 이야기Matamorphoses≫에서 칼라돈 멧돼지의 복잡한 이야기를 언급하고 있다. 이 그리스 신화에서 아르테미스 여신은 칼돈의 왕이 자신을 존중하지 않자, 지하 세계에서 괴물 같은 멧돼지를 불러들여 복수를 한다. 그리스 영웅들과 처녀 사냥꾼인 아틀란타Atalanta가 함께 멧돼지 죽이는 데에 성공했지만, 비극적이고 치명적인 결과를 동반하여 그들끼리 싸우게 된다. 이 이야기는 수세기 동안 재해석되었고, 화병, 석관, 그리고 플랑드르의 유명한 화가 피터 폴 루벤스의 그림인 〈칼라돈의 멧돼지 사냥The Calydonian Boar Hunt〉(1612년) 등 다양한 방법으로 묘사되었다.

멧돼지는 켈트 신화에서도 중요한 역할을 한다. 아일랜드 전설에서 전사 디어뮈드와 그라니아의 이야기는 낭만적이지만 운명이 어긋난 사랑의 이야기로, 여러 가지 버전이 있다. 디어뮈드는 친구이자 지도자인 피온의 약혼녀 그라니아와 함께 달아났지만 피온에게 용서를 받았다. 그러나 몇 년 후, 디어뮈드는 멧돼지 사냥을 하면 죽임을 당할 것이라는 경고를 어릴 때부터 받았는데도 마법에 걸린 거대한 멧돼지의 유혹에 빠져 죽음을 맞이한다. 이 이야기의 다른 버전에서는, 피온이 자신이 겪은 불명예를 기억하면서 다이뮈드를 구하기 위해 신속히 행동하지 않은 걸로 나온다. 피온은 부상당한 사람을 자신의 손으로 물을 마시게 함으로써 생명을 치유하는 능력이 있었는데, 다이뮈드가 위급할 때 물이 아주 천천히 흐르도록 해 구하지 않았다는 것이다.

웨일스 신화에서 트루크 트뤼쓰는 사람이 야생 멧돼지로 변한 초자연적인 생명체이다. 트루크 트뤼쓰의 이야기는 영웅 쿨루흐와 그가 사랑하는 거인의 딸 올웬의 이야기에 포함되어, 12세기와 13세기말 웨일스에서 편집된 역사적인 구전 전통 이야기 모음집 ≪마비노기온Mabinogion≫에서 발견된다. 최고 영웅의 전통에 따라 올웬의 인정을 받기 위해 쿨루흐는 다양한 임무를 수행해야 했는데, 그 가운데 하나가 트루크 트뤼쓰의 머리 위에 있는 빗과 가위를 탈취하는 것이었다. 이 임무는 너무나 어려워, 그는 사촌인 아서 왕에게 도움을 청한다. 아서 왕은 트루크 트뤼쓰를 사냥하면서 많은 기사를 잃지만, 마침내 멧돼지는 빗과 가위를 포기하고 어금니를 잃고 콘월 해안에서 죽는다.

금기

돼지고기는 놀랍게도 세계에서 가장 폭넓게 소비되는 고기이면서 동시에 폭넓게 금기시되는 고기이기도 하다. 돼지고기 소비가 금지된 두 지역은 유대교와 이슬람 지역이다. 기독교에서도 에티오피아 정교회는 돼지고기의 소비를 금하고 있으며, '제칠일안식일 예수재림교' 교인들도

돼지고기 먹는 것을 피한다. 이는 세계 인구의 1/5이 종교적인 이유로 돼지고기를 먹지 않는다는 것을 의미한다.

인간과 오랜 관계를 맺어온 돼지를 바라보는 시선에는 양면성이 있었다. 고대 이집트의 돼지치기는 돼지와의 접촉으로 인해 오염된 별개의 계급으로 간주되었다. 돼지고기는 피라미드에서 일하는 노동자들과 같이 가난한 사람들이 먹는 음식이었고, 성직자를 포함한 엘리트는 먹지 않았다. 이런 이유로 '불결하다'는 의미의 말은 돼지와 연관된 단어로 사용하기도 했다. 5세기 그리스의 역사가인 헤로도토스는 이집트를 여행한 다음 그곳 주민들에 대해 다음과 같이 썼다. "그들은 돼지를 불결한 것으로 생각했다. 만약 사람이 실수로 돼지와 접촉하면 곧바로 서둘러 옷을 입은 채로 강에 뛰어들었다."

잡식성인데다가 먹이를 찾아내는 돼지의 능력은 인간에게 유용한 동물이 되는 데 중요한 역할을 했고, 쓰레기 더미를 뒤지고 먹어치우는 돼지를 키우는 것은 인간의 거주지와 마을을 깨끗하게 하는 실용적 방법이었다. 그러나 배설물이나 썩은 고기와 같은 쓰레기를 기꺼이 먹는 돼지의 강한 의지는 오히려 부정적인 것으로 간주되기도 했고, 그 때문에 불결을 상징하는 고기로 낙인 찍히기도 했다.

유대교에서 돼지고기 섭취를 금지하는 까닭은 성경에서 찾을 수 있다. 하나님이 모세에게 한 말 중에는 히브리인들이 추종자로 남아 있기 위해 어떻게 행동해야 하는가에 대한 엄격한 규율도 포함되어 있는데, 거기에는 음식물에 대한 규정도 있다. 〈레위기〉 11장 1~8절에서 이 규정들은 분명하게 설명되어 있다.

여호와께서 모세와 아론에게 말씀하여 이르시되, "이스라엘 자손에게 말하여 이르라. 육지의 모든 짐승 중 너희가 먹을 만한 생물은 이러하니.

사과소스를 곁들인 삼겹살 오븐구이
Roast pork belly with Apple sauce

삼겹살을 굽는 것은 부드럽고 즙 많은 고기에 바삭바삭하고 노릇노릇한 껍질까지 함께 즐기는 좋은 방법이다. 영국에서는 전통적으로 브램리 사과로 만든 사과소스가 고기의 풍부한 맛을 내는 데 제격이라고 여겼다.

4인분
준비시간 15분
조리시간 1시간 30분

· 삼겹살 1.8kg
· 마늘 1~2개, 얇게 썬다.
· 으깬 페넬 씨 2큰술, 선택사항
· 소금과 검은 후추

| 사과소스 |
· 요리용 사과 450g, 껍질 벗기고 씨를 제거한 후 곱게 다진다.
· 물 2큰술
· 설탕 1~2큰술

1. 오븐을 220℃로 예열한다. 돼지고기는 종이타월로 물기를 제거한다. 날카로운 칼로 삼겹살의 살집이 있는 쪽을 칼집을 넣고 마늘 몇 조각을 넣어 맛을 낸다. 페넬 씨를 사용하는 경우에는 으깨어 고기에 문지르고, 소금과 후추로 간을 한다. 껍질도 소금으로 간을 하고, 칼집을 낸 부분도 문지른다.

2. 돼지고기를 오븐에 넣어 30분 구운 후, 오븐 온도를 190℃로 줄여 고기가 바삭하도록 익고 금빛이 날 때까지 1시간 더 굽는다.

3. 돼지고기가 오븐에서 익는 동안 애플소스를 준비한다. 바닥이 두꺼운 작은 소스팬에 사과와 물을 넣는다. 뚜껑을 덮고 약불에서 10분 저어가면서 사과가 부드러워질 때까지 졸인다.

4. 3에 설탕을 넣고 나무 스푼으로 잘 섞어준다. 애플소스를 서빙 볼에 옮겨 식도록 상온에 둔다.

5. 오븐에서 구운 뜨거운 돼지고기에 애플소스를 곁들여 완성한다.

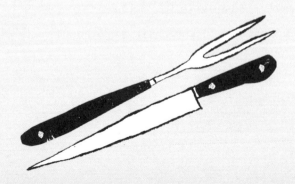

모든 짐승 중 굽이 갈라져 쪽발이 되고 새김질하는 것은 너희가 먹되, 새김질하는 것이나 굽이 갈라진 짐승 중에서 너희가 먹지 못할 것은 이러하니, 낙타는 새김질은 하되 굽이 갈라지지 아니하였으므로 너희에게 부정하고, 사반도 새김질은 하되 굽이 잘라지지 아니하였으므로 너희에게 부정하고, 토끼도 새김질은 하되 굽이 갈라지지 아니하였으므로 너희에게 부정하고, 돼지는 굽이 갈라져 쪽발이로되 새김질을 못하므로 너희에게 부정하니, 너희는 이러한 고기를 먹지 말고 그 주검도 만지지 말라. 이것들은 너희에게 부정하니라."

또 〈신명기〉 12장 23절에는 다음과 같은 지시가 있다. "오직 크게 삼가서 그 피는 먹지 말라. 피는 그 생명인즉 네가 그 생명을 고기와 아울러 먹지 못하리니." 썩은 고기를 먹는 돼지와 같은 동물들의 피는 먹지 말아야 하고, 그것을 먹은 사람은 오염될 수 있다는 식으로, 수세기 전에 돼지고기를 먹지 않는 것은 다른 식습관 규칙, 이를테면 육류와 유제품을 결합하지 않은 것과 같은 규칙과 함께 유대인 정체성의 중요한 부분이 되었다.

이슬람에서는 돼지고기를 먹는 것이 엄격하게 하람haram, 종교적, 도덕적, 윤리적 이유로 금기하는 사항되어 있었다. 이슬람의 성서인 코란은 천사장 가브리엘이 모하메드에게 지시한 알라(신)의 말씀을 담고 있는데, 거기에는 이슬람을 실천하는 사람들에게 어떤 행동이 하람인지, 아니면 금지된 것인지를 설명한다. 코란에는 돼지고기의 소비 금지에 대해 명시적으로 나타나 있고, 여러 번 반복된다. 예를 들어, 코란 2권 173절에는 이렇게 적혀 있다. "그는 당신에게 죽은 동물, 피, 돼지고기, 그리고 알라 이외의 신에게 바쳐졌던 것을 금지했다."

이슬람에서 돼지고기를 금하는 주된 이유는, 돼지가 더러운 환경에서

살고 쓰레기나 배설물을 먹는 불결한 동물이기 때문이다. 그들은 돼지를 오염된 동물로 생각했고 그 고기를 먹으면 오염된다고 여겼다. 이슬람 세계에서 돼지고기는 독소가 가득하고 질병을 옮기는 건강하지 못한 고기이다.

종교적 갈등 시기에는 돼지고기를 금기시하는 것은 특별한 의미가 있었다. 711년에 이슬람교도에게 빼앗긴 이베리아 반도를 되찾는 스페인의 국토회복운동Reconquista은 1492년 그라나다가 몰락할 때까지 수세기 동안 계속되었다. 이슬람의 지배 하에서 금지되었던 돼지고기를 먹는 것은 국토회복운동 이후 스페인 요리뿐 아니라 스페인 정체성의 중심에 서게 되었다.

국토회복 완중에 스페인에서는 무슬림 교도와 유대인들이 가톨릭 당국에 의해 강제 개종을 당한 적이 있었는데, 돼지고기를 먹는 것이 진정한 기독교인인지 아닌지를 판단하는 기준이 되기도 했다. 1481년에 설립된 스페인 종교재판소는 콘베르소conversos, 기독교로 개종한 유대인들가 진정으로 개종했는지 조사했다. 광범위한 유대인 식품 관행에 대한 종교재판 심문 목록에는 "유대인의 법에 규정된 돼지고기, 토끼, 교살된 새들, 갑오징어, 장어, 비늘 없는 물고기 섭취 금지" 등의 내용이 포함되어 있었다. 하지만 종교재판의 중심은 돼지를 먹는지 아닌지였다. 이런 배경에서 돼지고기를 먹는 것이 스페인 기독교인들의 믿음을 표현하는 방법으로 받아들여졌다.

돼지고기 돈가스
Pork Tonkatsu

이 전형적인 일본 돼지고기 요리는 모든 가족들이 좋아할 만한 요리이다. 빵가루를 입혀 바싹 튀긴 돼지고기, 톡 쏘는 돈가스 소스, 밥과 아삭아삭한 양배추의 조화는 간단하면서 만족스러운 요리를 만든다.

4인분
준비시간 15분
조리시간 12~16분

- 돼지고기 안심 스테이크 4조각, 조각당 대략 225g, 지방을 제거해 준비한다.
- 해바라기씨유 또는 식물성 기름, 튀김용으로 넉넉히 준비한다.
- 빵가루 85g
- 밀가루 6큰술
- 소금, 후추 약간
- 달걀 2개

| 돈까스 소스 |
- 토마토케첩 4큰술
- 우스터소스 1큰술
- 흑설탕 1큰술
- 간장 1큰술
- 발사믹식초 1작은술

| 곁들이 음식 |
- 밥
- 곱게 채 썬 양배추

1. 먼저, 볼에 소스 재료를 모두 넣어 잘 섞어 돈가스 소스를 만든다.

2. 돼지고기 안심을 비닐 랩으로 싼 다음, 고기용 나무망치로 부드럽고 두께 1cm로 평평해지도록 두드려준다.

3. 튀김용 팬이나 깊은 소스 팬에 튀김기름을 넣고 불을 켠다. 빵가루를 기름에 살짝 뿌려 온도를 확인한다. 지글지글거리면 기름이 충분히 데워진 상태이다.

4. 돼지고기 안심에 간이 된 밀가루를 입힌 후, 계란 물에 담그고 마지막에 빵가루를 골고루 입힌다.

5. 빵가루를 입힌 돼지고기 안심을 뜨거운 기름에 넣어 3~4분 정도 튀긴다. 한 쪽이 금빛 나는 갈색이 될 때까지 튀긴 후 뒤집어 반대쪽도 익힌다. 기름에서 꺼내 종이타월에 놓고 기름을 뺀다.

6. 튀긴 돈가스를 적당한 크기로 자른 다음, 밥과 채 썬 양배추, 돈가스 소스를 곁들인다.

조리용 돼지

　수세기 동안 돼지고기 지방의 기름진 식감은 매력적인 것이었다. 하지만 20세기에 들어서면서 지방이 적은 돼지 품종을 주로 번식시켜 기름기가 적고 풍미가 떨어져 식감이 주는 매력은 다소 퇴색되었다. 돼지구이는 영국, 프랑스, 중국에서 전통적인 조리방법이다. 서양요리에서 돼지고기는 주로 사과와 짝을 맞춰 사용되는데(23쪽), 과일의 톡 쏘는 맛이 고기의 기름진 식감을 완화시킨다.

　오늘날까지 돼지고기를 맛있고 특별한 요리로 인정받게 하는 것은 구웠을 때 자삭거리는 껍질과 지방층, 그리고 많은 육즙이다. 영국의 수필가 찰스 램Charles Lamb은 《돼지구이를 논함》(1906년)에서 돼지고기가 제공하는 즐거움을 탁월하게 묘사하면서, 돼지고기의 바삭바삭한 식감이 주는 즐거움에 대해 "바삭바삭하고 먹음직스럽게 적당히 구워진 황갈색의 돼지껍질에 비교할 만한 맛은 없다"고 주장한다.

　돼지고기가 오랫동안 사랑받아온 중국에서는 특별하고 다양한 요리법이 있다. 중국식 돼지고기 바비큐인 차슈는 고기를 소금과 설탕을 넣은 양념장에 재운 후에 굽는다. 양념장은 고기가 적갈색을 띠게 하는데, 오늘날 붉은색은 중국 문화에서 상서로운 색이기 때문에 식용 색으로 자주 사용된다. 차슈(35쪽)는 주로 밥과 함께 먹지만, 잘게 다져 볶음밥이나 국수 등 다양한 요리에 맛과 식감을 더하기 위해 첨가하기도 한다.

　간 돼지고기는 다양한 방법으로 널리 사용된다. 만두소에 사용되기도 하고, 말린 표고버섯을 채우거나 사자 머리같이 생긴 고기 완자에 넣기도 한다. 또 '개미 나무에 오르다'라는 그림 같은 이름을 가진 전형적인 쓰촨식의 당면 국수 요리인 마이상수에도 사용된다.

돼지 도축

수세기 동안 매년 겨울철이면 시골농가에서는 돼지를 잡는 것이 중요한 일이었다. ≪시간의 책≫으로 알려진 중세 유럽의 채색 필사본에는 3월에 밭을 일구는 것에서부터 9월의 포도 수확까지, 매월 그 달에 해야 하는 노동을 묘사하고 있는데, 그 가운데 하나가 11월에 도토리를 모아 돼지에게 먹이를 주고 12월에는 돼지를 잡는 것이었다. 12월에 돼지를 잡는 데에는 두 가지 중요한 이유가 있다. 돼지고기는 크리스마스 축제뿐만 아니라 다가올 혹독하고 궁핍한 겨울을 나기 위한 식량이었고, 본질적으로는 12월 날씨가 고기를 상하지 않도록 안전하게 저장할 수 있을 정도로 추웠다는 것이다. 옛날부터 돼지들은 도축 전인 가을 동안 살을 찌웠다. 유럽의 농민들이 돼지들을 숲속에 풀어 계절적으로 풍족한 너도밤나무 열매, 도토리, 밤 등을 먹고 포동포동하게 자랄 수 있게 한 돼지 방목 관행과 연관이 있다. 중국에서는 매년 음력 축제인 설날 직전인 1월이나 2월에 돼지를 잡는다.

돼지 도축은 시끄럽게 비명을 지르며 자신의 운명에 저항하는 돼지로 인해 무척 힘이 드는 일이었다. 플로라 톰슨은 19세기 후반의 영국 시골에서 생활한 자신의 경험을 기록한 책인 ≪캔들포드로 날아간 종달새 Lark Rise to Candleford≫(1945년)에서 순회하면서 돼지를 잡는 도살꾼의 까다로운 작업과정을 묘사했다. 로라 잉걸스 와일더는 ≪초원의 집Little House on the Prairie≫(1935년)에서 1870~80년대의 미국 중서부에서 자란 어린 시절의 경험을 바탕으로 고전적인 미국 개척생활에 대해 이야기한다. 그녀는 돼지를 잡고 과일과 채소를 수확하는 모습을 계절 순환의 한 부분으로 묘사했다.

돼지 우리 근처에서 파와 헨리 삼촌은 모닥불을 피우고 엄청나게 많은 물을 끓였다. 물이 끓을 때 그들은 돼지를 죽이러 갔다. 그러면 로라는 침대로 달려가서 머리를 박고 돼지 울음소리가 들리지 않도록 두 손으로 귀를 막았다.

돼지 도축은 공동체의 행사였다. 도축하는 날에는 가족과 친구들이 모여 함께 식사를 하였다. 장작을 모으는 것에서부터 많은 일손이 필요한 일이어서 그럴 수밖에 없었다. 돼지를 통째로 매달 수 있는 나무 작업대를 만드는 경우도 있었다. 막 잡은 돼지는 머리를 바닥으로 향하게 매달아 칼로 목을 그어 피를 뺐다.

도축된 무거운 돼지는 뜨거운 물에 넣어 데친다. 짧고 뻣뻣한 털을 부드럽게 만들어 쉽게 긁어내 껍질을 깨끗하게 정리하기 위해서다. 껍질을 깨끗하게 정리한 후에는 배를 갈라 내장을 끄집어내고 깨끗이 한다. 내장이 제거된 돼지고기는 조리법에 따라 잘라지고 다양한 방법으로 저장된다. 돼지고기는 중요한 단백질의 공급원이었고, 역사적으로 도축된 돼지는 다양한 방법으로 사용되었다. 이에 대해서는 이 책의 '돼지고기 식품'(34~38쪽 참조) 부분에서 더 알아볼 것이다.

돼지를 잡고 고기를 손질하는 일이 힘든 일이라는 실질적인 이유 외에도, 가족과 이웃들은 축하하기 위해서도 모였다. 삶이 힘들고 검소한 농촌에서도 매년 돼지를 잡는 것은 중요한 행사였다. 신선한 돼지고기와 1년에 단 한 번 별미를 맛볼 수 있는 기회였다.

스페인에서는 전통적으로 연례 행사로 돼지를 잡는 것을 묘사하는 데에 마탄사matanza, matar에서 연유하는 것으로, 죽인다는 의미라는 단어를 쓴다. 마탄사 의식은 돼지를 잡고 고기를 정리하고 분류하는 과정을 포함해 2~3일 동안 진행된다. 영국 음식작가 겸 방송진행자 엘리자베스 루아드는 ≪유럽

돼지 갈비 바비큐
Barbecued Pork ribs

톡 쏘고 짭짤한 바비큐 소스는 돼지갈비의 맛과 풍미를 더하고 손을 쪽
쪽 빨아먹을 만큼 맛있다. 이 조리법은 그릴을 사용해 굽는 것이지만, 날
씨가 좋다면 바비큐에서 양념을 바른 갈비를 훈제하는 것도 좋다. 감자
샐러드와 옥수수, 코울슬로를 곁들여 낸다.

4인분
준비시간 10분
조리시간 2시간 10분

· 새끼돼지 갈비 3kg
· 소금, 후추

| 바비큐 소스 |
· 해바라기씨유이나 식물성 기름
  1큰술
· 양파 1개, 다진다.
· 마늘 2개
· 통조림 토마토 400g
· 물 125ml
· 흑설탕 4큰술
· 우스터소스 2큰술
· 레드와인 식초 4큰술
· 토마토 퓌레 2큰술
· 토마토케첩 2큰술
· 꿀 1큰술
· 구운 파프리카 가루 1작은술

1. 오븐을 200℃로 예열한 다음, 소금, 후추를 뿌려 밑간을 한 돼지갈비를 알
   루미늄 호일에 두 겹으로 싸서 빵 트레이에 넣고, 부드러워질 때까지 대
   략 2시간 정도 굽는다.

2. 바비큐 소스를 만드는데, 먼저 팬에 기름을 두르고 양파를 넣어 연한 갈
   색이 날 때까지 10분 정도 튀기듯 볶은 다음, 마늘을 넣고 향이 나도록 10
   분 정도 볶는다.

3. 2에 통조림 토마토와 물, 설탕, 우스터소스, 식초, 토마토 퓌레, 케첩, 꿀과
   구운 파프리카 가루를 넣는다. 소금과 후추로 간을 하고 끓이다 불을 줄
   여 5분 정도 저으며 졸인다. 푸드 프로세서를 이용해 소스가 부드러워질
   때까지 갈아둔다.

4. 그릴을 매우 뜨겁게 예열한다. 호일을 벗긴 돼지갈비 앞면과 뒷면에 바비
   큐 소스를 골고루 발라서 양쪽 모두 윤기가 나도록 그릴에 5분 정도 굽는
   다. 구운 돼지갈비에 바비큐 소스를 곁들여 내간다.

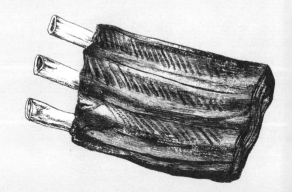

농촌요리European Peasant Cookery≫(1986년)에서 "최근까지 매년 돼지를 잡는 것은 유럽 농민 달력에 가장 중요한 미식행사"라고 썼다.

새끼돼지

아직 젖을 떼지 않은 어린 돼지를 새끼돼지 또는 젖먹이돼지애서라고 불렸다. 새끼돼지는 수세기 동안 세계의 많은 문화권에서 별미로 여겨졌다. 아직 어린 동물을 더 클 때까지 사육하지 않고 잡는 것은 일종의 사치를 의미했다. 통째로 먹을 수 있는 새끼돼지는 일반적으로 통으로 구워졌고, 고대 그리스와 로마 시대부터 오랫동안 인기 있는 연회 메뉴였다. 식도락의 관점에서 보면, 새끼돼지의 살코기는 연하고 부드럽고 구운 껍질은 육즙이 많고 바삭하여 높은 평가를 받았다.

중국 결혼연회에 나오는 각각의 요리는 상징적 의미를 담고 있는데, 새끼돼지는 결혼의 선량함과 순수함을 나타내고 풍요를 상징했다. 인도네시아 발리(힌두인이 많은)에서도 바비굴링babi guling이라 불리는 새끼돼지 요리는 결혼식이나 축하연의 음식으로 쓴다. 향기 나는 허브와 향신료로 속을 채워 장작불로 익힌 요리다.

프랑스 작가 구스타프 플로베르Gustave Flauber이 소설 ≪보바리 부인 Madame Bovary≫(1856년)에서 묘사한 결혼식 아침식사는 새끼돼지 고기를 중심으로 한다. "식탁은 수레 안에 차려졌다. 쇠고기 등심 4개, 다진 고기와 야채로 속을 채운 닭고기 6개, 송아지찜 3개, 양고기 3개, 밤색 곱창 4개에 둘러싸인 중앙에는 아름다운 새끼돼지 구이가 놓여 있었다."

미국에서는 꼬숑드레cochon de lait라고 부르는 새끼돼지 요리가 케이준 요리의 한 특징이다. 이 요리는 전통적인 공동체 행사에서 향신료와 허

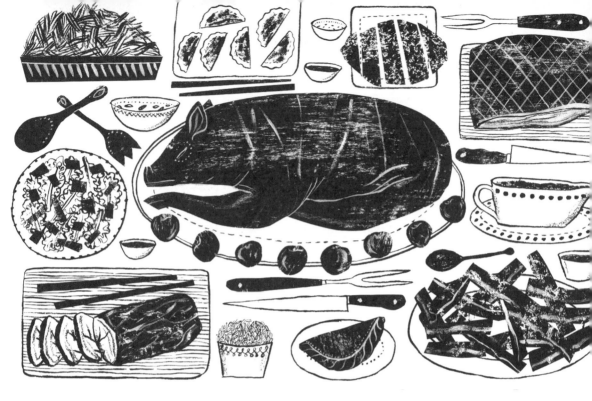

브로 양념한 새끼돼지를 통째로 호두나무 장작불에서 굽는 것이다. 루이
지애나의 만수라 마을 사람들은 그곳이 꼬송드레의 수도라고 주장한다.
만수라에서는 매년 이 역사적인 요리를 맛있게 먹는 축제를 연다.

유럽의 돼지고기 식품

　전통적으로 돼지는 잡자마자 상하지 않게 가공했다. 각 부위의 고기와
지방의 가치를 충분히 살려 탄복할 정도로 알뜰하게 다양한 용도로 사용
했다. 특정한 부위나 내장은 바로 먹기 위해 따로 떼어놓고, 다른 부위들
은 미래를 위해 보존할 수 있는 식품으로 변형시켰다. "비명을 제외한 모

차슈
Char siu

이 유명한 중국 돼지고기 바비큐 요리는 따뜻하게 먹기도 하고 상온에서 식혀 먹기도 한다. 밥과 데친 중국 채소들, 예를 들면 청경채, 채심 또는 게일란 등을 굴소스에 볶아 곁들이기도 한다.

4인분
준비시간 10분
재우는 시간 4시간
조리시간 1시간

· 돼지 뒷다리살 500g, 5cm 넓이로 길게 썬다.
· 맑은 간장 3큰술
· 고운 설탕 3큰술
· 중국 곡주 1큰술
· 호이신 소스 1큰술
· 중국 오향분 1작은술, 선택사항
· 글레이징을 위한 꿀

1. 간장, 설탕, 와인, 호이신 소스, 향신료 가루를 모두 섞어 소스를 만든다.

2. 큰 볼에 돼지고기를 넣고 양념을 골고루 묻힌다. 뚜껑을 덮고 양념이 배도록 최소 4시간 또는 밤새 냉장고에 넣어둔다.

3. 오븐을 200℃로 예열한다. 깊은 로스팅 트레이에 2~3cm 깊이가 되도록 끓는 물을 붓고 그 위에 선반을 놓는다. 선반 위에 양념한 고기를 올려 솔로 꼼꼼하게 소스를 바르고, 남은 소스는 보관한다.

4. 돼지고기를 30분 굽고, 뒤집어 남은 소스를 발라 다시 오븐에 넣는다. 이때 오븐온도를 175℃로 줄이고 완전히 익을 때까지 30분 더 굽는다.

5. 오븐에서 꺼낸 돼지고기 표면에 꿀을 얇고 고르게 바른다. 뜨겁게 혹은 상온에서 식혀 내간다.

든 것"이라는 표현처럼 정말 모든 부위가 사용되었다. 예컨대, 도축 과정에서 나오는 엄청난 양의 피는 상하기 전에 빨리 사용해야 했다. 블랙 푸딩처럼 생긴, 다진 돼지비계와 곡물, 다진 양파를 돼지 피와 섞어 돼지 창자에 넣어 만드는 순대Blood sausages는 실용적인 방안이었다. 고대 그리스 시인 호메로스는 ≪오디세이≫에서 순대를 언급했다. 순대는 유럽 전역에서 발견되는데, 특히 프랑스에서는 부텡 누아Boudin noir, 검은 푸딩라는 이름으로 오랫동안 요리되었다. 노르망디에서는 다진 사과를 넣었고, 오베르뉴에서는 밤을 다져 넣는 등의 다양한 지역적 특색을 더해져 다양한 제품이 생산되었다.

돼지고기로 만든 제품을 일컫는 샤퀴테리charcuterie라는 용어는 '조리된 고기'라는 뜻의 프랑스어인 '샤퀴르char cuit'에서 유래한다. 이 요리법은 파리의 요리장인들이 돼지고기와 비계를 준비해서 조리하고 판매할 수 있게 허용된 15세기까지 거슬러 올라간다. 이 전통은 맛있는 수제 돼지고기 제품을 판매하는 자선가charcuteries라고 불리는 전문 상점에서 성장했다. 그곳에서 판매하는 제품은 신선한 고기, 염장된 소시지, 크레피네트crepinettes, 지방으로 싸인 소시지 패티, 앙드이으andouilles 소시지, 햄, 파테 드 캉파뉴pâté de campagne, 간 고기를 파테라는 밀가루 반죽에 입혀 오븐에 구운 요리, 프로마주 드 테트fromage de tête, 헤드치즈나 머리고기, 테린과 리예트rillettes, 돼지기름으로 조리한 고기를 두드려 페이스트로 만들어 용기에 담은 것까지 범위가 넓었다. 여기에 다양한 지역적인 변화가 곁들여져 프랑스 샤퀴테리는 풍부해졌다. 이런 종류의 다양한 제품들을 만드는 것은 시간과 기술이 필요했으며, 프랑스인들은 그들의 자선적인 유산을 자랑스러워한다.

이탈리아도 건조 숙성시킨 햄(45쪽)을 포함하여 돼지고기 제품의 전통을 가지고 있다. 특산품으로 살라미라고 널리 알려진 숙성된 소시지는 조리할 필요가 없이 간단히 잘라 먹을 수 있다. 밀라노의 살라미는 특히

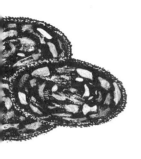

많이 생산되어 잘 알려져 있다. 토스카나의 특산품인 '피노키오나 살라미salame finocchiona'는 펜넬 씨앗을 사용해 특별한 풍미를 낸다. 나폴리와 같은 이탈리아 남부의 살라미는 톡 쏘는 맛이 특징인데, 고추로 맛을 더했다. 이 가운데에서 가장 뛰어난 것으로 평가받는 '펠리노 살라미salame di Felino'는 와인과 후추로 맛을 내는데, 파르마 햄이 만들어진 돼지와 같은 품종으로 파르마 근처에서 생산된다. 큰 사이즈와 밝은 분홍색으로 유명한 모르타델라mortadella는 정육점에서 살라미와 함께 진열되고 판매되는데, 부드러운 촉감을 가진 돼지고기 소시지로, 원래 볼로냐에서 나왔다. 페퍼콘(말린 후추 열매)으로 맛을 냈고 최상급의 모르타렐라는 피스타치오가 박혀 있다. 모르타델라는 썰어서 먹을 뿐만 아니라 파스타 속재료나 미트볼로도 사용된다.

이탈리아 밖에서는 잘 알려지지 않은 라르도lardo는 돼지의 등 지방을 소금과 아로마 허브와 향신료를 넣어 숙성하여 만든 특산품이다. 가장 잘 알려진 두 가지 종류의 라르도는 대리석 용기에 담겨 숙성된 투스카니 산과 유리 용기에서 숙성된 발레다오스타 산이다. 이것은 전통적으로 얇게 썰어 먹거나 빵과 함께 전채 요리로 먹는다.

돼지고기로 만든 이탈리아의 또 다른 역사적인 별미는 허벅지살로 만든 쿨라텔로 디 지벨로culatello di Zibello이다. 이것은 15세기에 처음으로 언급되었는데, 어디서 어떻게 만들어지는지는 원산지 보호 규정PDO에 의해 엄격하게 제한되었다. 돼지고기는 소금에 절이고, 특징적인 배 모양이 되게 노끈으로 묶어 최소 12개월 동안 습한 곳에서 숙성시키면, 이 기간 동안 향기가 풍부해지고 부드러운 식감과 달콤한 풍미의 특징을 갖게 된다.

중국의 돼지고기 식품

중국 요리에서 돼지고기 요리는 돼지의 중요성만큼이나 역사가 길다. 금화화퇴金華火腿, 중국에서는 햄이 붉은색을 띠기 때문에 '화퇴'라고 한다는 소금으로 숙성한 햄으로, 당나라(618~907년) 때부터 생산되었다. 중국 동부 절강의 금화시의 학자들 문헌에서 처음으로 발견되었다. 이 햄은 전통적으로 중국의 양두오 돼지两头乌, 머리와 엉덩이 부분이 검기 때문에 '양 끝이 검정' 또는 '판다돼지'라는 별명이 붙었다의 다리로 만드는데, 이 돼지는 느리게 성장하는 품종으로 고기 맛이 뛰어났다. 양두오 돼지 햄은 추운 겨울 동안 신선한 돼지고기를 염장하는 것에서 시작한다. 그런 다음 씻어서 모양을 내고, 말리고, 몇 달 동안 숙성시킨다. 그 결과로 만들어진 햄은 송나라(960~1279년) 태조가 즐겼으며 조설근의 유명한 중국 소설 ≪홍루몽紅樓夢≫(1791년)에 등장할 정도로 명성이 높았다.

진한 붉은 빛깔의 금화화퇴는 고기의 밀도가 높고 씹는 맛이 있으며 복합적이고 짭짤한 맛이 난다. 전통적인 중국 요리에서 햄은 이탈리아 파르마 햄이나 스페인의 세라노 햄처럼 단독으로 먹기보다는 곁들여서 맛을 증가시키는 재료로 사용된다. 전복이나 가리비와 같은 다양한 고가의 진미들이 가득한 매혹적이고 고급스러운 불도장佛跳牆과 같은 찜이나 수프에 사용되었다.

좀 더 저렴하고 일상적으로 사용하는 중국 돼지고기 식품은 라창臘腸이다. '윤기 나는 소시지' 또는 '윤기 나는 내장'을 뜻하는 일반적인 이름의 라창은 건조와 숙성을 거치고 설탕과 소금(보존하는 데 도움이 되는)으로 맛을 내어 눈에 띄게 지방이 많은 돼지고기 소시지로 보관된다. 가끔 청주나 장미주rose liqueur로 풍미를 높인다. 유사한 제품으로는 돼지나 오리의 간으로 만든 소시지와 향기로운 중국의 오향분五香粉이나 쓰촨

후추로 맛을 낸 양념 소시지가 있다. 라창 소시지는 특유의 단단하고 쫄깃한 식감이 있으며, 연잎으로 감싸 지은 연잎밥이나 로박고蘿蔔糕, 순무 떡와 같은 딤섬 요리에 곁들여 먹는다. 건조하거나 훈제한 돼지 삼겹살인 랩약Lap yuk은 뽀짜이판煲仔飯, 질그릇 냄비에 지은 밥이나 볶음밥과 같은 요리에서 맛과 풍미, 식감을 더하기 위해 사용한다.

베이컨

영국과 미국의 아침 식탁에 자주 오르는 베이컨은 돼지 삼겹살을 숙성하여 만든 대중적인 제품이다. 고기 부위에 따라 여러 가지 종류의 베이컨이 생산되는데, 삼겹살은 '스트리키 베이컨streaky bacon, 살코기와 지방이 줄무늬를 이루는'으로 만들어지고, 반면에 돼지 등살로 만든 베이컨은 기름기가 없는 '백 베이컨back bacon'이다.

전통적으로 베이컨은 신선한 고기를 염장하여 건조 숙성한 후에 저장 기간을 늘리기 위해 훈연했다. 시골 지역에서의 베이컨은 먹을 것이 다양하지 못한 식단에 맛을 더하기 위해 사용되는 중요한 재료였다. 영국 팸플릿 집필자이자 작가이며 농부인 윌리엄 코빗은 ≪오두막 경제Cottage Economy≫(1821년)에서, 오두막에 사는 사람들에게 베이컨 몇 장을 가지게 하는 것이 "형법 전집보다도 도둑질을 하지 않게 하는 경향"이 있다고 썼다.

영국에서는 각 지역마다 건조법이 개발되었는데, 1794년에 윌트셔 베이컨Wiltshire bacon, 돼지고기를 생산으로 유명한 지역명이 붙은 이름이 등장한다. 빅토리아 시대의 베스트셀러인 ≪가정관리서The Book of Household Management≫(1861년)의 저자 이사벨라 비턴Isabella Beeton은 소금과 설탕을 이용하여 윌트셔 베

이컨을 건조하는 것으로 설명했다. 스코틀랜드의 에어서Ayrshire 베이컨은 독특하게도 고기를 열처리하지 않고 둥글게 말아 건조한다. 서펴 주에서는 당밀을 이용하여 숙성 건조를 하고 달콤한 맛과 독특한 진한 껍질이 만들어지도록 뜨거운 훈연을 하는 서펴sweet-cured 베이컨블랙 베이컨이라고도 한다의 전통을 개발하였다. 베이컨 생산의 산업화는 시간이 오래 걸리는 숙성기간을 줄이기 위해 돼지고기에 소금물을 주입하는 바늘 숙성 방법needle-cure methods이 널리 사용되게 하였다.

이탈리아에서는 스트리키 베이컨streaky bacon을 만들 때 사용하는 것과 같은 칼집을 넣은 삼겹살을 소금과 향신료로 간을 하고 숙성해 판체타pancetta를 만든다. 두 가지 형태로 생산되는데, 그 중 하나는 원래 그대로 말린 테사tesa이고, 다른 하나는 고기를 원형으로 돌돌 말아 올린 아로톨라타arrotolata이다. 이탈리안 주방에서 잘게 자른 판체타 테사는 소프리토soffritto에 양파, 셀러리와 함께 사용되는데, 이것은 많은 이탈리아 요리를 만드는 첫 단계인 맛있는 튀김 맛이다.

소시지

소시지는 돼지고기 제품 중에서 가장 전형적인 제품이다. 고기를 얻기 위해 돼지고기를 보관하는 곳이면 어디에서든 막 만들었거나 말렸거나 조리된 소시지들을 볼 수 있는데, 만드는 방법도 다양하다. 소시지의 어원은 라틴어 살식키아salsiccia에서 나왔는데, 이 단어는 '소금에 절인'이라는 뜻의 살루스salus에서 유래했다. 신선한 고기를 보존하기 위해서는 소금이 필수적이다. 돼지고기 소시지는 간 돼지고기에 소금 간을 해서 천연 포장 재료인 돼지 창자에 넣워 만들었다. 소시지 만들기의 기원은 고대

레드와인 곁들인 초리조 구이
Sauteed Chorizo with Red wine

파프리카로 맛을 낸 돼지고기로 만든 초리조 소시지는 스페인에서 인기 있는 재료이다. 이 간단하고 쉬운 조리법은 스페인 바에서 와인과 함께 즐길 수 있는 전통적인 타파스tapas, 에피타이저나 간식, 술안주로 즐기는 요리를 위한 것이다. 재료를 구매할 때, 요리하지 않고 먹을 수 있게 숙성 건조된 것보다 이 조리법에 맞는 신선한 초리조가 좋다는 것을 기억해야 한다.

4인분
준비시간 10분
조리시간 16분

· 올리브유 1큰술
· 신선한 초리조 소시지 4개,
  2.5cm 크기로 잘라 준비한다.
· 양파 1개, 얇게 썬다.
· 마늘 1쪽, 다진다.
· 레드와인, 125ml
· 다진 파슬리, 고명용, 선택사항
· 시골 빵, 적당한 두께로 썬다.

1. 두꺼운 프라이팬에 올리브유을 두르고 달군다. 초리조를 넣고 중간불에서 5분 정도, 연한 갈색일 날 때까지 자주 뒤집으며 튀긴다.

2. 양파를 넣고 연한 갈색이 날 때까지 5분 정도 저어가며 볶은 다음, 마늘을 넣고 향이 나도록 1분 정도 볶아준다.

3. 레드와인을 넣고 저어가며 초리조에 와인소스가 잘 섞이도록 5분 정도 조린다.

4. 초리조에 다진 파슬리를 뿌리고, 맛있는 소스에 찍어먹을 투박한 빵을 함께 곁들인다.

로 거슬러 올라간다. 고대 그리스 작가 아리스토파네스는 희곡 〈기사The Nights〉에서 피 소시지를 언급한다. ≪요리의 주제On the Subject of Cooking≫(900년)에 따르면, 1세기 로마 시대의 미식가 아피키우스는 이탈리아에서 오늘날까지 만들어지고 있는 순한 루가네가luganega 소시지에 대해 언급했다.

소시지의 세계에서 놀라운 것은 맛과 식감이 매우 다양하다는 것이다. 만들자마자 바로 먹을 수 있도록 만든 생소시지는 국가마다 지역마다 또 만드는 사람에 따라 매우 다양한 방법으로 맛을 낸다. 향신료와 허브는 맛뿐만 아니라 방부제 역할로 사용하는 전통적인 첨가제이다. 영국의 컴버랜드 소시지는 후추와 잘게 썬 세이지로 후하게 양념한다. 스페인과 포르투갈에서 볼 수 있는 초리조 소시지는 달콤하거나 매운 피멘톤pimentón, 스페인 파프리카을 첨가하여 독특한 오렌지색과 향이 있다. 태국의 돼지고기 소시지에는 향기로운 레몬그라스, 카피르라임 잎, 가랑갈태국 생강을 곁들이고 매운 효과를 내기 위해 칠리를 더해 맛을 낸다. 펜넬이나 마늘은 이탈리아에서 살시체salsicce라고 알려진 생소시지에 사용되는 인기 있는 향료이다.

독일 요리에서 중심적 역할을 하고 각별한 사랑을 받는 소시지는 약 1,500가지 종류가 있는데, 크게 세 가지 종류로 나뉜다. 브뤼부르스트brühwurst, 먹기 전에 충분히 조리되어야 하는 열탕 소시지, 코흐부르스트kochwurst, 완전히 조리된 소시지, 로부르스트Rohwurst, 생소시지이다. 지금까지 독일에서 가장 인기 있는 소시지는 브뤼부르스트인데, 송아지 고기와 돼지고기를 섞어 파프리카와 부추로 맛을 낸 보크부르스트bockwurs가 대표적인 예이다.

19세기 미국에 이러한 소시지를 소개한 사람들은 독일어를 사용하는 중앙 유럽 이민자들이었는데, 상당히 큰 영향을 미쳤다. 미국 핫도그는 프랑크푸르터frankfurter, 프랑크루트에서 유래한 가느다란 훈제 돼지고기 소시지와 비엔나에

중국식 돼지고기 군만두
Chinese Pork Potstickers

중국에는 돼지고기로 만두를 만들어 먹는 훌륭한 전통이 있는데, 만두는 국에 넣거나 찌거나 튀겨 먹는다. 맛있는 돼지고기와 여러 재료로 속을 채우고 찍어먹는 소스를 곁들여 먹는 이 작고 맛깔스런 만두는 중국적 영감이 깃든 첫 코스 요리다.

군만두 20개 분량
준비시간 25분
조리시간 12분

· 다진 고기 115g
· 파 1줄기, 곱게 다진다.
· 마늘 1쪽, 곱게 다진다.
· 다진 생강 1작은술
· 간장 1큰술
· 곡주 1작은술
· 참기름 1작은술
· 만두피 20장
· 식물성 식용유 1큰술
· 찬물 75ml, 필요할 경우

| 디핑 소스 |
· 간장 4큰술
· 중국 쌀식초 1큰술
· 참기름 1작은술
· 다진 생각 1작은술

1. 우선 만두소를 준비한다. 믹싱볼에 돼지고기, 파, 마늘, 생강을 골고루 섞은 다음, 간장, 청주, 참기름을 넣고 잘 섞는다.

2. 숟가락으로 만두소를 만두피 중앙에 넣고 가장자리에 물을 바른 후, 접어서 붙을 수 있도록 눌러주고, 손가락으로 집어 모양을 낸다. 만두 20개를 모두 같은 방법으로 만들어 준비한다.

3. 뚜껑이 있고, 크고 두껍고 달라붙지 않는 프라이팬에 기름을 두르고 아주 뜨거울 때까지 달군다. 팬에 만두를 평평한 면이 아래로 가도록 두 줄로 넣는다. 중불로 줄여 만두의 바닥이 연한 갈색이 될 때까지 2분간 튀긴다.

4. 만두 위에 물을 부은 다음 뚜껑을 덮어 약불로 상태를 확인하면서 10분간 익힌다. 물이 없으면 2~3큰술의 물을 더 넣어주고, 뚜껑을 덮고 5분 동안 조리한다.

5. 군만두가 조리될 동안 디핑 소스 재료를 모두 섞는다.

6. 조리된 만두를 접시에 담아 디핑 소스와 함께 내간다.

서 돼지고기와 쇠고기를 섞어서 만든 비슷한 소시지인 위너wiener나 부르스텔wurstel에서 유래한 것이다. 미국에서는 이런 종류의 소시지가 프랭크franks나 비엔나wienies로 알려졌다. 프랑크푸르터나 비엔나를 처음 둥근 빵에 넣고 핫도그를 만든 시기와 장소를 두고는 지금도 논란이 일고 있다. 확실한 것은 19세기 후반에는 빵 안에 넣은 프랑크푸르터와 비엔나가 미국의 많은 도시에서 팔렸다는 것이다. 오늘날 핫도그는 전 세계적으로 널리 먹는 상징적인 미국 음식이 되었다.

햄

돼지 뒷다리로 만든 햄 역시 오랫동안 호평을 받아왔다. 로마의 상원의원이자 사학자인 카토는 ≪농업론De Agri Cultura≫(기원전 160년)에서 돼지의 다리를 소금으로 절인 후 건조하고 훈연하여 햄을 만드는 방법을 설명했다. 훈연은 고기를 보존하기 위해 사용되었지만, 그 과정에서 풍미 또한 더해졌다. 처음 만들어진 지역의 이름을 붙인 독일의 블랙포레스트Black Forest 햄과 프랑스의 바비욘bayonne 햄은 유럽 훈제 햄의 대표적인 예이다. 미국의 스미스필드Smithfield 햄은 버지니아의 한 마을의 이름을 붙인 역사적인 제품이다. 정통 스미스필드 햄은 오크, 히코리쌍떡잎식물 가래나무목 가래나무과 카리아속에 속한 낙엽교목의 총칭, 사과나무 장작불 위에서 훈제하여 맛을 내고, 최소 6개월간 숙성시킨다.

돼지고기 제품들 중 가장 높게 평가되는 품목은 건조숙성 햄이다. 햄은 돼지고기 다리로 만들어지는데, 먼저 소금에 절여 두었다가 일정 시간이 지난 뒤에 몇 달간 특정한 조건에서 숙성한다. 이 기간 동안 햄은 건조되고 식감이 변하며 맛이 좋아진다. 이탈리아의 파르마 햄은 공기 중에서 건조한 유명한 예이다. 또한 이탈리아의 프루슈토 산 다니엘라prosciutto San Daniele는 프리울리 베네치아 줄리아 지방의 산 다니엘라라는 마을 이름을 딴 것으로 오랫동안 생산되었다. 이 햄은 최소 13개월 숙성시켜 단맛이 나는 것이 특징이다.

스페인의 하몽jamón, 건조 햄은 스페인 요리의 중심이며 기념비적인 생산의 역사를 가진 매우 사랑받는 음식이다. 스페인은 매년 4,000만 개 이상의 하몽을 생산하고, 개인당 연간 평균 소비량은 3.17kg 이상으로 추정된다. 일반적으로 스페인의 하몽은 두 가지 종류가 있는데, 돼지의 품종이 다른 것이 분화의 시발점이었다. 첫 번째 하몽인 세라노serrano는 빠르게 살이 찌는 흰세라노ceredos blancos로 만든다. 스페인에서 생산되는 건조 햄의 대부분은 하몽 세라노이고, 일상적인 하몽으로 대규모로 공급하는 생산자들이 있다. 두 번째 하몽 이베리코iberico는 검은 발굽 때문에 파타 네그라pata negra로 알려져 있는 짙은 머리와 검은 발을 가진 토착 이베리아 돼지로 만든다. 이 돼지 품종은 유럽 흰돼지보다 살찌는 속도가 느리고 몸집도 작다. 스페인 하몽의 10% 정도만이 하몽 이베리코인데, 이 돼지 품종으로 만든 햄은 별미로 간주된다.

돼지를 기르고 먹이를 주는 방식은 고기로 만든 햄을 분류하는 데 중요한 역할을 한다. 데 세보De cebo는 농장에서 곡식으로 사육되는 돼지를 일컫는 말이다. 데 레세보De recebo는 목초지의 풀을 뜯어먹고 도토리와 곡식 혼합물을 사료로 하는 자유 방목형 돼지이다. 가장 높게 인정받는 햄은 하몽 이베리코 데 베요타de bellota인데, 이 햄은 데헤사dehesa, 안달루시아와 엑스트레만두라 및 살라망카 지역에서 발견되는 강변 숲이나 코르크 삼나무를 포함하는 삼림시스템를 자유롭게 다니는 이베리아 돼지로 만든다. 몬타네라montanera로 알려진 도토리 시즌에는 참나무에서 도토리bellotas가 가을부터 봄까지 대량으로 떨어져 숲을 덮는다. 숲속을 돌아다니던 이베리아 돼지가 먹는 이 도

구운 햄
Glazed baked ham

통째로 양념을 해 구운 햄은 보기에도 멋진 요리이고, 전통적으로 크리스마스 같은 특별한 축하 행사와 연관되었다. 많은 인원이 충분히 먹을 수 있는 햄은 오븐에서 따뜻하게 또는 상온으로 제공하는데, 필요한 시간 전에 미리 준비하여 함께 즐길 수 있는 탁월한 음식이다.

8~10인분
준비시간 25분, 전날 물에 담그기
조리 4시간

· 훈제되지 않은 뼈 있는 햄 5kg
· 양파 1개, 껍질 벗겨 4등분한다.
· 당근 2개, 깍둑썰기 한다.
· 파슬리 작은 한 줌
· 샐러리 스틱 2개, 굵게 다진다.

| 그레이징 재료 |
· 연갈색 설탕 6큰술
· 오렌지 껍질 가루 2작은술
· 겨자 가루 1큰술
· 햄에 꽂을 클로브

1. 햄을 찬물에 하룻밤 동안 담가 과다한 소금기를 제거한다.

2. 다음날, 햄의 물기를 빼고 양파, 당근, 파슬리, 샐러리와 큰 팬에 넣는다. 햄에 찬물을 넣고 끓이면서 물 표면의 찌꺼기를 걷어내며 5분간 조리한다. 팬을 덮고 완전히 익을 때까지 3시간 40분 졸인다.

3. 햄을 건져내고, 국물을 위해 육수를 보관한다.

4. 오븐을 220℃로 예열한다.

5. 햄이 다룰 수 있을 정도로 식으면, 껍질을 조심스럽게 제거하고 흰 지방층은 남겨둔다. 지방층에 다이아몬드 모양을 만들면서 대각선 십자무늬로 칼집을 넣는다.

6. 갈색설탕, 오렌지 껍질, 겨자 가루를 섞어 만든 양념을 지방 위에 골고루 바른다. 각 다이아몬드 모양의 중앙에 클로브를 꽂는다.

7. 햄을 제빵용 트레이에 넣고 윤기가 나도록 15분간 굽는다. 오븐에서 꺼내 따뜻한 상태로, 혹은 상온에서 식힌 상태로 제공한다.

토리는 살코기에 특별한 단맛과 깊은 견과류 풍미를 주는데, 이 점 때문에 하몽 이베리코 데 베요타가 유명하다. 불포화지방산의 함량이 높은 도토리는 일반적으로 불포화지방이 많은 하몽을 만들어 먹을 때 체내에 좋은 콜레스테롤 생성을 촉진하고 나쁜 콜레스테롤 수치를 낮추는 부가적인 이익을 준다. 더불어 영양가가 풍부하고 소화가 잘 되는 햄이 되게 한다. 하몽 이베리코 데 베요타를 건조하는 기술은 세심하게 관리해야 하는 공정인데, 소금에 절인 고기는 주요 단계마다 다른 온도에 노출되어야 한다. 햄이 특별히 풍부한 감칠맛의 단계까지 도달하기 위해서는 3

년 이상 숙성한다. 전통적으로 이 고급스러운 햄은 작고 곱게 손으로 썰어 상온에서 내놓는다. 그래야 그 향기로운 맛을 충분히 살릴 수 있다.

돼지비계

돼지는 고기 자체뿐만 아니라 라드lard로 알려진 지방의 중요하고 귀중한 공급처였다. 농촌 가정에서 매년 돼지를 잡은 후에 해야 하는 중요한 일이 고기의 부산물인 지방을 처리하는 것이다. 지방을 발라낸 것을 다지거나 잘게 썬 다음, 잔여물이 깨끗이 걸러질 정도로 충분히 액체 상태가 될 때까지 약하게 가열한다. 돼지고기의 지방은 부위별로 식감과 맛이 달라, 그에 따라 가치가 달리 평가되었다. 전통적으로 가장 소중하게 여긴 부위는 풍성하고 불룩 튀어나온 배의 라드이다. 이것은 콩팥 주변에 쌓이고 허리 부분에서 만들어지는 지방으로 무색 무미한 것으로 평가된다. 단단한 질감의 등지방도 높이 평가하는데, 살라미나 좋은 품질의 라드를 만들 때 사용한다. 가장 낮게 취급되는 라드는 내장과 근육 층 사이의 '연한 지방'에서 추출한 것이다.

라드는 일단 만들고 나면 몇 달 보관하여 사용한다. 라드를 만드는 과정에 부차적으로 생기는 것이 구우면 바싹한 돼지껍질이다. 미국에서는 이것을 모아 건조한 다음 갈아서 보관했다가, 옥수수빵에 곁들여 맛을 내었다. 옥수수를 재료로 만든 전통적인 옥수수빵에 대해서는 미국 작가 로라 잉걸스 와일더가 《초원의 집》(1932~43년)에서 묘사한 바 있다.

라드는 미국을 포함한 많은 나라에서 수세기 동안 필수적인 조리용 기름이었다. 중국에서는 튀김용으로 사용하여 특정 요리의 풍부한 맛을 더했다. 중남미에서는 튀김이나 타메일tamales, 멕시코 요리의 일종 등의 조리에 널리 사용되었다. 미국 내에서 돼지를 잡는 수를 보면 라드의 중요성을 분명히 알 수 있는데, 이렇게 만들어진 라드는 다음 돼지를 잡는 시즌이 될 때까지 1년 동안 저장해 사용했다. 라드는 다양한 방법으로 사용된 다목적 요리용 기름이었고, 심지어 빵에 발라 먹기도 했다. 높은 발연점은 튀김에 탁월하기에 북미 지역의 프라이드치킨은 전통적으로 라드로 조리되었다.

또 라드의 결정구조는 페이스트리 반죽을 얇게 만드는 데 효과적이어서 전통적으로 널리 사용되었다. 남미에서는 엠파나다empanadas, 고기와 생선, 채소 등을 사용한 스페인식 파이 요리를 위한 반죽을 만들 때 라드를 사용해 개성 있는 부드러운 식감을 만든다. 영국의 돼지고기 파이는 18세기 이래로 시장이 서는 도시인 레스터셔의 멜톤 모브레이Melton Mowbray와 관련이 있는 역사적인 별미이다. 이 파이의 돼지고기 속재료를 감싸는 빵 껍질은 라드와 밀가루와 뜨거운 물로 만든다. 돼지 축산으로 유명한 시골 지역에서 흔히 발견되는 또 다른 역사적인 영국 음식은, 라드를 듬뿍 넣어 만든 달콤한 반죽에 향신료와 말린 과일로 맛을 더한 라드 과자이다. 매우 고급스러운 이 축하 과자는 주로 수확기에 만든다.

음식을 보존하는 것을 돕는 지방의 능력은 라드가 여러 방식으로 사용될 수 있음을 의미한다. 프랑스의 남서부에는 '보존하기 위해'를 의미하는 콩피어confire에서 유래한 단어인 콩피confit에 숭고한 전통이 있다. 콩피를 만들 때에는 돼지와 오리, 거위 등의 천연 지방이 풍부한 동물과 새의 고기를 소금에 절인 후, 매우 천천히 그리고 부드럽게 그 동물의 지방으로 요리한다. 이렇게 요리한 콩피는 식으면 전통적으로 특별한 진흙 항아리에 담아 서늘하고 건조한 장소에서 몇 달 동안 보관한다. 특유의 녹는 식감을 가진 콩피는 뜨겁도 차갑게도 먹을 수 있는 별미로, 그 기름진 맛을 상쇄하기 위해 민들레나 치커리 샐러드를 곁들여 먹는다.

영국식 튀김 소시지
Toad-in-the-hole

이렇게 많은 사랑을 받는 전통적인 영국 소시지 요리가 어떻게 '구멍 속의 두꺼비Toad-in-the-hole'라는 놀랍고 기이한 이름을 얻었는지는 아무도 모르지만, 아마도 반죽 사이로 드러나 보이는 소시지의 모습 때문인 것으로 짐작된다. 오늘날에도 일반 가정에서 즐겨 먹는 요리이다.

4인분
준비시간 15분
조리시간 45분

· 밀가루 120g
· 소금 약간
· 계란 2개
· 우유 300ml
· 해바라기씨유 또는 식물성 기름
  2큰술
· 소시지 8개

| 양파 그레이비 |
· 오일 1큰술
· 양파 2개, 곱게 채썬다.
· 월계수 잎 1장
· 레드와인 약간
· 닭육수 300ml
· 소금
· 후추

1. 오븐을 220℃로 예열한다.

2. 먼저 반죽을 준비한다. 믹싱볼에 밀가루를 체로 내리고 소금을 넣는다. 계란 두 개를 중앙에 깨 넣는다. 우유를 천천히 넣으면서 반죽이 부드럽고 걸쭉해질 때까지 잘 섞어 따로 보관한다.

3. 작은 로스팅 트레이에 기름을 고르게 바른 후 불을 켠다. 소시지를 넣고 오븐에서 15분간 굽고 뒤집어 전체적으로 고르게 갈색이 나도록 굽는다.

4. 2의 반죽을 팬의 소시지 주위에 붓고 부풀어 오르고 전체가 갈색이 날 때까지 30분간 더 굽는다.

5. 그동안 양파 그레이비를 만든다. 먼저 프라이팬에 기름을 두르고 달군다. 양파와 월계수 잎을 넣고 중간 약불에서 양파가 밝은 갈색이 나도록 10분간 저으면서 볶는다. 레드와인을 넣고 수분이 거의 증발할 때까지 2~3분간 조리한다.

6. 육수를 넣고 끓어오르면 불을 줄여 육수가 줄어들 때까지 10~15분간 끓인다. 소금과 후추로 간을 맞춘다.

7. 오븐에서 소시지를 꺼내 양파 그레이비를 곁들여 제공한다.

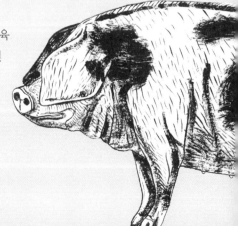

최근 수십 년 동안, 사람들이 요리용 기름을 건강에 좋다고 생각하는 다른 기름으로 바꾸면서 라드의 사용량은 전 세계 많은 나라에서 감소했다. 그러나 버터와 라드와 같은 동물성 지방의 건강에 대한 부정적인 평판이 잘못되었을 수도 있다는 연구결과가 잇따라 나오면서 다시 한 번 평판이 뒤집히고 있다. 머지 않아 우리 식탁에 다시 등장하게 될지도 모른다.

꿀

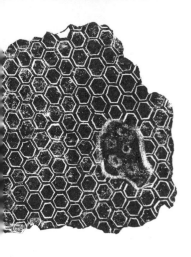

꿀

단맛은 혀가 감지하는 오미 가운데 하나로,
본능적으로 끌리는 맛이다.
꿀은 수세기 동안 우리의 주된 감미료였던 만큼
매우 가치 있는 것으로 인정받았고,
많은 문화권에서 신이 인류에 내린 선물로 여겼다.

천연감미료인 꿀을 만드는 것은 꿀벌이지만, 약 2만 종의아피스 속Apis
genus의 수 벌들 중에서 꿀을 만드는 꿀벌로 밝혀진 것은 단 7종에 불과하
다. 그 중 가장 일반적으로 알려진 것에는 양봉꿀벌Apis mellifera이라는 이
름이 붙었다. 꽃에서 꿀을 모아 겨울을 나기 위해 자기 집에 꿀을 보관하
는 것은 오로지 이 종뿐이다. 82%의 탄수화물과 18%의 물로 구성되어
있는 꿀은 20가지 이상의 당분, 과당과 포도당이 대부분을 차지하고, 미
량의 맥아당과 자당, 그 밖의 복합 탄수화물로 구성되어 있다. 꿀은 평균
pH3.9의 산성을 띠고 있지만, 이런 사실은 단맛에 의해 가려 잘 알려지
지 않았다. 꿀은 인류가 오랫동안 소중하게 여겨 근면하게 모으고 지극
정성으로 관리해왔던 것이다. 이 달콤한 물질을 모으는 것은 야생의 벌
들에게서 꿀을 채집하는 것에서 시작해 벌떼를 이용해 꿀을 수확하는 양
봉 시스템으로 발전했다.

인류는 아주 오래 전부터 석청wild honey을 먹었지만, 언제 어디서 처음 먹기 시작했는지에 대한 정보는 없다. 단맛을 아는 능력과 단맛이 우리의 몸에 주는 쾌감을 고려한다면, 야생벌의 둥지 안에서 이 신비롭고 놀랍도록 달콤한 물질을 우연히 발견했을 때 자연스럽게 맛보고 즐겼을 것이다. 곰이나 원숭이와 같은 야생 동물이 야생 꿀벌의 벌집을 찾아내어 거기서 꿀을 빼먹는 것처럼, 인간도 마찬가지였을 것이다.

꿀 채집에 관한 가장 오래된 묘사는 스페인 발렌시아의 쿠에바스 데 라 아라냐(거미 동굴)에 있는 선사시대의 동굴 벽화인데, 약 8,000년에서 1만 년 정도 된 것으로 추측된다. 그림 속에는 사람들이 밧줄이나 덩굴을 사용하거나 사다리 위에 서서 야생 꿀벌의 벌집에서 꿀을 채취하고, 벌들은 주위를 윙윙 날아다닌다. 수백 마리의 벌들이 꿀을 빼앗길 때 침으로 쏘는 공격력이 있다는 것을 생각하면 위험천만한 일이었다. 꿀 채집은 아프리카, 아시아, 호주, 남아메리카 원주민들에 의해 오늘날까지 행해지고 있다. 네팔의 구룽족들이 히말라야 절벽에서 꿀을 채집하는 모습을 담은 현재의 사진들을 보면 그들이 수세기 동안 그래왔듯이 고대 동굴 벽화와 매우 흡사하다.

수천 년 동안 사람들은 야생 꿀을 채집했다. 양봉가와 양봉에 관련된 기록이 처음 등장하는 것은 고대 이집트다. 기원전 2400년경 건설된 태양 사원 셰스파이버Shesepibre('라Ra의 기쁨'을 의미한다)의 양각 벽화에는 벌들로 가득한 벌집과 벌들을 진정시키기 위해 연기를 피우는 장면이 나온다. 고대 이집트인들에게 꿀은 매우 중요하였으며, 정부 당국의 통제 하에 관리되었다. 정부 당국자는 '꿀 판매자' 또는 '양봉가들의 감독관'이라는 칭호가 주어졌다. 사람들이 벌들에게 벌집을 제공하고 거기에 저장된 꿀을 취하는 양봉은 많은 나라에 널리 퍼졌다. 예를 들어 히타이트의 법에는 벌떼와 벌집을 훔치는 행위에 벌칙을 부과하는 조항이 있는데,

그것으로 보아 기원전 1500년경 레반트에서 양봉을 했다는 것을 알 수 있다. 기원전 6세기에 중국 정치가인 판리는 저서 ≪사업성공의 황금률 Golden Rules of Business Success≫에 양봉에 대해 썼다. 메소아메리카에서는 아즈텍인과 마야인 모두 침이 없는 미국 꿀벌들을 길렀다. 중세 유럽에서는 수녀원과 수도원이 양봉의 중요한 중심이었다. 꿀로 감미료나 벌꿀주를 만들었고, 벌집에서 모은 밀랍은 양초를 만드는 데에 사용했다.

정복이나 무역을 통해 전 세계에 소개된 꿀벌은 새로운 땅에서도 매우 유용했다. 북아메리카의 꿀벌은 토종이 아니라 1600년대 초에 식민지 개척자들에 의해 유럽에서 전해진 것이다. 미국 꿀벌의 게놈세포나 생명체이 유전자 총체 연구에 의하면 세 종류의 유럽 꿀벌이 변종되었다는 것을 알 수 있다. 스페인 사람들은 19세기에 중앙아메리카와 남아메리카에 유럽 꿀벌들을 전파했다. 그 시기 영국 식민지 개척자들은 호주와 뉴질랜드에 영국 토종 꿀벌을 전했다.

인류에게 역사적 감미료인 꿀은 성경에도 높게 평가되어 있는데, 약속된 땅은 "젖과 꿀이 흐르는 땅"으로 여러 번에 걸쳐 묘사되어 있다. 전 세계의 종교와 민속에서 벌과 꿀이 어떻게 특징지어지는지 주목할 만하다(68쪽). 꿀은 신의 선물이라 생각했고, 치료 효과를 보이는 것으로도 높이 평가되었다(74쪽). 복잡한 사회적 구조를 가진 벌집은 오랫동안 사람들을 매료시켰고, 일벌은 모범적인 시민을 상징하는 예로 인용되었다. 고대 로마 자연가 플리니Pliny the Elder는 ≪박물지≫에서 벌들의 조직에 대해 다음과 같이 썼다.

자연은 너무나 위대해서 무엇과도 비교할 수 없는 작고 유령처럼 생긴 저 작은 피조물을 만들었다. 꿀벌이 보여주는 엄청난 효율과 근면성과 비교할 수 있는 우리의 힘이나 근육은 무엇인가?

허니 케이크
Honey Cake

다양한 문화권에서 달콤함과 번영을 상징하는 허니 케이크는 매우 특별한 축제를 기념할 때 내놓는 것이다. 향긋하고 가벼운 식감의 케이크는 매우 맛있고 차나 커피와 함께 먹기에 이상적이다.

20cm 케이크 1개
준비시간 15분
조리시간 45분

· 계란 4개, 흰자와 노른자를 분리한다.
· 고운 설탕 120g
· 가염버터 120g, 부드러운 상태로 만들어놓고, 윤기를 내는 용도로 조금 더 준비한다.
· 시나몬 가루 1작은술
· 넛맥 가루 1/2작은술
· 꿀 3큰술
· 오렌지 주스 2큰술
· 오렌지 1개, 제스트로 갈아서 쓸 용도
· 베이킹파우더가 든 밀가루* 175g, 체로 쳐서 준비한다.

* 베이킹파우더가 든 밀가루(Self-Rising Flour) 만드는 법 : 밀가루 1컵, 베이킹파우더 1/2작은술, 소금 1/2작은술의 비율로 섞는다.

1. 오븐을 160℃로 예열한다. 20cm 케익 틀에 버터를 바른다.

2. 계란 흰자를 부드러운 거품이 형성될 때까지 저은 다음, 설탕 60g을 넣고 단단한 모양이 형성될 때까지 젓는다.

3. 버터와 남은 설탕을 넣어 크림을 만든다. 이때 나무 스푼을 사용한다. 계란 노른자를 한 개씩 넣어 섞은 다음, 시나몬과 넛맥 가루를 섞는다. 꿀을 넣고 골고루 섞고, 오렌지 주스와 제스트향미를 내기 위해 사용하는 오렌지 또는 레몬 껍질를 넣고 섞는다.

4. 금속 스푼을 사용하여 밀가루 반죽을 한 다음, 1의 휘저은 계란 흰자를 넣어 섞는다. 완성된 케이크 반죽을 틀에 옮겨 담는다.

5. 부풀어 오르고 황금색이 날 때까지 45분 정도 굽는다. 스틱을 이용해 케이크가 완전히 익었는지 확인한다. 스틱에 묻어나는 것 없으면 다 익은 것이다.

6. 식혀서 내놓는다.

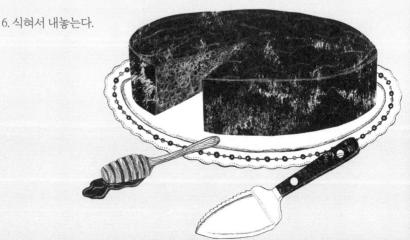

영어 극작가 윌리엄 셰익스피어는 ≪헨리 5세Henry V≫(1599년)에 꿀벌의
순종에 대해 썼다.

자연위 법칙에 따르는

벌들의 질서 있는 행동은 인간에게 가르침을 준다.

그들에게는 왕이 있고, 여러 계급의 관리들이 있다.

어떤 벌들은 치안판사처럼 내부를 점검하고,

어떤 벌들은 무역상처럼 외부에서 거래를 하고,

어떤 벌들은 침으로 무장한 병사가 되어

여름의 벨벳 같은 봉오리에 침범하여

유쾌한 행진곡에 맞춰 전리품을 갖고 와

왕의 군막으로 간다.

왕도 자신의 임무에 따라 두루 살피느라 바쁘다.

노래하는 석공들은 황금 지붕을 만들고,

시민들은 꿀을 반죽하고,

가난한 노동자들은 무거운 짐을 지고

좁은 문으로 몰려들고,

엄한 얼굴의 퉁명스러운 법관들은

게으른 수벌들을

무서운 집행관에게 데려간다.

감미료에 있어 독보적이었던 꿀의 지위는 설탕의 등장으로 어려움을
겪는다. 처음에 설탕은 사탕수수의 달콤한 과즙으로 만들어졌다. 중세
시대에서는 설탕을 만드는 데에 매우 많은 시간과 비용을 들었다. 그러
나 18세기 무렵에는 식민지 농장에서 노예의 노동력을 동원했기 때문에

설탕이 싸져 쉽게 구할 수 있게 되었다. 오늘날 꿀은 설탕이나 다른 인공 감미료에 비하면 훨씬 비싸다. 필수품보다는 사치품에 가까워졌지만, 꿀은 여전히 유년기와 연관되어 우리에게 특별한 애정을 품게 한다. 흥미롭게도 꿀은 건강에 영향을 주는 특별한 성분을 가진 것으로도 여겨지고 있다(74쪽).

농업에서는 꿀벌이 꽃가루 매개자로서 중요한 역할을 한다는 데 주목한다. 꿀벌들은 분주하게 꿀을 찾아다니면서 꽃가루를 다른 꽃으로 옮겨 수정이 일어나게 하고, 그 덕에 농부들은 농작물을 풍작하게 된다. 우려스럽게도 오늘날 꿀벌은 여러 이유로 줄어들고 있다. 꿀벌응애Varroa jacobsoni라고 불리는 파괴적인 기생충은 벌떼를 통해 전 세계로 퍼졌는데, 현재는 호주만이 감염에서 벗어나 있다. 이것이 벌에 미치는 영향은 파괴적이며, 이른바 벌집군집붕괴현상Colony Collapse Disorder이라고 불리는 증후군의 한 요인이다. 하지만 꿀벌 감소에 대한 적극적인 우려는 유럽과 미국에서 아마추어 양봉의 증가를 가져왔다(72쪽 '도시 양봉' 참조). 꿀벌이 우리에게 여전히 중요하다는 것은 부정할 수 없는 사실이다.

꿀은 어떻게 만들어지는가

벌꿀은 꿀벌들이 꽃의 꿀로 만든 음식이다. 이 간단한 설명은 꿀벌들이 이 달콤한 물질을 만드는 데 쏟은 시간과 노력을 과소평가하는 것일 수도 있다. 꿀은 벌들이 미래의 생존을 위해 저장한 것이다.

꿀벌들은 벌집에서 군집 형태로 함께 살아가는 사회적 곤충이다. 벌집 내의 복잡한 사회구조를 살펴보면, 벌들은 각기 뚜렷하게 구분되는 역할을 맡으면서도 전체를 위해 서로 협력하는 것을 볼 수 있다. 피라미드의 꼭대기에는, 즉 벌집 생존의 중심에는 여왕벌이 있는데, 커다란 배를보면 여왕벌이라는 걸 금방 알 수 있다. 여왕벌은 드론벌집에서 여왕벌과의 짝짓기가 유일한 목적으로 존재하는 수컷 벌과 짝짓기를 한 뒤 수정란을 낳는데, 부화는 일벌들이 맡는다. 일벌들은 벌집 안에서 청소, 관리, 애벌레 돌보기와 어린 드론 먹이기와 같은 다양한 일을 한다. 벌 집단의 수명주기는 계절 변화에 따른다. 봄이면 여왕벌은 하루에 2,000개씩 알을 낳는다. 여름에는 벌들이 꿀을 만들고 저장하는 바쁜 기간이다. 겨울은 집단의 크기가 상당히 줄어들고, 남은 벌들은 추운 계절을 버티기 위해 저장한 꿀을 사용

한다.

　벌은 달콤하고 물기 많은 과즙으로 꿀을 만든다. 먼저 과즙을 채취하는 벌은 꽃에서 채취한 과즙을 특별한 위 속에 담아 벌집으로 돌아와, 꿀을 만드는 벌에게 넘긴다. 그러면 꿀을 만드는 벌은 이 묽은 액체에 효소를 첨가하여 꿀로 변형시키고, 복합 식물성당complex plant sugars을 좀 더 단순한 가소화 당으로 분해한다. 그게 우리가 꿀이라고 부르는 것인데, 이 과즙 시럽은 밀랍으로 만든 육각형 벌집에 저장된다. 신선한 꿀이 만들어지면, 벌들은 필요 이상의 수분을 증발시키기 위해 날개로 부채질을 하고, 효소를 더 첨가한다. 그리고 수분 함량이 18.6% 이하로 떨어지면 꿀을 안전하게 보관하기 위해 얇은 밀랍으로 덮는다. 일벌이 평생 동안 생산하는 꿀의 양은 1작은술의 10분의 1에서 12분의 1밖에 되지 않는다. 450g의 꿀을 생산하기 위해서는 벌들이 200만 송이의 꽃을 찾아가야 하는 것으로 추정된다.

　양봉은 사람들이 꿀과 밀랍을 수확하기 위해 벌집에 벌 집단을 키우는 것이다. 벌들은 움푹 파인 나무나 바위 구멍 같은 곳에 벌집을 짓지만, 양봉가들은 벌들이 살 수 있는 인공 벌집을 개발하였다. 그 기원은 고대 이집트까지 거슬러 올라간다. 유럽에서는 꿀벌을 바구니와 같은 벌집에 가두어 키운 오랜 전통이 있었다. 꿀을 수확하기 위해서는 벌들은 죽거나 쫓겨나고 벌집은 부셔졌다. 그러나 수세기에 걸쳐 여러 양봉가들에 의해 벌집의 모양과 구조에 혁신이 일어났고, 결국 벌집을 부수지 않고 꿀을 수확할 수 있게 되었다. 1682년에 영국의 성직자이자 여행 작가인 조지 휠러George Wheler는 그리스에서 보았던 벌집을 상세하게 묘사했다. 바구니를 뒤집어 놓고 상단에 나무 막대를 가로질러 걸쳐 놓은 형태인 '그리스 벌집'은 탈부착이 가능한 단층 벌집으로, 근대적인 톱바top-bar 벌집의 초기 버전이다. 1789년 스위스의 곤충학자이자 자연주의자인 프

핫 토디
Hot toddy

전통적으로 위스키, 꿀, 레몬주스를 섞은 것은 기침과 감기의 치료제로 자주 쓰인다. 한 가지 확실한 사실은 추운 겨울날에 따스함과 위안을 주는 완벽한 음료라는 것이다.

4잔
준비시간 5분

· 위스키 125ml
· 꿀 4작은술
· 레몬 1개 주스
· 물 400ml
· 시나몬 스틱 4개, 선택사항

1. 위스키, 꿀, 레몬주스를 작은 피처에 넣고 섞는다.

2. 작은 주전자에 물을 끓인다. 뜨거운 물을 1에 넣고 잘 젓는다.

3. 4개의 머그잔에 나누어 따른다. 시나몬 스틱을 고명으로 꽂아낸다면 음료를 젓는 데에도 사용할 수 있다.

랑수아 후버François Huber는 나뭇잎 벌집을 고안했는데, 이 벌집은 책의 낱장처럼 펼쳐지는 움직이는 형태로 만들어졌다.

1851년에 벌집 디자인에 있어 일대 사건이 일어났다. 미국 성직자이자 양봉가인 로렌조 랭스트로스Lorenzo Langstroth는 완전히 탈착이 가능한 프레임을 가진 혁신적인 상부 개방형 벌집을 발명하여, 1852년에 특허를 냈다. 여기에서 중요한 점은 랭스트로스가 프레임의 옆면과 주구조물 사이에 3/8인치의 공간이 있도록 벌집을 만들었다는 것이다. 이렇게 정확한 간격을 두는 이유는 벌들이 벌들이 벌집을 만들 때 3/8인치보다 큰 공간을 두고, 프로폴리스벌집을 짓는 데 천연 접착제로 사용하는 수지 물질를 사용하여 1/4인치보다 작은 공간을 채우기 때문이다. 랭스트로스는 꿀벌 활동공간bee space으로 알려진 이 틈을 교묘하게 이용하여, 벌들이 프로폴리스로 벽을 채울 때 서로 간에 또는 벽면에 달라붙지 않고 각각의 벌집을 만들 수 있게 했다. 그는 양봉에 관한 중요하고 영향력 있는 저작 ≪벌집과 꿀벌The Hive and the Honey Bee≫(1853년)에서, 벌들을 죽이지 않고도 벌꿀을 수확할 수 있는 벌집을 디자인하고 싶은 소망에 대해 다음과 같이 썼다.

후버 벌집은 적절한 예방 조치를 취한다면, 벌들을 자극하지 않고 벌집을 수확할 수 있으며 벌들이 놀라운 정도로 길들여질 수 있다는 것을 보여준다.

랭스트로스가 발명한 벌집은 기존의 꿀벌 치는 방식에서 벗어나 벌들을 지나치게 자극하지 않고 꿀벌들을 돌볼 수 있게 하였다. 또한 "만약 벌집에 무슨 문제가 생긴 것으로 의심이 되면, 바로 벌집의 실제 상황을 확인하고 적절한 치료책을 사용할 수 있게 되었다."

랭스트로스는 꿀을 수확할 때 벌집들을 부수지 않는 실용적인 방법을

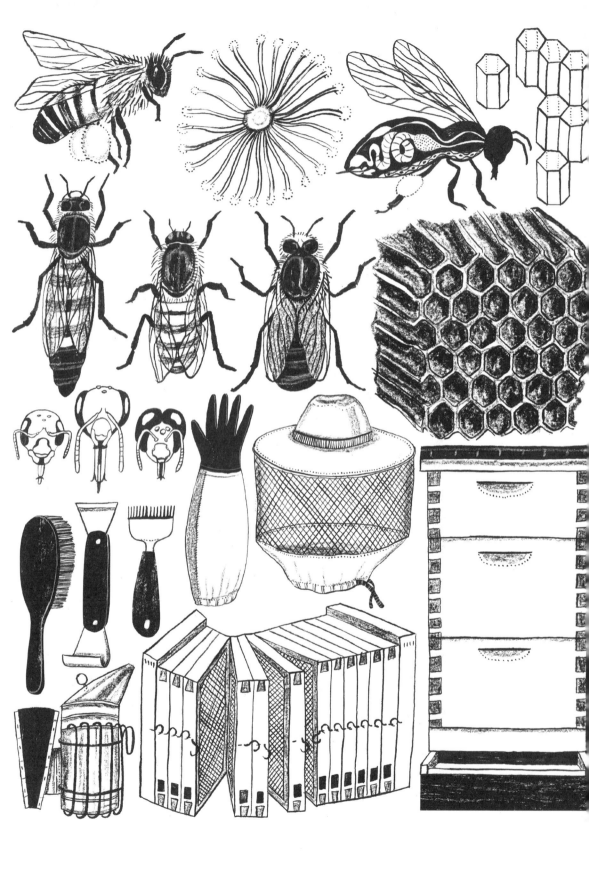

발견하고 벌들을 직접 살펴볼 수 있게 했고, 그 덕에 양봉가들이 벌들을 더 적극적으로 키울 수 있게 되었다. 이것은 양봉 역사에 있어 중요한 전환기였다. 랭스트로스가 만든 벌집의 기본 구조는 지금까지 가장 널리 사용되는 벌집 유형이 되었다.

양봉가는 꿀벌의 건강, 여왕의 산란 패턴, 벌꿀의 양을 확인하기 위해 벌집을 정기적으로 검사하면서, 꿀을 충분히 생산하는 건강한 꿀벌떼를 적절한 규모로 유지해야 한다. 여기에는 날씨를 포함하여 여러 요소가 작용한다. 또 새끼 벌이나 성충 벌 모두에게 영향을 줄 수 있는 해충과 질병들도 많다.

'감로의 흐름nectar flow, '적어도 한 가지의 주요한 꿀이 있는 꽃이 피고 날씨가 벌들이 먹이를 찾을 수 있는 시기'를 의미하는 용어'이 거의 없거나 전혀 없을 때 또는 벌집 안의 꿀 저장량이 부족할 때, 양봉가들은 벌들이 굶는 것을 막기 위해 설탕물을 먹인다. 예를 들어, 꿀 수확 이후 일정 기간 동안에는 먹이를 주는 양봉가들을 흔히 볼 수 있다. 자연적 요인들도 한몫을 한다. 예를 들어, 궂은 날씨가 오래 지속되어 외부에서 꿀을 채집할 수 없을 때는 설탕물을 추가로 주어야 한다. 또 벌통의 위생상태가 좋지 않으면 해충과 질병이 생기기 때문에 늘 깨끗하게 유지해야 한다.

전문 양봉가들이 하는 작업의 중에는 좋은 벌꿀 수확을 할 수 있는 위치에 벌집을 배치하는 것도 있다. 단화꿀(80쪽 참조)을 만들기 위해서는 벌집을 밤나무나 소나무 숲이나 오렌지나무 숲과 같은 특정 꿀이 많은 장소의 중심이 좋다. 꿀벌은 꿀을 찾아 8km까지 날 수 있지만, 너무 많은 에너지를 소비하기 때문에 평균 비행은 1.5km 정도이다. 단화꿀은 다른 꽃의 꽃송이가 피기 전에 수확하여야 한다. 그래야 목표로 하는 꽃이나 식물의 특성이 있는 꿀을 수확할 수 있다.

대개 꽃에서 꿀이 마를 즈음 벌집이 밀랍으로 덮인 꿀로 가득 차는데,

이때 꿀을 수확한다. 하나의 벌집이 겨울을 나기 위해서는 9~14kg의 꿀이 필요하지만, 조건이 좋은 계절에는 27kg 정도로 훨씬 더 많이 생산하고 저장한다. 양봉가가 거둬들이는 것은 이때 생기는 여분의 꿀이다.

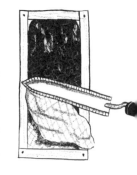

벌집에서 꿀을 추출하는 것은 꽤 긴 공정이다. 일반적으로 기어를 이용하여 만든 흡연기로 연기를 만들어 벌떼를 진정시키는 것으로 꿀 추출 공정이 시작된다. 연기 냄새는 벌들에게 생존을 우선하게 만들고 덜 공격적이고 침을 덜 쏘게 만든다. 또한 소문지기 벌들guard bees이 경보용으로 방출하는 페로몬의 향도 가린다. 연기를 만든 다음 꿀이 든 틀을 벌통에서 떼어낸다. 꿀을 추출하기 위해서는 우선 꿀을 밀랍을 제거해야 하는데, 이 작업은 간단한 수동식 칼에서 자동기계 장치까지 다양한 도구로 이루어진다. 꿀을 덮은 밀랍을 제거한 뒤에는, 틀은 원심분리기에 넣고 회전시켜 법집 구조는 그대로 두고 꿀만 밀려나도록 한다. 이 과정은 최대한 빨리 진행하기 때문에 이 단계에서의 꿀은 쉽게 흘러내릴 만큼 따뜻하다. 빈 틀은 벌집 안에 다시 넣어, 벌들이 다시 한 번 벌집을 채우게 한다.

추출한 꿀은 먼저 죽은 벌이나 밀랍 조각 같은 불순물을 제거하기 위해 채로 걸러준다. 이 단계에서 비로소 먹을 수 있는 꿀이 되고, 판매를 위해 유리병과 같은 용기로 옮겨 담을 수 있다. 대부분의 대형 제조자들은 용기에 담기 전에 62℃에서 65℃ 사이로 열을 가하여 저온 살균한다. 유제품업계는 우유에서 생존할 수 있는 잠재적으로 해로운 세균을 제거하기 위해 저온 살균을 하지만, 사실 꿀은 높은 산도와 천연 항균성 때문에 살균을 할 필요는 없다. 대신, 저온 살균 작업을 거치면 시간이 지나면서 투명한 꿀이 걸쭉해지고 불투명해지는 자연적인 과립화가 억제된다. 또 저온 살균은 꿀의 꽃가루에 영향을 주어, 꿀의 맛을 깔끔하게 만든다. 열처리가 되지 않은 꿀은 '생꿀raw honey'이라고 하는데, 이것은 대

바클라바
Baklava

이 전통적인 그리스 음식은 향기로운 꿀 시럽을 곁들여 달콤하고 촉촉한 느낌을 준다. 후식으로 내거나 에스프레소와 함께 내놓는다.

8~10인분
준비시간 20분
조리시간 1시간 25분

· 가염버터 10큰술
· 굵게 다진 호두나 데친 아몬드 3컵
· 설탕 3큰술
· 시나몬 가루 1/2작은술
· 필로 페스트리 14장

| 꿀 시럽 만들기 |
· 고운 설탕 1과 1/2컵
· 물 1과 1/2컵
· 시나몬 스틱 1개
· 레몬 주스 1큰술
· 꿀 3큰술
· 오렌지나 장미 우린 물 1큰술,
  선택사항

1. 오븐을 180°C로 예열하고 11×7인치 케이크팬에 기름을 바른다.

2. 꿀 시럽을 만든다. 물, 설탕, 시나몬 스틱과 레몬 주스를 작은 소스팬에 넣고 약한 불에 올려 설탕이 녹을 때까지 저어준다. 불을 높여 5분간 끓인 다음, 꿀을 넣고 다시 약한 불에 5분간 저어주며 끓인다. 만약 오렌지나 장미를 우린 물을 사용한다면 불을 끈 상태에서 넣고 휘저어주고, 시나몬 스틱은 버리고 식힌다.

3. 버터를 천천히 녹이고, 견과류와 설탕과 시나몬를 함께 섞는다.

4. 필로 패스트리는 깨끗한 수건으로 덮어 마르지 않도록 한다. 1장을 꺼내 녹인 버터를 발라 베이킹팬에 놓고, 가장자리를 접는다. 준비한 필로 페스트리 절반에 이와 같은 과정을 반복한다.

5. 버터를 바른 필로 위에 견과류를 고르게 올리고, 그 위에 남은 필로와 견과류를 올리고 버터를 바른다. 마지막 시트는 맨 위층에 접어 올리고 녹인 버터를 골고루 바른다. 쉽게 자를 수 있도록 15분간 얼린다.

6. 바클라바를 일정한 크기의 마름모 모양으로 잘라 30분간 굽는다. 온도를 150°C로 낮추고 황금색이 날 때까지 20~30분간 더 굽는다.

7. 따뜻한 바클라바 위에 시럽을 골고루 뿌려 페스트리에 스며들도록 한다. 꿀 시럽이 완전히 스며든 다음 제공한다.

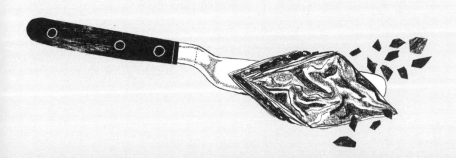

개 소규모 양봉업자들이 만든다. 꿀을 자연 상태 그대로 유지하려는 것이다. 양봉가들은 자신들이 추출한 꿀 외에도 꿀로 가득 찬 벌집, 그러니까 벌들이 만든 육각형 밀랍 구조도 판다. 벌집 한 조각을 먹는 것은 꿀을 즐기는 매우 전통적인 방법이다. 밀랍은 먹을 수 있는 것이고, 씹는 맛을 즐기고 꿀을 통째로 먹는 경험을 할 수 있다. 벌집은 보통 있는 그대로 먹거나 토스트나 빵에 발라 먹기도 한다.

꿀은 보관상에 놀라운 특성이 있어 올바르게 보관만 한다면, 즉 밀봉하여 건조한 곳에서 실온으로 보관한다면, 몇 년 동안 저장할 수 있다. 건조하게 보관하는 것이 중요한데, 심지어 물이 몇 방울이라도 닿으면 상하는 원인이 된다.

신화, 종교 그리고 민속 문화

예로부터 벌과 꿀에 대한 사람들의 해석은 신과 마법과 연관되었다. 다른 곳과 마찬가지로 아프리카와 호주의 민속에서도 벌과 꿀이 특색 있게 등장한다. 고대 이집트의 소금 파피루스(기원전 300)에는 세계의 창조자인 태양의 신, 라Re에 관한 다음과 같은 구절을 담고 있다.

라가 눈물을 흘렸고, 그의 눈물이 땅에 떨어져 벌로 변했다. 벌들은 벌집을 짓기 시작했고, 벌들은 온갖 종류의 꽃들에게 바쁘게 찾아다녀 밀랍을 만들고 라의 눈물로 꿀을 만들었다.

인도의 신성한 힌두교 경전인 리그베다에서 크리슈나, 비쉬누, 인드라 신들은 마드하바로, 이는 '꿀에서 태어났다honey-born'는 뜻이다. 꿀은 하

늘에서 내려오는 것이고, 벌은 다른 종교에서도 볼 수 있듯이 신의 메신
저로 활동한다. 힌두교에는 이 세계에 갓 태어난 아기들을 환영하는 가
족 의식, 자타카르마jatakarma를 치르는데, 아기의 입에 꿀을 대는 등의 행
위를 한다. 힌두교 신들의 판테온에 '브라마리bhramari'도 포함되는데, 바
로 '벌의 여신벌을 의미하는 힌두어 브라마리에서 유래'이다. 신과 악마 간의 전쟁터에
서 브라마리는 4개의 무기로 무장하고 몸에 붙이고 다니는 벌떼와 말벌
들의 도움을 받는 여신으로 묘사된다.

그리스 신화에서, 님프 멜리사꿀을 뜻하는 그리스어 '멜리'에서 나온 이름는 제우스
가 아기였을 때 꿀을 먹었다. 또 그리스 신화에서 아폴로와 님프 키레네

허니 치킨
Honey-Glazed Chicken

간단히 꿀을 바르는 것만으로도 닭다리의 맛이 더해진다. 으깬 감자와
당근, 브로콜리를 함께 곁들여 내면 맛있는 한 끼 식사가 된다.

4인분
준비시간 10분
조리시간 30~40분

· 닭다리 4개
· 꿀 1/3컵
· 올리브유 2큰술
· 레몬 1/2개, 즙을 낸다.
· 마늘 1개, 으깬다.
· 소금
· 후추

1. 오븐을 200℃로 예열한다.

2. 소금, 후추로 닭다리에 간을 한다.

3. 꿀, 오일, 레몬즙과 마늘을 모두 섞는다.

4. 3을 닭다리에 바르고, 로스팅 팬에 올려 완전히 익을 때까지 30~40분간
   굽는다. 굽는 동안 2~3번 정도 3을 닭다리에 더 발라준다.

5. 뜨거울 때 내놓는다.

의 아들인 아리스타이오스Aristaios가 사람들에게 양봉을 가르친 것으로 알려져 있다. 플리니우스는 ≪박물지≫에서 벌집의 작동방식에 대해 설명하면서, 꿀은 "공중에서 나와 주로 별이 뜨고 동트기 직전에 형성된다"고 썼다. 그는 벌을 중대한 일의 징조를 알리는 메신저로 믿었다. "플라톤이 어렸을 때 벌들이 그의 입 주위에 자리 잡고, 그의 유쾌한 웅변의 매력을 예언했다"고 말했다.

노르웨이 신화에서도 벌과 꿀은 특별한 의미를 부여받았다. 이 신화에는 거대한 화산재 나무인 위그드라실Yggdrasil, 거대한 물푸레나무로, 세계창조 후에 오딘이 심었는데 우주를 뚫고 솟아 '우주의 나무'라고도 한다를 우주의 중심에 심었는데, 그 나뭇가지가 지구를 덮고 그 뿌리가 지하세계에 다다랐다고 한다. 우타르라고 불리는 성스러운 샘에서 나오는 물이 매일 이 나무에 뿌려지고, 벌들은 위그드라실에서 떨어지는 이슬인 '꿀폭포'를 먹고 산다고 한다.

발효 꿀로 만든 고대의 술에 대해서도 노르웨이 신화에 나온다. 이 술은 미드mead라고 하는데, 신들에 의해 만들어진 지혜로운 남자 크바시르Kvasir의 이야기에 등장한다(83쪽 '벌꿀주' 참조). 크바시르는 프얄라르와 갈라르라는 두 난쟁이들에 의해 살해되었는데, 그후 그 난쟁이들은 그의 피와 꿀을 사용하여 특별한 벌꿀주를 양조했다. 시의 벌꿀주Mead of Poetry로 알려져, 그것을 마시는 사람 누구나 지혜와 시의 재능을 받았다. 노르웨이의 모든 신들의 아버지인 오딘Odin은 그 귀한 벌꿀주를 훔치러 나섰다가, 형체를 변화시키고 속임수로 통해 간신히 몸 안에 벌꿀주을 품은 채 독수리의 모습으로 신들의 요새인 아스가르드로 돌아왔다고 한다.

유럽과 미국에서도 찾아볼 수 있는 오래된 민속은 '꿀벌의 이야기'로 알려져 있다. 이 이야기는 집안 내에 중요한 사건들, 출산, 결혼, 사망 등을 벌들에게 알리는 관행이며, 사망 소식을 전하는 것은 특히 중요하다. 전해야 하는 말은 벌들에게 정식으로 직접 말하거나, 먼저 벌의 관심을 끌기 위해 벌집을 두드리거나, 벌통을 적절하게 자극하는 것으로 할 수 있다. 만약 벌들에게 알리지 않는다면, 그래서 영험이 사라진다면 벌들은 벌집을 떠나거나 꿀을 만드는 것을 중단하게 된다.

도시양봉

전통적인 양봉은 평화로운 사과나무 과수원에 벌집이 줄지어 늘어선 목가적인 이미지였지만, 최근 수십 년 사이에는 도시양봉도 증가하는 추세이다. 처음 이런 이야기를 듣는다면 이런 조합이 있을 수 없을 것이라고 생각하기 쉽지만, 사실 도시의 환경적 요인 중에는 벌들에게 장점으로 작용하는 것들도 있다. 그 중 하나는 도시 지역은 살충제의 사용이 적다는 것이다. 농부들은 농작물을 보호하는 명목으로 농약을 광범위하게 사용한다. 도시에는 벌들이 꿀을 찾아다닐 만큼 녹지가 많지 않을 것이라고 생각하겠지만, 의외로 많은 도시에는 공원과 개인 정원의 형태로 놀랄 만큼 많은 양의 녹지가 형성되어 있다. 게다가 도시의 나무와 꽃들은 밀이나 옥수수 같은 한 가지 작물로 가득한 것이 아니라 눈에 띄게 다양하다. 도시의 벌들이 다양한 식물에 접근할 수 있게 되면, 필요한 꿀을 찾을 가능성은 더 커진다. 오늘날에는 베를린, 시카고, 런던, 멜버른, 뉴욕, 파리, 샌프란시스코, 토론토와 같은 대도시에서도 양봉가들을 볼 수 있다. 도시 양봉가들이 모두 벌통을 등록하지 않아 수치가 더 높을 수도 있지만, 2014년 런던에는 5,000개 이상의 벌통이 있는 것으로 추정되었다.

도시양봉의 유행은 하나의 도시에서 시작된 것은 아니다. 이러한 움직임은 꿀벌들이 직면한 위협에 대한 반응으로 보인다. 최근 수십 년 동안에 전례 없는 벌통 감소에 관한 뉴스와 군집붕괴현상(60쪽 참조), 그리고 꿀벌들을 보호하는 대책이 필요하다는 인식이 여러 도시의 사람들을 움직였다. 또한 전 세계 양봉 인구가 감소하면서 도시양봉의 인기가 높아졌다. 영국과 미국의 양봉협회는 이 오래된 전문 분야에 대해 배우고 싶어하는 초보 양봉가들이 늘어나면서 회원이 증가하고 있다. 이러한 현상은 또한 지역을 지키는 사람들이 식량을 생산하고 도시 풍경을 재고하려는 로커보어locavore, 지역을 뜻하는 로컬과 먹거리를 뜻하는 보어를 합친 합성어로, 자신이 사는 곳과 가까운 곳에서 재배되고 사육된 식재료를 사용하려는 사람들을 의미한다 운동과도 관련이 있다. 도시에서 꿀을 생산하는 아이디어는 생산자, 소매업자 그리고 고객 모두에게 큰 반향을 불러일으켰다. 런던의 테이트 브리튼Tate Britain, 베를린의 번데스타그Bundestag, 뉴욕의 휘트니 미국 미술관과 같은 랜드마크에 벌통을 설치하는 시도가 있었는데, 이러한 상징적인 건축물에 벌통을 설치하는 것이 큰 인기를 끌었다.

　하지만 도시양봉 운동이 직면한 문제가 있다. 최근 몇 년 동안 로스앤젤레스, 뉴욕, 워싱턴 DC와 같은 몇몇 도시는 도시양봉을 금지하는 법을 바꿨지만, 많은 도시에서는 인구 밀집지역에서 양봉을 금지하고 있다. 벌은 통증을 주는 침 때문에 위험한 곤충이라는 인식이 있다. 특히 꿀을 채취하는 일에 열중인 꿀벌들은 공격적인 말벌과 혼동되는 경우도 있다. 물론 벌에 쏘이는 것은 알레르기가 있는 사람들에게는 실제로 위험한 일이다. 그래서 양봉가들은 책임감을 갖고 안전하게 활동하고 있다고 대응한다. 예를 들어, 여왕벌이 이끄는 많은 벌들이 새로운 벌집을 만들려고 떼를 지어 다니는 것은 시민들을 놀라게 할 수 있기에, 도시양봉가들은 이러한 일이 발생하는 것을 최소화하려고 한다. 꿀벌 집단이 너무 많으면 꿀의 원천인 꽃들에게 피해가 생길 것이라는 걱정 때문에, 도시 내에 어느 정도의 벌 군락을 유지할 수 있는지에 대한 논의도 계속하

고 있다. 도시에 기반을 둔 양봉협회는 꿀벌에게 먹이를 제공하기 위해 공원과 정원에 과즙이 풍부한 도시 식물 심기와 더 많은 옥상 정원 만들기 캠페인을 벌이고 있다.

꿀과 건강

역사적으로 꿀은 단순히 달콤하고 맛있는 음식을 만드는 재료일 뿐만 아니라, 치료적인 성분이 함유하고 있는 것으로 여겨져 왔다. 성경에는 이렇게 나와 있다. "내 아들아, 꿀을 먹으라, 이것이 좋으니라."(잠언 24:13) 수세기 동안 꿀은 많은 나라에서 전통적인 약에 널리 사용되어 왔는데, 그 자체로 혹은 쓰디쓴 약을 입맛에 맞게 만드는 유용한 감미료로 사용되었다. '삶의 지식'으로 번역되는 인도의 아유르베다에 따르면, 꿀은 중요한 약이다. 내복용으로 먹을 수도 있고 외용제로서도 썼다. 기침, 천식, 구토, 불면증, 설사, 벌레 물린 데, 눈병 등 다양한 질환과 상처의 치료에 사용할 수 있다. 아유르베딕 텍스트Ayurvedic text라고 불리는 약학서의 저자인 고대 인도의 의사 수스루다Sushruta는 뚫린 귀를 치료하는 데 꿀을 사용하라고 처방했다. 또한 꿀은 백내장을 예방하고 눈 질환을 치료하는 데도 쓰인다. 중국 전통 의학에서 꿀蜂蜜은 중립적인 성질을 가지고 있어 비장과 위장을 튼튼하게 하고, 기를 회복하고, 기침과 화상을 치료하는 등 다양한 용도로 쓰인다.

고대에 꿀이 약용으로 사용된 기록도 발견되었다. 꿀에 대한 가장 초기의 기록 중 하나로, 기원전 2100년경에 만들어진 수메르인 점토판에는 꿀이 상처에 바르는 연고로 의미 있게 기록되어 있다. 고대 이집트인들도 상처를 치료하기 위해 꿀을 사용했는데, 기원전 1550년경의 의학

꿀 과일 스무디
Honey Fruit Smoothie

꿀을 첨가하는 것은 신선한 과일 스무디에 부드럽고 달콤함을 더하는 간
단한 방법이다. 매력적이고 건강한 하루를 여는 아침식사로 제격이다.

4인분
준비시간 5분

· 잘 익은 바나나 2개
· 딸기 2컵
· 오렌지 2개, 즙을 낸다.
· 밀싹 가루 1큰술
· 꿀 2큰술
· 요거트 1컵

1. 모든 재료를 푸드 프로세스에 넣고 부드러워질 때까지 간다.

2. 즉시 제공한다.

기록인 에베르스 파피루스Ebers Papyrus에는 보풀과 기름과 함께 꿀을 섞어 바르는 것으로 묘사되어 있다. '의학의 아버지'라고 불리는 그리스의 의사 히포크라테스는 기원전 4세기에 상처와 화상을 치료할 때 꿀을 사용했으며, 통증을 가라앉히기 위해 꿀과 식초 혼합물을 처방하기도 했다. 꿀은 히포크라테스 전집(기원전469~399)에 여러 차례 나타나는데, "와인과 꿀은 인간에게 놀라울 정도로 적응되어, 건강과 질병 모두에 개인의 체질에 따라 현명하고 적절하게 투여된다"고 한다. 플리니우스는 청력을 향상시키는 치료법으로 꿀과 분말로 만든 벌을 섞은 것을 추천했다. 그는 벌들을 존경했는데, 왜냐하면 "가장 달콤하고 가장 건강을 증진시키는 액체인 꿀을 모으기" 때문이다. 2세기 그리스의 의사 갈레노스Galen는 안약을 만들기 위해 바다거북 담즙을 꿀과 섞기도 하고, 눈을 치료하기 위해 꿀과 벌 머리를 태운 재와 섞기도 했다. 이슬람 세계에서도 꿀은 오래전부터 건강에 좋은 음식으로 여겨져 왔다. 10세기 페르시아의 의사인 아비켄나Avicenna는 꿀을 "음식 중의 음식, 음료 중의 음료, 약 중의 약"이라고 불렀다. 그의 약초 공식은 갈고, 체에 거르고, 꿀과 섞는 것이었다.

오늘날에도 꿀은 유익하고 건강에 좋으며 치료효과가 있는 식품으로 지속적인 평가를 받고 있다. 영국에서는 기분 좋게 달콤하고 부드러운 식감을 가진 꿀을 기침 치료에 자주 사용하는데, 따뜻한 물이나 허브 차를 섞어 마신다. 생꿀은 물론 프로폴리스벌집을 밀봉하기 위해 만든 수지 혼합물와 로열젤리애벌레와 여왕벌에게 먹이로 주기 위해 육아벌이 생산하는 것를 이용해 생산한 제품도 건강식품점에서 판매되고 있다.

전통 의학에 사용되는 정도에 비하면 꿀의 치료 잠재력에 대한 과학적 연구는 부족한 편이다. 1892년 네덜란드의 과학자 반 케텔Van Ketel은 꿀이 항균성을 가지고 있다고 보고했다. 최근 10년 동안 더 많은 연구가

진행되었는데, 최근 연구결과에 따르면 생꿀이 소위 슈퍼버그 MRSA메티실린 내성을 가진 황색포도알구균 감염를 포함한 250개 이상의 임상적 염증을 일으키는 박테리아를 죽일 수 있다고 한다.

꿀은 오래전부터 많은 문화권에서 상처에 바르는 용도로 사용되었다. 실제로, 20세기 1차 세계대전 동안 러시아인들은 감염을 예방하고 빠른 치료를 위해 꿀을 사용했다. 과학계에서 꿀의 잠재력에 대한 새로운 관심이 일어나고 있다. 꿀은 삼투를 통해 상처의 감염을 예방하는 데 도움이 된다. 박테리아가 번성하기 위해서는 수분을 필요로 한데 꿀은 상처의 수분을 빨아들이기 때문이다. 꿀의 높은 산도와 과산화수소 등급(꿀마다 다르지만)은 세균 증식을 예방하는 데 중요한 역할을 한다.

최근 몇 년 동안, 특히 단화꿀(80쪽 참조)은 꿀이 가져다주는 건강과 관련한 특별한 대중적인 상상력을 자극했다. 뉴질랜드와 호주 남동쪽에서 자라는 마누카나 차나무Leptospermum scoparium의 과즙으로 만들어진 마누카manuka 꿀은 강한 향과 독특하고 약간 쓴 맛이 있는데, 연구자들 사이에서 최근 이 꿀이 각광받고 있다. 메틸글리옥살MG이라는 항균성 화합물이 다량으로 함유된 것이 발견되었기 때문이다. 다른 꿀들도 MG를 함유하고 있지만 훨씬 낮은 수준에 불과했다. 마누카 꿀의 MG는 마누카 꽃의 과즙에서 발견되는 화합물인 디하이드록시아세톤의 변환을 통해 만들어진다. 물론 MG의 농도가 높을수록 항균효과가 강해진다.

마누카 꿀을 사는 고객에게는 꿀의 항균 강도를 나타내는 MG의 함유량, 비과산화물 활성도NPA, 전체 활성도TA 등의 다양한 정보가 제공된다. 마누카에 +5 또는 +10 이상과 같은 항균 등급이 표시되는데, 높은 등급은 꿀의 가격에 반영된다. 마누카 꿀은 프리미엄 가격을 유지하고 있으나, 과다 수요로 인해 안타깝게도 현재 전 세계에서 저질품이나 모조품 같은 문제가 발생하고 있다.

꿀을 바른 샬롯
Honey-glazed Shallots

꿀을 섞어 구운 샬롯은 간단하게 만들 수 있는, 세련된 곁들임 채소이다.
구운 소고기나 양고기, 또는 기름진 소고기와 와인 캐서롤프랑스 랑그독 지방
의 전통 요리로 스튜의 일종에 곁들이면 멋진 요리가 완성된다.

4인분
준비시간 5분
조리시간 20분

· 껍질 벗긴 샬롯 8개
· 올리브오일 1큰술
· 꿀 1큰술
· 타임(백리향) 2줄기
· 소금
· 후추

1. 오븐을 180℃로 예열한다.

2. 물에 소금을 약간 넣고 끓인 다음, 껍질 깐 샬롯을 넣고 5분간 살짝 익힌
   다. 물기를 빼고 가볍게 두드려 말린다.

3. 로스팅 팬에서 샬롯과 올리브오일을 골고루 섞은 다음, 꿀과 버무린다. 소
   금과 검은 후추로 간을 하고 타임 2줄기를 넣는다.

4. 오븐에서 15분간 구워 따뜻할 때 내놓는다.

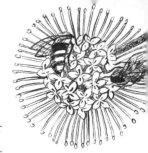

단화꿀

꿀의 매력 중 하나는 와인 세계에서 흔히 접하는 '테루아르Terroir'라는 말로 표현된다. 이 말은 프랑스어로 '땅이나 흙'이라는 뜻으로 환경이나 날씨, 토양이나 지형에 영향을 받아 다른 결과물이 나온다는 것을 의미한다. 꿀벌이 만든 꿀은 벌들이 찾아간 꽃과 나무을 반영하여, 결과적으로 색과 향 그리고 질감에 있어 매우 다양하게 만들어진다. 이것은 꿀의 원료가 다양할 경우에도 분명하다. 예를 들어 이탈리아 산 야생화 꿀은 미국의 야생화 꿀과는 맛이 다를 것이다. 영국의 석세스다운이나 잠비아 열대우림, 이탈리아 알프스의 꽃밭처럼 다양하게 환경에서 생산되는 '지역' 꿀도 있다.

그러나 꿀이 주로 한 가지 종에서 나온 것일 때에 그 차이는 눈에 띄게 더 뚜렷해진다. 이러한 종류의 꿀은 단화꿀이라고 한다. 단화꿀은 가장 쉽게 구할 수 있는 특징 없는 순한 맛의 꿀이나 일반적인 혼합 꿀과는 거리가 멀다. 다양한 종류의 단화꿀을 표본 조사하는 것이 꿀의 다양함을 알아보는 가장 좋은 방법이다.

- **아우파파**(Alfafa, 자주개자리): 이 식물은 소떼의 먹이로 세계적으로 분포하는데, 이 꽃에서 나온 꿀은 연한 색으로 은은한 향기와 부드럽고 섬세한 맛이 있다.
- **블루검**(Blue gum, 유칼립투스 글로불루스): 블루검 유칼립투스 나무로 만들어졌고, 호주에서 인기 있는 꿀이다. 독특한 맛이 있는데, 약간의 박하향과 약을 먹은 후에 남는 뒷맛 같은 것이 있다.
- **서양지치**(Borage) **또는 바이퍼스버그로스**(viper's bugloss): 가볍고 섬세하며 매우 달콤한 꿀로 많은 나라에서 생산된다. 서양지치는 원산

지가 지중해 연안이며, 별 모양의 꽃이 있는 허브로 칼륨과 칼슘 등의 미네랄 함량이 매우 높다. 바이퍼스버그로스는 옛날부터 독사에게 물렸을 때 치료약으로 쓰였는데, 생명력이 강해 메마른 자갈밭이나 길가에서도 잘 자라며, 잎·줄기·꽃 등을 약용했다.

- **메밀**(Buckwheat, 마디풀목): 메밀로 만든 꿀은 색깔이 진하고, 복합적이며 엿기름과 흙 맛이 난다.

- **카놀라 또는 유채**(Canola or rapeseed): 기름이 풍부한 씨앗을 얻기 위해 널리 재배되는 배추속 식물Brassica로, 꿀은 흰색이고 크림 같은 식감과 부드러운 맛이 난다.

- **체스트넛**(Chestnut, 유럽밤나무): 달콤한 밤나무로 만들어진 짙은 색깔의 꿀로, 약간 쓴맛과 함께 매우 독특한 향이 있다.

- **클로버**(Clover, 트리폴륨속): 많은 클로버 종들이 사료용으로 재배된다. 클로버에서 생산되는 꿀은 엷은 색을 띠고 크림 같은 식감과 순하고 달콤한 맛이 있다.

- **헤더**(Heather, 칼루나속): 스코틀랜드는 헤더 꿀로 유명하다. 캐러멜 색으로, 짙은 꽃향과 진하고 깊은 맛을 가지고 있다.

- **허니듀**(Honeydew, 단물): 흔히 숲의 꿀이라고 불리는데, 벌들이 꽃의 꿀이 아니라 허니듀라고 알려진 송진과 같은 나무 수액으로 만든 달콤한 물질이다.

- **라벤더**(Lavender): 이 향기 나는 꽃의 꿀은 이 식물처럼 섬세하고 눈에 띄게 향기롭다.

- **레더우드**(Leatherwood, 팥꽃나무과): 호주의 태즈메이니아 섬에서 자라는 이 나무에서 나는 꿀은 탁월한 향과 독특하고 복잡한 맛을 가지고 있어 여운이 길다.

- **린덴, 베이스우드 또는 라임**(Linden, basswood, or lime, 피나무속): 이

나무들에서 나오는 꿀은, 색은 옅지만 탁월하게 향기롭고 박하와 유칼립투스가 포함된 감귤류의 맛을 가지고 있다.

- **오렌지(Orange, 당귤나무):** 오렌지 나무의 꽃으로 만든 이 꿀은 부드럽고 달콤하다.
- **로즈마리(Rosemary):** 허브 향과 은은한 향을 가진 황금 꿀이다.
- **해바라기(Sunflower, 아스테라과):** 연한 색에서 진한 노란색에 이르기까지 다양하며, 꿀은 빨리 결정되어 깊은 단맛이 있다.
- **타임(Thyme, 독일 백리향):** 고대 세계에서는 그리스 아티카에 있는 히메투스 산의 타임 꿀이 유명했다. 이 약초의 꿀은 강하고 강렬한 향이 있다.
- **투펠로(Tupelo 니사 나무):** 희귀한 꿀로, 주로 조지아와 플로리다의 습지에서 자라는 하얀 오기치 튜펠로 나무의 과즙으로 만든 희귀한 꿀이다. 밝은 색상과 소중하게 여겨지는 독특한 향을 지녔다.

벌꿀주

역사적으로 꿀이 가치 있는 것으로 평가되는 이유 중 하나는, 이 달콤한 물질이 발효되어 벌꿀주나 허니 와인으로 알려진 술을 만들 수 있다는 것이다. 벌꿀주는 오랜 역사를 가진 것으로 인간이 만든 가장 오래된 알콜 음료로 생각되는데, 그 기원은 수천 년 전 아프리카 대륙에서 찾을 수 있다.

벌꿀주는 생꿀(저온 살균을 하지 않은)을 물에 발효시켜 만든다. 꿀에는 천연 효모가 풍부해 수분 함량이 증가하면 발효가 쉽게 이루어지는데, 특히 자연적으로 온도가 높은 지역인 열대의 국가에서는 발효가 더

구운 염소치즈와 꿀
Grilled Goat's Cheese with Honey

쉽고 빠르게 만들 수 있지만, 달콤하고 향긋한 꿀과 짭짤한 염소 치즈의 대조는 매우 만족스러운 요리를 만들어낸다. 첫 코스로 내놓으면 우아한 식사가 될 것이다.

4인분
준비시간 5분
조리시간 3~5분

· 아루굴라 4컵
· 아루굴라(루꼴라) 100g, 0.5~1cm 두께에 15g 정도인 것으로 준비한다.
· 단단한 염소치즈 8조각
· 밤꿀 같은 맑은 꿀 4작은술
· 살짝 구운 잣 4작은술

1. 그릇 4개에 아루굴라를 나눠 담는다.

2. 옅은 갈색이 될 때까지 염소치즈를 3~5분 정도 굽는다.

3. 아루굴라 위에 갓 구운 염소 치즈를 올린다.

4. 각 접시에 꿀을 조금씩 붓고, 잣을 뿌린 후 바로 내간다.

빨리 일어난다.

벌꿀주를 만드는 전통은 세계 곳곳에서 발견된다. 기원전 1500년에서 1200년까지 거슬러 올라가는 신성한 고대 인도의 문헌인 리그베다에 발효된 꿀로 술을 만드는 것이 언급되어 있다. 중앙아메리카의 마야인들은 발체Balche라고 불리는 허니 와인을 마셨는데, 나무껍질로 맛을 낸 것이었다. 에티오피아에서는 전통적으로 반짝이는 갈매나무 잎 또는 게쇼gesho라고 불리는 식물의 잔가지와 잎으로 만든 떠지t'ej라는 역사적인 허니 와인을 오늘날에도 여전히 만들고 있다. 흥미롭게도 고대 그리스 역사가 스트라보Strabo는 기원전 64년에 에티오피아의 아라비아 만 서쪽 사람들에 대해 다음과 같이 썼다.

대부분의 사람들은 벅톤buckthorn, 갈매나무 술을 마시지만, 통치자들은 어떤 종류의 꽃에서 압착해낸 물과 꿀을 섞어서 마신다.

벌꿀주는 고대 이집트, 고대 그리스, 고대 로마에도 있었다. 1세기 로마 농학자 콜루멜라Columella는 저서 ≪농업론De re rustica≫에서 꿀과 포도즙으로 만든 발효 술에 대한 레시피를 기록했다. 벌꿀주는 노르웨이 문화에 중요한 역할을 했는데, 중세 노르웨이 영웅전설에도 벌꿀주가 자주 언급되어 있다. 러시아와 중앙유럽에서 벌꿀주는 수세기 동안 중요한 술이었다. 연대기에 기록에 따르면, 996년에 블라디미르Vladimir 대공이 "페체네그 족을 이긴 후 잔치를 위해 벌꿀주 300통"을 주문했다고 전한다. 그러나 오늘날에는 와인과 맥주 그리고 곡물로 만든 다른 술들이 한때 세계 여러 곳에서 즐겼던 벌꿀주의 인기를 대체하고 있다.

요리에 쓰이는 꿀

사실 꿀은 전 세계적으로 주요 음식이 된 적은 없다. 대신 사치의 상징이거나 손님 접대를 위한 것으로 여겨져 왔다. 꿀은 먹기 전에 조리가 필요 없는, 자연 상태에서 간단히 먹을 수 있는 식품이다. 아침 식사 시간에 토핑으로 즐기거나, 톡 쏘는 맛이 나는 천연 요구르트에 넣어 휘저어 먹거나, 맛있는 팬케이크 위에 뿌려 먹는다. 오늘날까지 인기 있고 간단하게 꿀을 먹는 방법은 따뜻한 토스트에 발라먹거나 버터와 꿀을 함께 빵에 발라먹는 것이다.

그러나 이 고전적인 식재료는 인간의 창의성이 가득 한 부엌에서 다양한 방식으로 맛있고 달콤한 음식을 만드는 데 사용되었다. 고대 로마의 요리에서 꿀은 대중적인 맛을 내는 것이었다. 1세기경에 로마 미식가 아피키우스Apicius가 편찬한 것으로 생각되는 레시피 모음집에는 꿀을 특징으로 하는 요리 몇 가지가 소개되어 있다. 렌즈콩과 섞기도 하고, 잣 소스에 넣기도 한다. 또 반숙한 계란, 멧돼지 구이, 튀긴 빌 스켈로피니Veal Scallopine, 기름기 없는 송아지 고기에 양파와 베이컨으로 맛을 낸 요리와 같은 요리의 소스에도 들어간다. 흥미롭게도, 이 레시피들은 꿀을 음식을 보존하는 용도로 사용한다. 한 레시피에서는 "소금 없이 오래도록 고기를 신선하게 유지하려면" 간단하게도 그릇에 담긴 날고기를 꿀로 덮으면 된다고 조언한다. 그러면 보관기간을 연장할 수 있다는 것이다. 설탕보다 더 복합적인 단맛을 가진 꿀은 북아프리카의 타진tagine, 소고기, 닭고기, 양고기, 생선 등의 주재료와 향신료, 채소를 넣어 만든 모로코의 전통요리과 같은 짭짜름한 요리에 들어가는 전통적인 첨가물인데, 조리의 마지막 과정에 간단히 휘저으며 넣는다.

꿀은 액체 질감과 끈적끈적한 달콤함으로 고기나 야채의 피막을 만드는 데 쓴다(70쪽 '허니 치킨' 참조), 차슈돼지 바베큐는 중국 고전 요리법(35쪽)으로, 양념

허니 아이스크림
Honey Ice cream

맛있는 허니 아이스크림을 만들려면, 헤더heather 꿀과 같은 향이 가득한 꿀을 골라야 한다. 허니 쿠키처럼 바삭바삭한 쿠키를 함께 내놓으면 더욱 좋다.

2파인트
준비시간 10분 외에 냉각과 회전
조리시간 10분

• 계란 노른자 3개
• 우유 1과 1/4컵
• 바닐라 빈 페이스트 1큰술
• 꿀 3큰술
• 헤비크림 1과 1/4컵
• 바닐라 농축액 1작은술

1. 계란 노른자를 믹싱볼에 넣고 연해지면서 크림처럼 될 때까지 휘젓는다.

2. 소스팬에 우유, 바닐라 빈 페이스트, 꿀을 넣고 데운다. 잘 저어가며 끓지 않게 불을 조절한다.

3. 뜨거운 우유를 거품 낸 노른자에 서서히 부으면서 잘 섞일 때까지 계속 젓는다.

4. 우유와 노른자를 섞은 것을 두꺼운 소스팬에 넣고 껄쭉해질 때까지 10분 정도 저으며 끓이는데, 과열되지 않도록 한다. 커스터드 소스가 되었는지 테스트하기 위해 스푼을 소스에 담근다. 커스터드 소스가 숟가락의 뒷면을 덮으면 완성된 것이다. 식히기 위해 따로 둔다.

5. 헤비크림과 바닐라 농축액을 넣고 저은 다음, 최소한 6시간 이상 차게 식힌다. 아이스크림 제조기에 넣고 설명서에 따라 아이스크림이 걸쭉해질 때까지 돌린다.

6. 냉동방지 용기에 보관하고 서빙할 때까지 얼린다.

에 절인 돼지고기를 구운 다음 마지막 단계에서 꿀을 바른다. 부활절, 추수감사절, 크리스마스와 같은 축제에 나오는 통구이 햄에도 글레이징 재료로 사용된다(37쪽). 돼지 갈비 바비큐 글레이징에도 인기 있는 재료이다(31쪽). 햄과 마찬가지로 달콤한 글레이징과 짠 고기의 조합이 탁월하다.

그러나 꿀이 온전하게 사용되는 분야는 제빵과 디저트의 세계이다. 고대 그리스에서는 꿀을 이용하는 방법과 감상에 대해 자세히 기록하였는데, 거기에는 꿀 중심의 많은 요리법도 소개되어 있다. 꿀은 오늘날까지도 그리스 문화에서 상징적 가치를 지니고 있는데, 결혼식과 파티에서 부와 풍요의 상징으로 사용된다. 이런 전통에서 축하 음식으로 나오는 것이 로크마lokma이다. 효모 반죽으로 만든 작고 앙증맞은 도넛은 튀겨서 꿀을 바르고 향긋한 시나몬을 뿌린 후 바로 먹는다. 꿀은 시럽으로도 사용되는데, 구운 과자에 부어 부드러움과 달콤함을 더하는 용도로 쓰인다. 바클라바baklava(67쪽)가 전형적인 예이다. 그리스 밖에서는 잘 알려지지 않은 것으로 멜로마카로나melomakarona, 크리스마스 꿀 쿠키가 있는데, 오렌지 주스와 제스트, 브랜디와 시나몬으로 맛을 내고 노릇노릇해질 때까지 구운 쿠키이다. 구운 후 식으면, 뜨거운 꿀 시럽에 몇 분 동안 담갔다가 잘게 썬 호두를 뿌려 손님들에게 내놓는다. 또한 디플diple, 그리스 디저트이라고 불리는 크리스마스 접대 음식은 계란을 듬뿍 넣은 밀가루 반죽을 얇게 썰고, 작은 롤로 접어서 튀긴 후 꿀 시럽에 담근다. 유태인 요리에서도 꿀은 상징적인 연관성이 있다. 유태인들이 새해 명절인 로쉬 하샤나Rosh Hashanah에 전통적으로 허니 케이크를 먹는 것은 다가오는 해를 달콤한 것으로 만들기 위해서다.

특별하고 축하하는 자리를 위한 음식 재료로서 꿀은 많은 나라의 전통적인 구운 간식에도 나타난다. 독일에서 성행하는 레브쿠헨Lebkuchen, 독일 수도원에서 꿀을 넣고 구운 쿠키의 일종 전통은 중세 시대부터 허니 케이크를 만드는

허니 쿠키
Honey Cookies

꿀을 사용하면 바삭바삭한 황금색의 쿠키에 맛있는 향과 풍미를 더할 수 있다. 차나 커피 또는 홈메이드 아이스크림을 곁들여 제공한다.

쿠키 34개 만들기
준비시간 15분
조리시간 18~ 20분

- 가염버터 4큰술, 기름칠을 위해 조금 더 준비한다.
- 다목적 밀가루 3/4컵
- 고운 설탕 1/2컵
- 꿀 4큰술
- 달걀 1개, 풀어 준비한다.

1. 오븐을 180˚C로 예열한다. 3개의 베이킹 트레이에 기름칠을 해주고 종이 호일을 놓는다.

2. 버터가 갈색으로 변하지 않게 부드럽게 녹인다.

3. 믹싱볼에 밀가루, 설탕, 꿀을 넣고 나무 스푼으로 섞는다. 녹인 버터를 넣고 잘 섞는다. 잘 푼 달걀을 넣고 부드럽게 만든다.

4. 잘 섞은 것을 베이킹 트레이에 1작은술 양만큼 간격을 두고 놓는다. 진한 금색이 될 때까지 18분에서 20분간 굽는다.

5. 오븐에서 베이킹 트레이를 꺼내 쿠키가 굳도록 5분 정도 식힌다. 스패츌라를 사용하여 베이킹 트레이에서 쿠키를 꺼내 완전히 식힌 후 밀폐된 용기에 보관한다.

관습에 기인한다. 전통적인 크리스마스 접대 음식인 레브쿠헨은 만드는 사람에 따라 다양한 모양과 맛 그리고 식감을 가지지만, 꿀과 향신료만큼은 오늘날까지도 가장 중요한 재료로 남아 있다. 바바리안의 도시 뉘른베르크는 특히 레브쿠헨과 관련이 있는데, '제국의 벌 정원'으로 알려진 라이히스발트Reichswald 주변의 숲을 1427년에 매입한 것은 도시의 제빵업자들과 그들을 유명하게 만든 레버쿠헨을 만들기 위한 꿀을 충분히 공급하기 위해서였다.

이탈리아에서는 토스카나 주의 시에나의 특산품인 크리스마스 케이크 판포르테Panforte의 기원이 13세기로 거슬러 올라가는 것으로 유명하다. 중세 사람들은 재료의 조합에서 명백히 달랐다. 견과류, 향신료, 설탕에 절인 감귤껍질과 꿀을 조합했다. 납작하고 동그란 케이크인 판포르테는 밀도 있고 쫄깃하며 풍성하고 독특한 맛이 있다.

역사적인 유럽식 과자인 누가Nougat, 견과류와 버찌 등을 넣어 만든 사탕과자는 꿀과 견과류, 달걀 흰자위 등을 구분하여 다양한 버전으로 만들어지지만, 핵심 재료는 꿀이다. 프랑스의 누가는 16세기에 마르세유에서 호두를 넣어 처음 만들었다. 그러나 18세기에 프로방스 꿀과 아몬드를 결합한 풍습에서 누가 드 몽테리마르nougat de Montélimar가 생겨났고, 그 때문에 마을이 유명해졌다.

이탈리아에서 토론Torrone, 누가의 이탈리아 이름은 전통적으로 롬바르디아의 크레모나와 관련되어 있으며, 전형적인 크리스마스의 달콤함을 대변한다. 크레모나Cremona에서는 매년 11월에 투론 축제를 주최한다.

스페인에서는 누가를 투론Turrón이라고 부르는데, 오늘날까지 여전히 매우 인기가 있으며 크리스마스 기간 동안 특히 많이 먹는다. 스페인의 투론의 기원은 무어인의 점령 시기로 보인다. 프랑스와 이탈리아에서처럼 스페인의 어떤 도시들은, 특히 스페인 남부의 히호나Jijona와 알리칸테

Alicante는 투론과 밀접한 연관되어 왔다. 이 도시들은 각각의 뛰어난 맛과 독특한 스타일이 있는데, 히호나가 부드럽고 쫄깃한 반면, 알리칸테는 단단하고 바삭바삭하다. 투론은 오늘날 스페인의 공장에서 널리 생산되지만, 스페인 북부의 바스크Basque 주의 알라바Álava에 위치한 에르마나스 클라리스 데 살바티에라Hermanas Clarisas de Salvatierra와 같은 수녀원에서는 시간이 많이 드는 수작업으로 투론을 만드는 전통을 지키면서, 꿀을 기반으로 하는 장인의 비법을 인정하는 시장을 만들어냈다.

소금

소금

소금(염화나트륨)은 정말로 기본적인 재료다.
우리의 몸에도 있으며 생명에도 필수적인 요소다.
역사적으로도 소금은 매우 귀중한 재료였고
사회적 지위와 부, 힘의 원천이었다.
오늘날에는 쉽게 구할 수 있지만
소금은 여전히 우리의 삶에서 중요한 역할을 한다.

소금은 인류의 언어와 사회 구조, 생존 환경에 많은 영향을 끼친 너무나 중요한 재료다. 생물학적으로 말하면, 우리의 몸은 소금을 인식하도록 프로그램되어 있다. 우리 혀의 감각기는 다섯 가지 기본 맛, 즉 짠맛, 단맛, 신맛, 쓴맛 그리고 우마미umami라고 하는 감칠맛을 인식한다. 감각기는 인간이 먹어도 안전한 음식과 해로운 음식을 구분할 수 있도록 해주는 미각 시스템의 일부다. 예를 들어 쓴맛과 신맛은 독성이 있거나 상한 음식과 연관되어 있다. 단맛, 감칠맛, 짠맛은 (어느 정도까지는) 쾌감을 촉발시킨다. 그래서 짠맛은 인간이 즐기는 맛이다.

자신의 기호에 따라 음식에 더 뿌려 먹을 수 있도록 으레 식탁 위에 올려져 있는 소금은 광범위하게 사용되는 양념으로서 특별한 지위를 누리고 있다. 수세기 동안 소금이라는 이 필수적인 양념은 음식을 보존하는 데도(126쪽 참조) 사용되었는데, 이 역시 역사적으로 큰 의미를 띠는 사실이다. 소금은 화폐로서의 가치뿐만 아니라 종교적인 의식에 사용되거나 '소금을 쏟으면 불길하다'는 것과 같은 미신에도 등장하며 문화적인 가치도 획득했다. 소금은 성경에도 수없이 언급되는데, 이 중에는 선의에 대한 개념을 표현하기 위해 "세상의 소금"(마태복음 5:13)이라는 구절이 나오기도 한다.

고대 이집트인들이 특히 소금을 귀중하게 여긴 것은 소금의 보존하는 성질 때문인데, 이들은 음식을 보존하는 데 소금을 사용하기도 하고 미이라를 만들 때, 즉 죽은 시체를 방부처리할 때 사용하기도 했다. 이집트인들이 시체를 미이라로 만들기 시작한 것은 대략 기원전 2600년으로 추정되는데, 이 관습은 로마시대(약 기원전 30년 ~ 기원후 364년)까지 이어진 것으로 알려져 있다. 미이라를 만드는 과정의 핵심에는 방부처리 전문가가 신체에 있는 모든 수분을 제거하는 과정이 있다. 이것은 나트론natron이라는 수분을 배출시키는 강력한 성질을 가진 일종의 천연 소금으로 시체를 코팅하고, 또 시체 안에 나트론을 넣는 과정으로 이루어진다. 이러한 방식으로 나트론을 사용하면 수분이 완전히 빠져 나가 시체가 바짝 마르게 되는데, 그 후에 리넨 천으로 몸을 돌돌 감싼다. "신성한 소금"이라고 불리는 나트론은 와디엘나트룬Wadi el Natrun 골짜기에 있는 건호乾湖 바닥에 있는 침전물에서 채취한 것이다. 피라미드 텍스트Pyramid Texts라고 알려진 고대 이집트인들의 종교적인 주문呪文에는 파라오, 즉 고대 이집트 왕들의 장례 의식에 나트론을 사용한 것이 묘사되어 있다. 더 가난한 사람들의 경우는 미이라를 만들 때 일반 소금을 사용했다.

소금은 고대부터 땅이나 바다에서 채취했다. 당시 사람들은 기발하고 독창적인 방법과 중노동을 동원해 이 필수적인 재료가 생산했다. 기원전 250년 촉나라(지금의 사천 지방)에서 독창적인 채취 기술을 보여주는 놀라운 예를 찾을 수 있다. 촉나라의 군수였던 이빙李冰은 기술자로 유명했고, 도강언의 수리 시설을 만든 것이 업적으로 기록되어 있다. 소금은 오랫동안 촉나라에서 만들어졌다. 기원전 252년 지하에서 천연 소금물이 땅 표면으로 스며 나온다는 사실을 깨달은 이빙은 세계 최초가 된 소금 우물을 팔 것을 명했다. 이 혁신적인 프로젝트는 중국인들이 시추 기술을 개발했다는 사실을 알게 하는데, 중국인들은 이 기술로 땅 속 깊은 곳까지 뚫을 수 있게 되었다. 소금물을 땅 표면으로 끌어올리는 데는 대나무 관이 사용되었고, 소금물은 관을 통해 끓이는 장소로 옮겨져 소금으로 가공되었다.

소금은 고대 로마에서도 매우 중요했다. 음식에 간을 하고 보존하는 데 광범위하게 사용하였고 건강을 이유로도 귀하게 여겨졌다. '샐러드salad'라는 단어는 라틴어인 살라타salata에서 왔다. 살라타는 '소금을 친salted'이라는 의미를 가지고 있는데, 이는 녹색 채소에 소금을 뿌려 먹던 로마의 관습에서 유래한 것이다. 소금의 경제적인 가치에 대한 인식은 고용인에게 지급하는 급료를 의미하는 '샐러리salary'라는 단어에서 엿볼 수 있다. 이 단어의 언어적 뿌리는 라틴어의 샐라리움salarium으로 추적되는데, 이는 로마 군인에게 라틴어로 살sal인 소금을 살 수 있도록 지급한 수당을 의미한다. 소금을 가질 수 있다는 것은 로마인들에게는 전략적으로도 중요한 문제였다. 기원전 640년에서 614년 사이 네 번째 왕으로 로마를 통치했던 앙쿠스 마르키우스Ancus Marcius는 오스티아Ostia를 정복하고 그곳에 염전을 세웠다. 로마제국의 확장과 함께 로마인들은 현지의 기존 염전들을 인수했는데, 그 중에는 켈트Celt, 페니키아Phoenicia, 그리스, 카르타고Carthago, 중동 지역의 염전들이 있었다. 로마인들은 또 그들이 정복한 나라에 새로운 염전을 만들어 소금 제조 방식을 퍼트리기도 했다. 영국 체셔Cheshire에 있는 미들위치Middlewich는 선사시대 염천이 있던 자리에 세워졌던 도시로, 로마인들이 살리네Salinae라 부른 주요 소

농어 소금구이
Salt-crusted Sea Bass

이 매력적인 프랑스 요리에는 드라마틱하게 독특한 부분이 있는데, 반짝이는 흰 소금으로 농어를 덮고 통째로 굽는다는 것이다. 맛과 식감 역시 겉모습과 다르지 않다. 농어 자체에서 나오는 즙으로 조리되어 촉촉하고 부드러우며, 간은 과하게 짜지 않으며 적당하다. 과도한 염분을 섭취하지 않기 위해 꼭 비늘이 붙어 있는 농어를 사야 한다.

2인분
준비시간 10분
조리시간 30분

- 천일염 1.6kg
- 농어 700g 정도, 내장을 제거하고 비늘은 그대로 둔 채 씻어 준비한다.

1. 오븐을 220℃로 예열한다.

2. 농어를 담을 수 있을 만큼 충분히 크고 얕은 오븐용 접시에 소금을 충분히 부어 1cm 내외의 균일한 층을 만든다.

3. 농어를 씻어 가볍게 두드려 물기를 제거하고, 소금 위에 놓는다.

4. 농어가 완전히 덮일 때까지 소금을 더 부고, 30분 동안 굽는다.

5. 오븐에서 꺼내 소금을 걷어낸다. 농어 껍질을 벗기고, 하얗게 잘 익힌 살을 낸다.

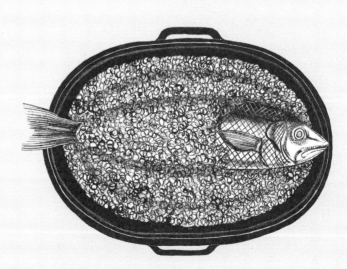

금 생산지였다. 로마인들은 양질의 소금 결정을 만들기 위해 납으로 팬을 만들어 소금물을 끓이는 데 사용했다. 소금은 로마 사람들의 삶에서 필수적인 요소였으므로 정부는 소금 가격을 조정하여 평민이라 불리던 일반 시민들도 살 수 있는 가격대를 유지했다. 그러나 포에니 전쟁Punic Wars(기원전 264년 ~ 146년) 시절에는 로마 군대를 위한 세수 확보를 위해 염세가 거두어졌다. 이 기간에 마르쿠스 리비우스Marcus Livius라는 로마 집정관이 로마제국의 염세제도를 제안하였는데, 이 때문에 그는 살리나토르salinator로 알려지게 된다.

수세기에 걸쳐 소금은 국가 내에서, 그리고 국가 간에 귀중한 상품으로 거래되었다. 고대 '솔트 로드salt roads', 즉 소금의 상업적인 거래와 관련된 선사시대와 유사시대의 통상로는 교역에 있어 소금의 중요성을 증명해 준다. 이탈리아에 있는 로마 시대의 길인 살라리아 가도Via Salaria는 이 길이 고대에 소금을 위한 무역로로 사용되었음을 알게 해준다. 이 길은 또한 사빈 사람들Sabines이 티베르강River Tiber 어귀의 습지로부터 소금을 실어 나를 때도 사용되었다. 또 하나의 고대 소금길은 네팔과 티벳에 걸친 히말라야 산맥의 가파르고 매우 위험한 산길 형태로 발견되었다. 이곳에서는 야크를 사용해 귀중한 소금이 든 화물을 옮겼다. 독일 북부의 알트 짤츠트라세Alte Salzstrasse, 옛 소금길는 염천에서 소금이 생산되던 뤼네부르크Lüneburg 마을을 뤼베크Lübeck와 연결하던 길이었다.

  육로 외에도 바다, 강, 수로 등도 소금을 수송하는 데 사용되었다. 소금 무역은 역사적인 이탈리아 베네치아 항구의 탄생에 중요한 역할을 했다. 베네치아 석호Venetian Lagoon의 얕은 물에서 생산된 소금은 석호에 있는 섬들에 정착하여 살던 초기 거주자들이 물물교환을 할 때 사용되었다. 베네치아가 해상권과 교역권을 가지면서 석호의 몇몇 염전에서 생산되던 소금은 주요 재원이 되었다. 소금을 생산하는 것만으로는 만족하지 못한 베네치아 사람들은 그들의 기업가적 에너지를 쏟으며 약삭빠르게 소금 교역을 통제하고 독점했다. 932년 베네치아는 키오자Chioggia에 있는 자신들의 염전이 우위를 점할 수 있도록 하기 위해 코마키오Comacchio에 있는 인근 염전을 파괴했다. 1251년에는 베네치아 정부가 상인들이 소금을 배로 수송할 수 있도록 하기 위한 장려책으로 베네치아에 있는 염전주들에게 보조금을 지급하기도 했다. 이렇게 운송된 소금은 당시 베네치아 지역과 이탈리아의 다른 지역, 그리고 베네치아의 네트워크가 확장되면서 외국에서도 고가에 판매되었다. 14세기에는 특별히 소금을 보관하기 위한 용도로 베네치아에 살로니saloni라고 알려진 크고 튼튼한 창고를 지었다. 베네치아가 지배적 지위를 얻고 베네치아인들이 라 세레니시마_{La Serenissima,} '가장 고요한 나라'라는 의미로 베네치아를 일컫던 별칭로 칭송을 받으며 아름답고 웅장한 건축물들을 창조할 수 있도록 해주었던 것은 소금이라는 이 귀중한 상품의 교역이었다.

오늘날 소금은 더 이상 값비싼 제품은 아니지만 여전히 쓸모가 많다. 소금이 지닌 가장 놀라운 면 중 하나는 썬탠, 아이스크림 제조, 의약품 등 다양한 용도로 쓰인다는 사실이다. 오늘날에도 소금은 농사에 사용되거나 언 땅을 녹이거나 수질을 개량하는 데 사용되는 등 다양한 방식으로 쓰인다. 그러나 소금이 주로 사용되는 분야는 화학 공업이다. 화학 제품들 중 50% 이상이 제조 과정에서 소금을 필요로 한다. 또 소금은 유리, 종이, 고무, 직물 등과 같은 제품 제조에도 사용된다. 2016년에는 전 세계에서 약 3억 900만 톤의 소금이 생산되었다. 오늘날 소금의 주요 생산국가는 중국과 미국이다. 식재료에서 소금이 갖는 중요성에도 불구하고 전 세계에서 생산되는 소금의 단 6%만이 음식 용도로 사용된다.

소금은 어떻게 생산되는가

소금은 바닷물에서 자연 발생적으로 채취되기도 하고 수백만 년 전 고대의 바닷물이 증발하면서 생긴 땅에 있는 침전물에서 채취되기도 한다. 인간은 오랫동안 이 두 자원을 모두 개발하면서 소금이라는 귀중한 원자재를 추출해 왔다. 플리니우스는 ≪박물지_{Natural History}≫에 이렇게 적었다. "소금은 자연 발생적으로 생기기도 하고 제조되기도 한다. 각각은 또 여러 방식으로 만들어지지만 두 가지 주요 작용, 즉 응결과 증발을 수반한다."

고대에 소금을 만드는 방식은 태양의 힘을 이용하는 것이었다. 조수 간만에 의해 얕은 웅덩이에 고인 바닷물은 자연의 힘으로 증발되었다. 물을 날려 없애고 짠 잔여물만 남기는 태양의 강력한 열과 바람의 건조 효과로 소금이 만들어진 것이다. 해안과 호숫가에서 이러한 자연 현상을 관찰한 인간이 이를 따라하며 소금 생산 방식으로 사용했을 것으로 추정된다. 태양열 증발 방식으로 만들어지는 소금은 호주와 프랑스(118쪽 참조), 이탈리아, 페루, 포르투갈 등을 포함한 많은 나라에서 여전히 생산되고 있다. 그러나 태양열 증발 방식으로 소금을 만드는 것은 역사적으로 햇볕이 좋은 기후에서는 가능했지만 더 춥고 습한 기후에서는 믿을 만한 방법이 아니었다. 반면 바닷물을 끓여 소금을 추출하는 것은 기후에 상관없이 가능했으므로 이는 오랫동안 소금을 생산하는 방식이 되어 왔다. 증발 방식으로 소금을 만들 때 사용한 표면이 거친 도자기 통인 브리크타주briquetage 파편과 같은 고고학적 증거를 보면, 청동기 시대 유럽에서 소금을 생산한 방식을 알 수 있다. 기원전 800년 중국의 한 문서 기록에는 점토 냄비에서 바닷물을 끓여 소금을 만드는 전통적인 방식에 대한 묘사가 있다.

플리니우스는 바닷물의 증발을 통해 만든 가루 소금과 더불어 "인도의 오로메누스Oromenus와 같이 천연 소금 광산이 있는 곳도 있는데 이런 곳에서는 채석장에서 돌을 잘라내는 것과 같이 소금을 잘라낸다"라고 쓰기도 했다. 인간은 선사시대부터 땅에서 암염을 캤다. 기원전 1500년경부터 오스트리아 할슈타트Hallstatt의 소금 광산에서 소금을 캔 증거가 있다. 소금 광산의 수직 갱도에 있던 가문비나무와 전나무로 만든 나무 계단은 기원전 1344년경에 만들어진 것으로 추정되는데, 이는 유럽에서 가장 오래된 것으로 알려진 계단이다. 땅에서 소금을 캐는 것은 역사적으로 어렵고 고되며 위험한 일이었고, 그리하여 "일로 되돌아가다back to the salt

과일 차트 마살라
Fruit Chaat Masala

파키스탄과 인도 요리에는 미네랄이 풍부한 히말라야 암염black salt이 향신료(마살라)로 많이 사용되는데, 가장 일반적으로는 차트 마살라 맛을 내기 위해 쓴다. 이것은 신선한 과일과 병아리 콩에 생기를 되찾게 하는 향긋하고 톡 쏘는 향신료와 섞어 만드는 전통적인 레시피이다.

4인분
준비시간 20분
불리기 15분

· 히말라야 암염 1작은술
· 큐민 가루 2작은술
· 말린 망고 가루 1과 1/2작은술
· 칠리 가루 1작은술
· 검은 후추 1작은술
· 클로브 1개, 곱게 간다.
· 녹색 카드맘 씨 3개, 곱게 간다.

| 과일과 병아리 콩을 준비하기 |
· 사과 1개
· 레몬 1개, 즙을 낸다.
· 바나나 1개
· 포도 1컵
· 다진 망고 2컵
· 병아리콩 통조림 1컵, 물로 헹궈 준비한다.
· 장식용 민트 잎 약간

1. 먼저 모든 향신료를 잘 섞어 차트 마살라를 만든다.

2. 사과는 4등분하고 씨를 빼고 얇게 썰어, 레몬즙을 약간 섞어 변색을 방지한다. 바나나는 얇게 썰고 남은 레몬즙과 함께 버무려 변색을 막는다.

3. 사과, 바나나, 포도, 망고, 병아리콩을 2~3큰술의 차트 마살라와 섞는다. (남은 차트 마살라는 나중에 사용할 수 있도록 밀폐된 병에 보관한다.) 10분 동안 두어 맛이 나게 하고, 민트 잎으로 장식하여 내놓는다.

mine"라는 표현은 오늘날까지도 어렵고 보람 없는 일을 일컫는 것과 연관되어 있다. 오늘날 땅에서 암염을 캐는 데는 두 가지 방법이 사용된다. 첫 번째 방법은 인간의 육체적인 노동을 사용해 광산에서 소금을 파내는 것이 아니라 크고 강력한 기계 채굴기를 사용하는 것이다. 이러한 방식으로 채집된 소금은 추운 겨울에 길에 뿌리는 소금으로 사용된다. 두 번째 방법은 수력 채굴 또는 솔루션solution 채굴법으로 알려진 방식으로 물을 땅속 소금 퇴적물에 쏟아부어 소금물로 변형시킨 다음, 이 소금물을 지표면으로 퍼올리고 증발시켜 소금을 만드는 것이다.

오늘날 대부분의 소금은 진공 증발 방식을 통해 만들어지는데, 이는 에너지의 효율적인 사용을 위해 제조 과정에서 압력을 사용하는 방식이다. 이 시스템은 소금물(바닷물 형태이든 암염을 녹인 형태이든 간에)을 튜브를 통해 세 개 혹은 네 개나 다섯 개의 밀폐된 통에 주입하는 과정을 수반하는데 각각의 통에는 모두 증기실이 달려 있다. 소금물이 첫 번째 통에서 유입 증기 압력에 의해 설정된 온도로 끓으며 소금 결정을 만들고 물은 증발된다. 소금 결정으로 인해 걸쭉하게 된 소금물은 두 번째 통으로 주입되는데, 여기서 더 많은 수분이 증발한다. 소금물이 여러 통을 거쳐 처리되는 동안 압력이 점점 낮아져 최종적으로는 진공 상태에서 처리된다. 이는 소금물이 보통의 기압보다도 훨씬 더 낮은 온도에서 끓을 수 있다는 것을 의미하므로, 이 과정은 필요한 에너지의 양을 대폭 더 낮춰 경제성도 확보해 준다.

식품 산업에 사용되는 소금을 만들기 위해서는 축축한 소금을 식혀서 체로 치고 분류하는 과정을 거친다. 또한 소금물은 스팀 파이프에 의해 가열되는 그레이너grainer라는 길고 개방된 팬에서 가공되기도 한다. 이러한 가열 프로세스는 표면에 소금 조각들이 형성되도록 해주는데, 이 조각들이 팬 바닥에 가라앉을 때까지 크기가 커지면 채집되어 건조된다.

이러한 방식으로 만든 소금은 정육면체 모양이 아닌 작고 얇은 조각들로
이루어져 있다.

소금 광산

땅에서 소금을 추출하기 위해 탐색하는 과정에서 놀랄 만큼 규모가 큰
소금 광산들이 발굴되었다. 땅 속에 다량의 소금이 매장된 곳이 발견되
면 이 귀중한 광물을 추출하기 위해 지표면 아래 깊은 곳에서 커다란 덩
어리들을 잘라냈다.

세계에서 두 번째로 큰 소금 광산은 파키스탄의 케우라Khewra에 있는
소금 광산이다. 전설에 따르면 마케도니아의 왕이자 가공할 군사 지휘관
이었던 알렉산드로스 대왕이 아시아로 원정을 나왔을 때, 잠시 쉬기 위
해 케우라에 머물렀다고 한다. 군사들의 말들과 함께 알렉산드로스의 말
이 돌을 핥는 것을 보고 군사들은 그 돌에서 짠맛이 난다는 사실을 알아
챘다. 케우라의 소금 광산은 이렇게 발견되었다. 이곳의 소금은 특히 눈
에 띄었는데, 철분을 포함한 미네랄 물질들이 소금을 천연의 핑크빛과
붉은빛으로 물들였기 때문이었다. 장미 색깔이 나는 대부분의 히말라야
소금은 이 케우라 광산에서 캐낸 것이다. 광산의 광구 안에서 광부들은
다양한 색을 띤 소금 덩어리로 바드샤히Badshasi 모스크라고 부르는 작은
모스크를 지었다. 오늘날 이 광산은 인기 있는 관광 명소가 되었는데, 이
곳에는 중국 만리장성 모형과 소금으로 지은 우체국 등이 있다.

폴란드 남부에서는 13세기에 만들어져 20세기에도 계속해서 소금
을 캐는 작업이 이루어진 역사적인 비엘리치카Wieliczka 소금 광산 을 만
날 수 있다. 이 광산의 규모는 상당히 커서 지하도와 동굴, 지하 호수, 조

각들로 이루어진 거대한 단지를 형성했고, 땅 깊은 곳에 만들어진 이곳을 보기 위해 지금도 많은 관광객들이 찾고 있다. 1774년부터 보관되고 있는 공식 방명록을 비롯한 몇몇 기록들을 보면 이 광산을 방문한 유명인들 중에 요제프 2세 신성로마 황제, 독일의 시인 괴테Johann Wolfgang von Goethe, 폴란드 작곡가 쇼팽Frédéric Chopin 등이 있다. 1978년 유네스코 UNESCO는 이 광산을 세계문화유산으로 등재했고, 더 이상 운영되지 않는 이 광산은 인기 관광 명소가 되었다.

필수적인 소금

화학적 의미에서 소금은 그냥 나트륨이라고 부르기도 하는, 이온화합물 염화나트륨으로 구성되어 있다. 인간의 몸은 제대로 기능을 하기 위해 소금을 필요로 하므로, 소금은 생명에 필수적인 요소다. 체내에서 나트륨이 발견되는 곳은 산소와 영양분이 세포에 다다를 수 있게 해주는 세포외액이다. 나트륨은 신체의 기능을 조절하고 우리의 전반적인 체액 평형을 유지하는 데 있어 중요한 역할을 한다. 이는 나트륨이 물에 용해되었을 때 전자장을 띠는 광물인 전해액이기 때문이다. 나트륨, 칼륨, 염화물, 중탄산염은 혈액 전해질로 알려져 있다. 사람의 몸무게 중 절반은 체액 구획이라고 불리는 것에 포함된 물로 구성되어 있다. 전해액은 체액 구획 안에서 사람의 몸이 정상적인 체액 수준을 유지하는 것을 돕는다. 체액은 하나의 구획 내에서 전해액의 농도에 따라 변하기 때문이다. 즉, 만약 전해액 농도가 높으면 삼투라고 불리는 과정을 통해 그 구획 안으로 체액이 흘러 들어간다. 전해액 농도가 낮으면 체액은 그 구획에서 빠져 나온다. 이렇게 전해질 평형은 체내 체액 평형의 유지를 돕는다.

소금은 필수적인 영양소지만 체내에서 합성되지는 않는다. 따라서 소금은 섭취해야 한다. 소금이나 다른 무기질에 대한 생물학적 필요 때문에 특정 동물들은 소금 덩어리를 찾아 핥는 행동을 한다. 땅에서 자연적으로 발생한 소금 퇴적물에서 중요한 영양분을 얻기 위한 행동이다. 혈액, 땀, 눈물 등 모든 분비되는 체액에는 나트륨이 들어 있다. 이 때문에 이러한 체액에서는 짠맛이 난다. 1684년 잉글랜드계 아일랜드인으로 화학의 선구자로 알려진 로버트 보일Robert Boyle은 이러한 짠맛의 원인이 우리 몸에 있는 소금이라는 사실을 과학적으로 입증해 보였다.

체내의 나트륨 레벨은 적절한 균형을 유지해야 한다. 나트륨 레벨이 낮으면 쥐와 근육 경련, 두통, 피로감 등을 유발하는 저나트륨혈증hyponatremia에 빠질 수 있다. 열이나 심한 신체활동으로 과도하게 땀을 흘려 나트륨 레벨이 낮아져도 저나트륨혈증을 겪을 수 있다. 반대로 나트륨 레벨이 너무 높으면 고나트륨혈증hypernatremia에 빠져 무기력증이나 초조함을 겪을 수 있다. 현대 식생활에서는 가공식품에 들어 있는 소금 때문에 과도하게 소금을 섭취하게 된다.

소금통

유럽에서는 소금이 너무나 비싸고 귀해서 소금을 소비하는 것은 사회적인 지위와 관련이 되었다. 엄격한 계급이 존재했던 중세 시대에 사람들이 식사를 하는 방식과 먹는 음식은 사회에서 그들이 차지하는 지위를 반영했다. 왕족과 귀족들은 단이 있는 높은 식탁에 앉은 반면, 이들보다 사회적 지위가 낮은 계급들은 그들 아래에 있는 낮은 테이블에 앉았다. 이러한 엘리트층에 주어지는 특권 중에는 상석에 있는 소금통에 접근할 수 있는 권한이 있었다. 이러한 명백한 사회적 구분을 보여주는 표현은 지금도 사용되고 있는데, '소금 위쪽의above the salt'라는 말이 높은 지위를 가진, 다시 말해 '귀족 계급에 속하는' 사람들을 일컬을 때 쓰인다. 반면 '소금 아래쪽의below the salt'라는 말은 '하층 계급에 속하는' 사람들, 즉 지위가 낮거나 사회적으로 받아들여지는 정도가 낮은 사람들을 일컬을 때 쓴다.

소금통 역시 소금의 가치를 반영해 다양한 소재와 형태로 만들어진 특별한 식기류이다. 소금통이 사용된 기원은 고대 로마로까지 거슬러 올라가는데, 고대 그리스인들 역시 비슷한 소금통을 사용한 것으로 추정된다. 중세 시대에 소금통은 점점 더 당당한 식탁 위 소품이 되었고, 은으로 만들기도 했다. 바닷물을 끓여 추출하기 때문에 소금은 바다가 주는 선물로 인식되었고, 따라서 소금통은 대개 바다를 주제로 만들었다.

가장 유명한 소금통은 1540년에서 1543년 사이에 유명한 이탈리아 르네상스 시대의 조각가이자 금세공사였던 벤베누토 첼리니Benvenuto Cellini가 만든 것이다. 셀리에라Saliera 또는 첼리니 소금통으로 알려진 이 소금통은 식기류보다는 정교한 공예작품이라는 말이 더 잘 어울린다. 금, 법랑, 흑단 등으로 만든 이 소금통은 바다의 신 포세이돈Neptune, 로마 신화에 등장하는 땅의 여신 텔루스Tellus을 조각했는데, 소금은 포세이돈 옆에 있는 작은 보트에 담게 되어 있다. 이 작품은 프랑스의 프랑수아 1세King Francis 1의 주문으로 만든 것이었다. 첼리니의 자서전에 따르면 프랑수아 1세는 제안된 소금통의 모형을 보고 "이건 내가 꿈꿔온 것보다 100배는 멋진 것"이라고 외쳤다고 한다. 그는 비싼 금으로 그 소금통을 만들라고 주문했다. 현재 이 엄청나게 정교한 작품은 오스트리아의 빈 미술사 박물관Kunsthistorisches Museum에 전시되어 있다.

소금과 세금

　역사적으로 인류에 있어 중요한 자원이었던 소금에 세계 각국의 정부들은 세금을 매겨 정부의 유용한 재원으로 확보했다. 중국의 통치자들은 기원전 7세기에 소금을 국가 전매로 유통시켰다. 1300년에 중국의 소금 거래에 대해 묘사한 글을 쓴 베네치아의 탐험가 마르코 폴로Marco Polo는 소금이 "위대한 황제의 세입의 원천"이었다고 말했다.

　소금과 관련된 다양한 이야기들 중 하나는 대중의 비판을 받은 소금세salt taxes에 대한 대중적인 저항에 관한 이야기다. 프랑스에서는 14세기 중반부터 줄곧 가벨gabelle이라는 이름의 소금세를 부과했고, 이 세금은 시민들의 큰 원성을 샀다. 프랑스 사회의 귀족과 성직자, 그리고 기타 특권층은 이 높은 세금을 면제받았다. 일반인들은 가벨에 대해 터무니없이 높고 불공정하다고 생각해 분개했고, 이것은 1789년 프랑스 혁명이 일어나는 요인 중 하나였다. 1790년 프랑스 의회French National Assembly는 가벨을 폐지했지만, 나폴레옹Napoleon Bonaparte이 1806년에 다시 부과했다.

　소금은 20세기에도 정치적으로 강력한 힘을 지속적으로 발휘했다. 인도의 영국 식민 당국은 인도인들이 소금을 채집하거나 파는 것을 금하는 소금법Salt Acts을 통과시켰다. 이 법에 의해 인도인들은 소금을 사려면 영국인들에게서 구매해야 했는데, 영국은 소금에 중과세를 부과하여 인도에서 판매되는 소금으로부터 상당한 수익을 거두었다. 영국의 독점은 이 기본적인 필수품을 사기 위해 안간힘을 쓰는 모든 인도인들, 그 중에서도 특히 가난한 사람들에게 불리한 영향을 끼쳤다. 이것은 영국으로부터 독립하기 위해 독립 운동을 펼친 인도의 변호사 마하트마 간디Mahatma Gandhi에게 사티아그라하satyagraha, 비폭력 저항를 실천하는 기회가 되었다.

그라블랙스
Gravlax

스칸디나비아 요리의 고전인 그라블랙스그라블락스gravadlax라고도 한다는 소금의 염장 능력을 우아하고 맛있는 방법으로 증명한다. 만드는 것은 간단하지만, 소금에 잘 절이기 위해서는 반드시 모양과 두께가 서로 비슷한 연어필렛 2개를 구해야 한다. 그라블랙스를 딜dill과 겨자소스와 함께 제공하며, 호밀빵이나 감자를 곁들여 내놓는다.

6인분
준비시간 20분
소금에 절이기 48시간

· 코셔 소금 100g
· 고운 설탕 100g
· 페퍼콘 2작은술, 굵게 으깬다.
· 주니퍼베리 1작은술, 굵게 으깬다.
· 딜 작은 다발 하나, 곱게 다진다.
· 연어 필렛 2개, 크기가 일정한 스시용, 500g 정도 껍질 있는 것
· 진 1작은술, 선택사항

1. 소금, 설탕, 페퍼콘, 주니퍼베리, 딜을 작은 믹싱볼에 넣고 함께 섞는다.

2. 연어 살을 헹궈서 종이타월에 놓고 두드려 물기를 뺀다. 필렛 하나를 껍질이 아래쪽으로 가도록 랩에 올리고, 믹싱볼에서 섞은 것을 골고루 펴 바른다. 진을 사용한다면 몇 방울 뿌려준 다음, 그 위에 다른 연어필렛을 살이 아래로 가도록 올린다.

3. 연어를 랩으로 단단히 싸 꾸러미 형태로 만든다. 깊이가 있는 접시에 담고, 작은 도마나 접시, 참치캔 등을 올려 무게가 더해지도록 한다.

4. 연어 묶음을 12시간마다 뒤집으면서 48시간 동안 냉장고에 둔다. 소금에 절이는 동안 접시에 소금물이 생기는데, 염지 과정의 한 부분이다.

5. 염지 후에 랩을 벗기고 두드려 말린다. 연어필렛의 껍질을 제거하고 길고 얇게 비스듬히 슬라이스한다.

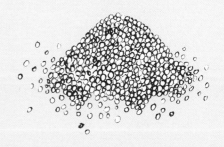

1930년 3월 12일, 작은 무리의 추종자들과 함께 간디는 자신의 아쉬람 ashram에서 출발하여 390km를 걸어 아라비아해의 해안 마을인 단디Dandi 에 도착했다. 간디는 그곳에서 직접 바다 소금을 채취함으로써 영국의 소금법에 저항하는 계획을 세웠다. 당시 영국 통치 하에 있었던 인도에 서는 소금 채취가 위법행위였다. 4월 초 단디에 도착한 간디는 바다 소 금을 채취하기 위해 해변으로 갔다. 간디의 행동을 미리 막으려고 영국 당국은 소금을 진흙 속으로 쑤셔 넣었다. 그러나 간디는 저항을 보여주 는 상징적인 행위로 작은 소금 덩어리를 집어들었고, 영국 당국은 응분 의 벌로 그를 투옥했다. 간디의 소금 행진Salt March은 인도 내외부 모두에 서 독립운동에 대한 대대적인 지원을 얻어냈다.

소금과 건강

소금은 오랫동안 정제되고 상서롭고 건강에 좋은 성질을 가진 것으로 여겨졌다. 고대 이집트인들은 상처를 건조시키고 소독하거나 통증을 완 화시키는 용도의 약으로 소금을 사용했다. 고대 그리스에서도 소금은 이 와 비슷한 가치를 인정받았다. 고대 그리스의 의사였던 히포크라테스는 다양한 질병에 대해 소금의 사용을 권했는데, 호흡기 질환을 치료하는 데 소금물의 증기를 이용하기도 했다. 고대 로마에서도 소금은 치유 능 력을 지닌 것으로 귀중하게 여겨졌다. 건강과 안전의 여신인 살루스Salus 의 이름도 '소금'을 의미하는 라틴어에 뿌리를 두고 있다.

수천 년 동안 소금물 목욕은 상처나 통증 등을 치유하는 소금의 작용 으로 건강에 이로운 것으로 알려졌다. 사람들이 목욕을 하기 위해 염천 이나 광천을 찾은 오랜 역사가 있는데, 이 전통은 이 특별한 물이 있는 주변에 스파 리조트나 마을이 발흥되는 것으로 이어졌다. 마을 광산에 처음으로 염욕鹽浴을 위한 목욕탕을 지은 곳은 오스트리아에서 가장 오래된 온천인 바트이슐 온천Spa Bad Ischl인데, 이처럼 역사적인 온천들이 오늘날에도 여전히 이용되고 있다.

우리의 식생활에 있어 소금을 이야기할 때에는 현대 식생활에서 소금의 과잉 섭취에 대한 우려가 빠지지 않는다. 식품 가공에 너무나도 광범위하게 사용되다 보니 소금은 우리가 짐작하는 것보다 훨씬 많은 양을 섭취하게 되는 숨겨진 재료가 되었다. 나트륨의 과다 섭취는 심혈관계 질환 및 뇌졸중의 증가 위험성과 연관이 된다. 세계보건기구World Health Organization는 성인의 일일 소금 섭취량을 1작은술로 권고하고 있으나 대부분의 사람들은 이보다 두 배의 양을 섭취한다.

소금의 유형

음식을 조리하는 데 사용되는 소금은 셀러리 소금celery salt처럼 맛을 입힌 것을 포함해서 향신료 가루나 말린 허브를 추가해서 만든 다양한 종류가 있다.

과립형 식탁 소금
흔히 볼 수 있는 소금으로, 땅 속에서 캔 소금 퇴적물이 미네랄 침전물을 제거하는 처리를 거친 후 작고 하얀 정육면체 모양의 결정체 형태로 만들어진 것이다. 대개 식탁용 소금에는 소금 결정이 서로 들러붙는 것을 방지하기 위해 넣는 탄산 마그네슘 또는 실리코알루민산 나트륨과 같은 고결방지제가 들어 있어 쉽게 뿌리고 흔들 수 있게 되어 있다.

소금을 넣은 캐러멜소스
Salted Caramel Sauce

전통적인 캐러멜소스에 소금을 넣으면 달콤함이 기분 좋게 풍부해진다. 소금을 넣기 전에 소스를 맛보고, 소금이 단맛에 미치는 영향을 알기 위해 다시 맛을 본다.

1컵 분량
준비시간 5분
조리시간 4~5분

· 무염 버터 4작은술
· 갈색 설탕 50g, 고운 것
· 설탕 50g, 미세입자
· 헤비크림 1/2컵
· 천일염 1과 1/2작은술

1. 버터, 갈색 설탕, 설탕, 크림을 작고 바닥이 두꺼운 소스팬에 넣는다.

2. 버터가 녹고, 설탕이 녹을 때까지 저으면서 부드럽게 가열한다.

3. 끓인 후 1분간 거품이 생기게 만든다. 불을 끄고 천일염 1/2작은술을 넣어 젓는다. 맛을 보고 부족하면 소금 1/2작은술을 더 넣는다.

요오드 첨가 소금

강화 소금의 일종인 요오드 첨가 소금은 소량의 요오드가 첨가되어 있는 식탁 소금이다. 요오드는 갑상선 호르몬을 만들어내기 위해 우리 몸이 필요로 하는 미량 영양소다. 우리의 신체는 요오드를 합성하지 않으므로 반드시 섭취해야만 한다. 요오드 결핍은 갑상선종갑상선이 붓는 것, 갑상선 기능저하증 등으로 이어질 수 있고, 임부가 요오드 결핍을 겪을 경우 태아가 정신 지체를 앓게 될 수 있다. 1920년대에 미국에서는 요오드 결핍 문제를 해결하고자 요오드 섭취를 늘리는 간단하고 실용적인 방법으로 요오드 첨가 소금을 도입했다. 소금은 광범위하게 소비되고 저렴하면서도 쉽게 부패하지 않아 공공 건강 증진 계획의 유용한 수단으로 고려되었던 것이다. 미국이 앞장 선 이래로 많은 국가들이 뒤를 이어 소금에 요오드를 넣는 것을 법적인 준수사항으로 만들어 자국민들이 요오드를 섭취할 수 있도록 했다.

코셔 소금

미국에서 코셔 소금kosher salt은 요오드가 첨가되지 않은, 특히 입자가 거친 소금을 묘사할 때 사용하는 용어다. 소금 결정의 표면이 더 크면 클수록 정육면체 모양의 소금 결정보다 더 많은 수분을 흡수하므로, 코셔 소금은 고기를 절이거나 통조림을 만들거나 피클을 만들 때와 같은 저장 기법과 관련되어 있다. 이 소금의 이름은 유대인의 율법에 따라 육류를 도축하는 데서 온 것으로, 이때 소금은 삼투압 작용을 통해 육류에서 핏물을 뽑아내는 데 사용된다. 코셔 원칙에 따라 생산된 소금은 코셔 인증을 받게 되는데, 코셔식 식생활을 따르는 사람들이 소비하는 데 적합한지를 가리는 코셔 인증 기관들에 의해 인증된다.

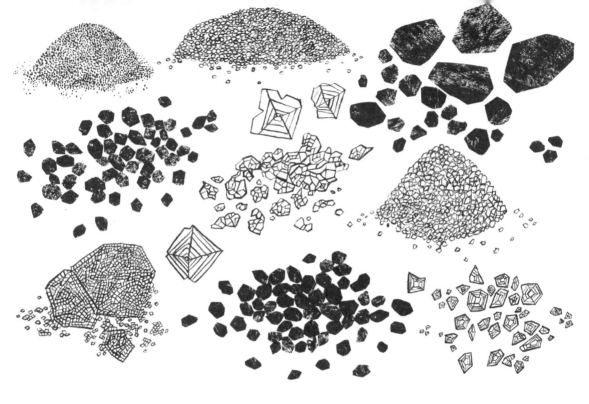

피클링 소금

피클을 만들 때 사용할 용도로 특별히 고안된 이 소금은 피클의 색을 어둡게 만들 수 있는 요오드나 피클 용액을 탁하게 만들 수 있는 고결방지제 등을 넣지 않은, 순수한 염화나트륨이다. 나아가 피클링 소금의 알갱이는 매우 작아 물에 들어가면 빠르게 녹는다.

절임용 소금

절임용 소금curing salt은 베이컨이나 콘드 비프salt beef/corned beef와 같은 제품을 만들기 위해 육류를 절이는 용도로 특별히 고안된 소금 제품이다. 이 소금은 식탁 소금에 질산나트륨을 첨가해 만드는데, 일반 소금과 구분하기 위해 분홍색으로 착색이 되어 있다.

소금물에 절인 프라이드치킨
Brined and Fried Chicken

닭고기를 소금물에 절이는 것은 고기의 촉촉함을 유지하게 하는 탁월한
방법이다. 프라이드치킨은 늘 모든 가족에게 인기가 있다. 녹색 샐러드,
코울슬로, 감자 샐러드와 함께 제공하면 훌륭한 식사가 될 것이다.

4인분
준비시간 20분
소금물 절이기 24시간
조리시간 25분

· 소금 ⅔컵
· 물 2L
· 닭다리 8개, 껍질 있는 것
· 밀가루 300g
· 마늘 가루 1작은술
· 붉은 고춧가루 1작은술
· 소금
· 후추
· 해바라기씨유 또는 식물성 기
  름, 튀김용

1. 먼저 소금물을 만든다. 소금과 물을 큰 팬에 넣고, 소금이 녹도록 저어주
   면서 가열한다. 불을 끄고 차갑게 식힌다.

2. 닭다리를 차가운 소금물에 완전히 잠기도록 담근다. 뚜껑을 덮고 냉장고
   에서 24시간 절인다.

3. 밀가루, 마늘 가루, 붉은 고추 가루를 잘 섞고, 소금과 후추로 넣어 간을 한
   다. 섞은 것을 큰 비닐봉지에 넣는다.

4. 깊은 웍이나 큰 소스팬에 기름을 2/3 정도 채우고, 180℃로 가열한다.

5. 닭다리를 밀가루를 섞은 비닐봉지에 넣고 잘 묻도록 흔들어 준다. 치킨을
   완전히 익고 황금색이 날 때까지 두 번에 걸쳐 튀긴다. 기름을 뺀 후 즉시
   내놓는다.

천일염

천일염은 바닷물을 증발시켜 만든 것이다(101쪽 참조). 정제되지 않은 천일염에는 미량 무기질이 들어 있는데, 이 때문에 천일염은 보다 복합적인 맛이 날 수 있다. 천일염의 색 역시 미량의 침전물에 의해 영향을 받을 수 있다. 예를 들어 굵은 입자의 게랑드Guérande 소금은 점토와 접촉한 까닭에 회색을 띤다. 프랑스에서는 비정제 소금을 셀 그리sel gris라고 하는데, 이는 회색 소금을 의미한다. 천일염은 대개 거친 입자 형태로 판매되고, 특유의 바삭한 식감은 천일염만이 지닌 매력의 하나로 간주된다. 식탁 소금과 비슷하게 닮은 곱게 간 천일염도 상업적으로 생산된다.

하와이안 바다 소금

하와이 섬에서는 오랫동안 태양열 증발을 이용해 바다 소금을 수확해왔다. 전통적으로 하와이안 바다 소금은 와이메아Waimea 산에서 온 붉은 알레아alaea 점토를 혼합해 소금이 붉은 빛을 띤다. 이 점토를 사용하면 소금에 특별한 힘이 더해진다고 여겨 정화 의식이나 축복식에 사용된다.

히말라야 소금

수백만 년 전 내해內海에서 만들어진 암염은 칼륨, 마그네슘, 칼슘과 같은 미량 무기질이 들어 있는 까닭에 천연의 은은한 핑크빛을 띤다.

칼라 나마크kala namak(검은 소금)

히말라야 산맥의 암염 퇴적물에서 캔 소금을 숯과 향신료로 태워 검은 결정으로 만든, 인도의 역사적인 소금이다. 그러나 이 소금은 가루로 갈면 핑크빛 기운을 띠며, 유황의 맛과 향이 확연히 느껴진다.

플뢰르 드 셸fleur de sel

요리용 소금의 세계에서 '소금의 꽃'으로 번역되는 시적인 이름을 가진 이 소금은 특별한 명성을 가지고 있다. 일반 소금보다 확연히 더 비싸지만, 맛과 식감으로 인해 셰프들과 주부들에게 호평을 받는다. 플뢰르 드 셸은 바다가 특정한 지형이나 기후와 상호작용을 한 결과 자연적으로 만들어진 소금이다. 플리니우스는 《박물지》에서 바다에 의해 만들어진 소금의 유형에 대해 "바닷물에 의해 자연 발생적으로 만들어진 또 한 종류의 소금은 해안의 가장자리나 바다 옆에 있는 바위에 남은 거품이다"라고 서술했다. 그는 플뢰르 드 셸의 단순하고 자연스러운 형태를 이렇게 묘사한 것이었다. 그러나 수세기에 걸쳐 인간이 소금을 수확하는 기술을 개발하면서 플뢰르 드 셸을 만드는 데는 자연에 의한 바다의 작용과 이러한 바닷물을 이용하기 위한 인간의 재주와 노력이 모두 들어갔다. 플뢰르 드 셸은 단순한 바다 소금 또는 바닷물의 증발에 의해 얻어진 소금이 아니라는 것을 이해하는 것이 중요하다. 플뢰르 드 셸은 바람과 태양의 작용에 의해 얕은 웅덩이에 고인 바닷물이 증발하면서 물의 표면에 형성된 소금 결정의 딱딱한 껍질층이다.

플뢰르 드 셸과 특별히 관련이 있는 나라는 당연히 프랑스다. 브르타뉴Brittany의 게랑드Guérande, 일드레Île de Ré, 까마르그Camargue는 플뢰르 드 셸이 특산품으로 생산되는 지역들이다. 이 가운데 반도에 위치한 게랑드 마을은 웅덩이 물에 있는 소금의 색깔 때문에 뻬이 블랑pays blanc, 하얀 나라으로 알려진 큰 습지에서 소금을 수확하는 오랜 전통을 가진 마을이다. 철기시대 때부터 소금이 수확된 것으로 추정되며 로마인들의 진출과 함께 3세기에 생긴 염전들이 습지에서 발견되었다. 게랑드에서 사용되고 있는 현재의 생산 기술은 서기 9세기에 시작된 것으로, 바츠 쉬르 메르Batz-sur-Mer에 가면 이 무렵 세워진 염전들이 지금까지도 여전히 가동되고 있다. 이 지역의 염전 노동자들은 빨뤼디에paludier라고 불렸다. 이 단어는 '저수지'를 의미하는 빨뤼palud라는 프랑스의 사투리에서 파생된 것이다. 수세기 동안 이 습지에 염전들이 세워지고 확장되었는데, 마지막에 세워진 것은 약 1800년경에 세워진 것이며, 소금 무역은 여전히 이 마을의 중요한 수입원이 되고 있다.

염전은 밀물에 의해 침전지에 물이 채워지고 썰물로 물이 빠져나가는 중력에 의해 작동된다. 연중 소금 생산은 4월에 밀물이 들 때 시작해서 9월 초 무렵에 끝난다. 수확 기간이 상대적으로 짧기도 하지만 성공적으로 수확을 하는 데 알맞은 기후 조건도 갖추어져야 한다. 태양열과 바람은 필요하고 비는 오지 않아야 하는 것이다. 만조 때 바닷물은 에치étier, 수로를 타고 복잡한 인공 연못 시스템(염전)으로 흘러 들어가는데, 이곳에는 빨뤼디에들이 좁은 수로를 따라 걸을 수 있게 두렁이 만들어져 있었다. 이 염전은 그 지역의 점토로 이루어진 습지에 형성되었으며, 점토는 탄력이 좋고 방수도 잘 되며(물을 보유하기 위해) 최상의 결정화를 위한 이상적인 환경을 구성할 수 있을 정도로 충분히 차가운 성질을 가지고 있다. 바닷물을 염전으로 끌어오는 데는 밀물과 썰물, 수문의 사용, 물의 흐름을 필요에 맞게 인도하는 파이프 등이 필요하다.

바지에르vasière, 일차 연못가 커다란 저수 공간의 역할을 했다면 꼬르비에르corbier, 확장 연못는 불필요한 바다의 조류와 갑각류들을 제거할 수 있을 정도로 소금의 농도를 충분히 끌어올리기 위해 설계된 것이다. 그 다음으로는 이 연못들보다 작은 파레증발 연못의 차례인데, 이 연못은 최대한 평평하게 설계가 되어 물이 1.3cm보다 더 얕게 흐를 수 있도록 했다. 여기서 바닷물은 자연스러운 증발을 통해 더욱 농축되면서 물은 날아가고 소금물에 있던 소금만 남게 된다. 아데흐느aderne는 바닷물을 가두어 두는 저수 연못으로 왜이에oeillet로 알려진 최종 연못들에 물을 채우는 데

이용된 연못이다. 바닷물의 최종 목적지인 이 직사각형 모양의 연못은 크기가 가로 7미터 세로 10미터 정도로 손으로 수확하는 것이 가능하도록 지어졌다. 대체로 왜이에는 염전 중에서 10% 정도를 차지하는데, 이는 바닷물이 이 습지에서 서서히 이동하는 동안 얼마나 많이 농축되는지를 설명한다. 왜이에를 마련하고 유지하는 것은 매우 중요했는데, 가장자리를 따라 얕은 골이 둘러진 왜이에의 중간 부분은 평평하게 만드는 것이 필수적이었다. 왜이에는 절대 물이 마르면 안 되기에 아데흐느로부터 물이 주입되었다.

매일 늦은 아침 바닷물이 바람과 태양의 움직임에 반응을 보이면 왜이에 안의 소금물에 함유된 소금이 물 표면 위에 뜨면서 결정화가 되기 시작한다. 점토와 접촉되지 않은 이 부서질 것 같은 층이 플뢰르 드 셀이다. 물이 더 찬 왜이에의 점토 바닥에서는 플뢰르 드 셀과는 다른 상품인 소위 굵은 소금이 형성되며 결정화가 이루어지는데 점토와 접촉을 하면서 형성이 되기에 천연의 회색빛이 돈다. 수세기 동안 굵은 소금이나 플뢰르 드 셀이나 모두 여름에 매일 손으로 수확되어 왔다. 게랑드 소금 습지에서 이용되는 수확 기술은 945년에 바츠 쉬르 메르의 베네딕트회 수사들에 의해 중점적으로 개발된 것으로 추정된다.

굵은 소금에 비해 훨씬 적은 양으로 수확되는 플뢰르 드 셀은 가능한 한 하루 중 최대한 늦게 수확하는데 이는 소금 결정이 제대로 형성되도록 하고 그 날의 수확량을 최대로 늘리기 위해서다. 부서지기 쉬운 소금 층을 루스lousse라고 하는 특수한 형태의 갈퀴를 이용해 움직임이 없는 바닷물의 표면에서 조심스럽게 걷어낸다. 너무 힘을 줘서도 안 되는 섬세한 접촉을 필요로 하는 이 작업은 역사적으로 여성들이 맡아 왔다. 각각의 왜이에에서는 하루에 약 2kg의 플뢰르 드 셀만이 산출된다. 플뢰르 드 셀을 수확하고 나면 양지에서 물을 빼고 표면 아래에 있는 굵은 소

금을 수확한다. 이 프로세스는 복잡하고 고단한 것이다. 맨 먼저, 아데흐느에 있던 신선한 물을 왜이에로 흘려 보내 다음날 수확할 소금을 만들기 위한 물을 보충한다. 그 다음으로는, 라스lasse라고 부르는 긴 손잡이가 있는 도구를 사용해 왜이에의 중앙 플랫폼인 라뒤르ladure 쪽으로 굵은 소금 결정을 옮긴다. 이렇게 물에서 건져진 소금이 플랫폼으로 옮겨지면서 라뒤레ladurée라고 알려진 소금 결정 더미가 만들어진다. 굵은 소금은 물이 제거된 후 옮겨져 염전 모서리에 큰 더미로 쌓이고 그런 후 수확돼 저장고에 보관된다. 굵은 소금의 수확량은 플뢰르 드 셀의 수확량보다 훨씬 더 많은데 왜이에마다 매일 약 50~70kg씩 수확되었다. 농사를 짓는 농부와 마찬가지로, 게랑드 염전의 빨뤼디에에게도 적절한 기후 조건이 풍작을 위한 필수적인 요소다. 날씨가 몇 주 연속 너무 더우면 모두가 고대하는 소금의 결정화는 일어나지 않고 왜이에의 바닥에 가루가 형성된다.

게랑드의 플뢰르 드 셀을 만드는 데 투입되는 시간과 노력, 그리고 적게 수확되는 양을 생각하면 이 소금이 공장에서 생산되는 식탁 소금보다 더 비싸다는 것이 놀랄 일도 아니다. 게랑드의 플뢰르 드 셀의 품질은 오랫동안 높은 가치를 인정받아 고가의 식료품점에서 판매되며 그 진가를 인정하는 전 세계의 열정적인 요리사들의 손으로 들어갔다. 이 소금은 독특한 미네랄 맛과 달콤한 끝맛을 가지고 있다. 그러나 플뢰르 드 셀은 모양과 크기가 다양한 섬세한 결정이 만들어내는 독특한 식감 때문에 특히 더 그 가치를 인정받는다. 결과적으로 이 소금은 손가락으로 조금 집어 그릴 스테이크나 생선, 토마토 샐러드 등을 식탁에 올리기 직전에 뿌리는 마무리용으로 사용하는 것이 가장 좋다.

20세기에는 게랑드 소금의 수요가 감소했다. 그러나 근래 수십 년간 우수한 품질의 소금과 플뢰르 드 셀의 진가를 새롭게 인식하면서 이 지

로즈마리 포카치아
Rosemary and Sea Salt Focaccia

이 고전적인 이탈리아 빵은 만드는 것은 간단하나 결과는 인상적이고 맛 또한 좋다. 단순하게 포카치아만 제공해도 좋고, 치즈나 훈연한 고기 또는 방울토마토를 곁들여 내놓으면 더 좋다.

빵 한 덩이
준비시간 20분
숙성시간 1시간 반
조리시간 20분

- 제빵용 밀가루 4컵, 뿌리는 밀가루 추가
- 효모 1작은술
- 소금 1큰술
- 과립 설탕 1작은술
- 물 275ml, 손이 뜨거울 정도
- 엑스트라 버진 올리브유 6큰술
- 로즈마리 잔가지 2개
- 천일염 3작은술

1. 커다란 믹싱볼에 밀가루, 효모, 소금, 설탕을 함께 섞는다. 물과 올리브유 2큰술을 섞어서 끈적끈적한 반죽을 만든다.

2. 반죽을 밀가루를 살짝 뿌린 작업대에 옮기고, 부드럽고 유연해질 때까지 치댄다. 반죽을 기름칠을 한 깨끗한 그릇에 담고 깨끗한 천으로 덮어 따뜻한 곳에 1시간 동안 둔다.

3. 부푼 반죽을 가라앉히고, 기름칠한 베이킹 트레이에 거칠고 큰 타원형으로 모양을 만든다. 반죽에 손가락을 여러 번 세게 밀어넣어 표면에 여러 개의 홈 모양을 만든다. 로즈마리를 작은 줄기로 뜯어 홈 모양 안에 놓는다. 올리브유 2큰술로 홈을 덮고 표면에 바른다. 30분 동안 따로 둔다.

4. 오븐을 260℃으로 예열한다. 포카치아 표면 위에 천일염 2작은술을 뿌린다. 노릇노릇해질 때까지 20분 동안 구워 오븐에서 꺼낸다. 남은 올리브유와 천일염을 뿌려주고 따뜻한 채로 내거나 상온의 온도로 제공한다.

역의 소금 경기가 다시 살아나기 시작했다. 남아 있는 그 지역의 염전 노동자들이 모여 그 지역에서 생산되는 소금의 품질을 보증하기 위해 1988년에 협동조합을 결성했다. 2012년에는 게랑드의 플뢰르 드 셀은 전통 제품을 보호하기 위한 인증제도인 PGIProtected Geographical Indicator, 즉 지리적 표시 보호 지위를 얻었다. 오늘날 약 300명의 염전 노동자들이 게랑드의 습지에서 소금을 수확하는 숙련된 전통을 이어가고 있다.

식품 저장을 위한 소금

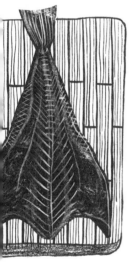

소금이 오랜 세월 필수적인 재료로 인식된 이유 중 하나는 식품을 보존하는 역할 때문이다. 음식을 소금에 절이는 것은 고대에 광범위하게 활용된 식품 보존법으로 오늘날에도 여전히 사용하는 방법이다. 육류나 생선과 같이 상하기 쉬운 식품을 보존하기 위해 사용하는 소금은 냉장 기술이 발달하기 전에는 매우 중요한 재료였다. 소금이 음식을 보존하는 것을 돕는 원리는 삼투압이다. 육류나 얇게 썬 양파와 같은 익히지 않은 재료에 소금을 뿌리면 얼마 지나지 않아 음식의 표면에 작은 물방울이 생긴다. 이렇게 물방울이 생기는 것은 소금의 작용에 의한 것으로 소금은 식품에 든 염분과 평형을 이루기 위해 식품 내의 물 분자를 소금 분자로 대체하면서 재료에서 수분을 빼낸다. 이러한 염장 과정은 탈수를 일으키고 그 결과로 발생한 수분 부족이 미생물의 성장을 억제하게 된다. 박테리아가 잘 자라기 위해서는 수분을 필요로 하므로, 소금을 넣어 물기를 빼는 것은 미생물을 자랄 수 없는 환경을 만드는 것이다.

나아가 소금은 전기적 균형을 바꿈으로써 식품의 효소에 의한 부패를 방지하기도 한다. 치즈 그리고 햄이나 살라미 등과 같은 절인 고기, 피클

소금에 절인 대구 크로켓
Salt Cod Croquettes

이 작고 맛있는 크로켓은 포르투칼에서 인기 있는 음식이다. 소금에 절인 대구를 요리할 때는 생선을 물에 담가두는 시간을 생각해야 한다. 이시간 동안에 대구의 살이 부드러워지고 과도한 소금은 줄어든다.

크로켓 24개
준비시간 30분
물에 담그고 냉각시키기 24시간
조리시간 25분

· 소금에 절인 대구 600g
· 감자 600g, 껍질 벗기고 다진다.
· 계란 2개, 살짝 휘젓는다.
· 양파 1/2개, 잘게 다진다.
· 다진 파슬리 2작은술
· 해바라기씨유 또는 식물성 기름

1. 소금에 절인 대구를 찬물에 24시간 동안 세 번 물을 바꿔주며 담가둔다.

2. 대구가 잠길 정도로 넉넉하게 물을 넣고, 살이 부드러워지도록 20분 정도 약한 불에 끓인 다음 물기를 뺀다.

3. 그동안 감자를 끓는 소금물에 넣어 익히고 물기를 빼서 완전히 으깬다.

4. 대구가 요리할 수 있을 정도로 식으면, 손으로 불필요한 껍질과 뼈를 발라내고 포를 뜬다.

5. 큰 그릇에 으깬 감자, 포를 뜬 대구, 계란, 양파, 파슬리를 모두 넣고 골고루 섞는다. 숟가락을 이용해 2큰술 크기로 24개의 크로켓을 만들어 차게시킨다.

6. 튀김기나 크고 깊은 냄비에 기름을 2/3 정도 채우고 180℃가 되도록 가열한다. 튀기는 동안 고르게 갈색이 되도록 뒤집어준다. 전체적으로 노릇노릇해지면 주방용 티슈에 건져 남은 기름을 제거한다.

7. 따뜻할 때나 상온의 온도에서 제공한다.

등과 같이 많은 보존 식품에 소금이 들어간다. 또한 소금은 사우어크라우트나 김치와 같은 발효 식품을 만드는 데도 중요한 역할을 한다. 이러한 식품들은 전통적인 젖산 발효 기법으로 만들어지는데 이는 원재료에 소금을 넉넉히 뿌리는 것에서부터 시작한다. 소금은 특정한 박테리아 종류인 젖산균이 자랄 수 있는 알칼리성 환경을 만든다. 이러한 박테리아는 유해한 박테리아들에게 이롭지 못한 환경을 만들며 젖당이나 다른 당을 젖산으로 바꾼다.

염장에는 건염법과 습염법이라는 두 가지 형태가 있다. 예를 들어 건염법으로 돼지고기 등심을 베이컨으로 만들 때는 육류에 소금을 전체적으로 뿌려 바로 문지른 후 24시간 동안 서늘한 장소에 둔다. 이렇게 육류에서 짠물이 침출되어 나오면 새 소금으로 문지른다. 이러한 건염 방식을 5일 동안 반복해 만든 베이컨은 바로 먹거나 훈연한다. 소금은 치즈를 만드는 데도 중요한 역할을 하는데 쉽게 잘 상하는 우유를 더 오래 보관할 수 있는 형태의 음식으로 변형시켜주는 것이 소금이다. 레닛과 같은 응고제를 넣어 우유를 분리시키는 치즈 제조법의 상당수는 건염을 치즈 커드에 넣는 과정을 포함한다. 이러한 방식으로 소금을 사용하면 치즈에 풍미를 더할 뿐만 아니라 커드를 수축시키고 수분을 배출하게 만들어 결과적으로 함수율을 조절하고 치즈에서 병원균이 발생할 위험을 줄여준다.

소금물은 물에 소금을 넣고 끓여 녹여서 만들어 식힌 후에 사용한다. 그런 다음 절일 음식을 소금물 속에 넣는데, 이렇게 음식을 소금 용액에 완전히 잠기게 하면 좋은 점은 소금이 음식물 속에 효율적으로 침투할 수 있다는 사실이다. 소금물에서 물과 소금의 비율 및 음식과 소금물의 접촉 시간은 보존하는 재료에 따라 다르다. 역사적으로 육군과 해군들에게 중요한 음식이었던 솔트 포크salt pork는 돼지고기 살코기를 소금에 절

천일염에 절여 구운 아몬드
Roasted Sea-Salted Almonds

소금에 절인 견과류는 적정한 가격으로 인기 있는 간식이다. 고전적인 마티니, 진토닉 또는 와인의 안주로 좋고, 식감과 맛이 음료와 잘 대조를 이룬다. 갓 구운 견과류를 만드는 것은 누구나 할 수 있을 만큼 간단하지만 결과는 매력적이다. 이 레시피는 아몬드를 사용하지만, 같은 방법으로 캐슈, 헤이즐넛 또는 혼합 견과류를 구울 수도 있다.

구운 아몬드 225g
준비시간 3분
조리시간 12~18분

• 아몬드 225g, 껍질 벗긴 것
• 올리브유 2작은술
• 천일염 1작은술
• 간소금 1/2작은술

1. 오븐을 180℃로 예열한다.

2. 아몬드를 로스팅팬에 펼쳐 놓는다. 노릇노릇해질 때까지 10~15분 동안 뒤집어가며 굽는다.

3. 아몬드에 올리브유와 천일염을 넣고 잘 섞는다. 2~3분 더 구워 팬에서 꺼낸다. 식힌 후 밀폐용기에 보관한다.

이고 이를 진한 소금물이 든 통에 담가서 만든 것이다. 이렇게 하면 돼지고기를 오랜 시간동안 안전하게 보존할 수 있었다. 염장 육류 중 또 한 가지는 콘드 비프corned beef로 이는 쇠고기 양지머리를 향신료로 맛을 낸 소금물에 며칠간 담갔다가 물을 빼고 헹군 후 부드럽게 될 때까지 익혀서 만든 것이다. 또한 소금물은 치즈를 만드는 데도 사용되는데 특정 종류의 경성 치즈는 맛을 위해 그리고 유해한 박테리아를 죽이고 치즈 외피가 잘 만들어지는 것을 돕기 위해 소금물에 담그는 과정을 거친다.

음식이 안전하게 소비될 수 있는 시간을 성공적으로 연장시킨 통조림 법, 냉장, 냉동 등과 같은 기술이 개발되고 있음에도 불구하고 소금은 수 세기 동안 그러했던 것처럼 여전히 식품 저장에 있어 중요한 역할을 하고 있다.

소금에 절인 대구

소금을 이용해 보존하는 많은 음식들 중에는 생선이 있다. 신선한 생선에 소금을 뿌리면 상하기 쉬운 재료를 바로 먹지 않더라도 안전하게 보관할 수 있고 며칠간 먹을 수 있는 음식으로 바꾸어준다. 배를 타고 바다로 나가는 어부들에게 이러한 방식으로 생선을 보존하는 것은 경제성을 보장해 주었다. 소금에 절인 생선은 중세 유럽에서 필수적인 음식으로, 당시에는 염장 생선에 대한 수요를 창출하는 데 종교가 핵심적인 역할을 했다. 단식 기간에 육류를 삼가라는 금기는 육류 대신 생선을 섭취하게 만들었다. 수송이 느리고 냉장 기술이 없던 그 시절에 신선한 생선을 확보하는 일은 힘든 일이기에 소금에 절인 생선은 유용한 대안이 되었다.

지방이 적은 대형 어종인 대구는 염장을 하거나 건조하는 데 적합했고 청어와 같은 기름기가 많은 생선보다 오래 먹을 수 있었다. 대구는 많은 나라에서 염장을 하여 먹는 생선이 되었다. 대구는 냉수성 어류로 북대서양 연안 해역에서 발견된다. 대구를 보존하는 전통은 오래된 것으로 바이킹들은 그들이 잡은 대구를 소금을 쓰지 않고 추운 날씨에 차가운 바람으로 건조시키는 간단한 방법으로 건조 대구를 만들었다. 생 대구의 내장을 제거하고 자른 후 소금을 잔뜩 뿌려 건조시킨 절인 대구는 오래 먹을 수 있다는 점 뿐만 아니라 다시 물에 불렸을 때 느낄 수 있는 맛과 식감 때문에도 그 가치를 인정받는다. 염장 대구에 대하 수요가 많았던 중세 유럽 시대에 대구는 귀하고 인기 있는 먹거리였다. 1497년 5월, 존 캐벗John Cabot이라는 별칭으로도 유명한 지오바니 카보토Giovanni Caboto는 브리스톨Bristol을 출발하여 서쪽을 향해 항해를 했다. 6월이 되어 그는 항해 후 처음으로 육지를 보게 되는데 아시아로 오해했던 이 육지는 실제로는 지금의 뉴펀들랜드Newfoundland라고 불리는 곳이었다. 캐벗의 항해에 관한 보고서를 작성하던 영국 주재 밀라노 대사는 이렇게 썼다.

이들의 주장에 따르면, 그 바다에는 고기 떼가 무리를 지어 다녀 그물 뿐만 아니라 돌과 함께 물 속으로 집어 넣어 가라 앉게 한 바구니로도 잡을 수 있다고 한다. 본인은 조안[캐벗]이라는 자의 말을 너무나 많이 들었다. 그의 영국 동료들도 말린 생선이 아주 많은 그곳에서 생선을 잔뜩 가져올 수 있으니 더 이상 아이슬란드를 필요로 하지 않을 것이라 말한다.

1534년, 프랑스 탐험가 자크 카르티에Jacques Cartier는 세인트로렌스강St. Lawrence River 하구를 "발견"했는데 이 곳에서 그는 대규모의 바스크 선박들을 보게 되었다. 알고 보니 바스크는 현재는 캐나다가 된 이 해안에서 수세기 동안 수익성이 훌륭한 절인 대구를 팔면서 대구가 풍부한 바다를 이용해 오고 있었다. 어부들이 뉴펀들랜드 해안의 그랜드 뱅크Grand Banks를 발견한 것은 절인 대구 시장과 관련해 중요한 발견이었다. 대구를 비롯한 다양한 어종이 북미 대륙붕의 일부인 플랑크톤이 풍부한 이 수중 고원에 서식하고 있었다. 적당한 가격의, 들고 다니기 쉬운 음식을 만드는 재료인 절인 대구는 세계 각곳에서 기본적인 재료로 받아들였다. 유럽인들이 미대륙의 농장에서 일하는 노예들을 먹일 저렴한 음식으로 절인 대구를 사용한 것은 절인 대구가 카리브해와 중남미 지역에서 광범위하게 먹는 재료가 된 것을 의미했다. 절인 대구는 프랑스, 이탈리아, 스페인 등 유럽 여러 국가들이 즐기는 음식이다. 그러나 특히 포르투칼에서는 피엘 아미고fiel amigo, 믿을 수 있는 친구라는 애칭을 가질 정도로 사랑받는

재료로 많은 요리에 사용된다. 1992년 캐나다 정부는 절인 대구 시장을 유지시키는 데 지대한 역할을 해온 북부 대구 어장에 대해 모라토리엄 moratorium, 활동 중단을 선언했다. 현재 절인 대구는 더 이상 흔히 구할 수 있는 저렴한 식재료가 아니라 값비싼 호사품이 되어 그 독특한 맛과 식감을 찾는 사람들이나 즐길 수 있는 음식이 됐다.

요리용 소금

우리의 혀가 감지하는 다섯 가지 맛 중에 짠맛이 포함된다는 사실은 소금이 전 세계적으로 필수적인 맛으로 널리 인식되어 식품 제조와 요리에 사용된다는 것을 의미한다. 쌀, 파스타, 감자 등과 같은 상비 식재료들을 요리할 때는 그 재료의 맛을 끌어 올리기 위해 소금을 한 꼬집 정도 넣는다. 나아가서 소금통이나 소금 분쇄통, 작은 용기 등에 소금을 담아 식탁 위에 올려 놓고 식사를 하는 사람들이 자신의 입맛에 맞게 음식에 간을 하기도 한다. 소금은 효과가 매우 큰 재료라 너무 많은 양을 넣으면 음식을 망칠 수 있으므로 사람들은 요리를 할 때 소금을 적당량만 사용하라는 권고를 듣는다. 요리를 할 때 새겨 둘 만한 유익한 조언 한 가지는 처음에는 소금을 조금만 넣고 맛을 본 다음 필요하다면 더 넣는 것이다. 한 번에 너무 많이 넣으면 바로 잡기가 어렵기 때문이다. 소금으로 간을 할 때 또 한 가지 유념해야 하는 점은 그 음식에 들어 가는 다른 재료들의 짠맛이다. 예를 들어 베이컨, 간장, 파마산 치즈 등도 음식의 짠맛을 증가시켜주기 때문이다.

이렇게 많은 사랑을 받는 소금은 몇몇 주요 양념들의 특성을 규정짓는 재료가 되기도 한다. 고대 그리스와 비잔티움, 로마에서는 소금에 절여

발효를 시킨 생선에서 떨어진 액체인 가룸garum이 중요한 양념이었다. 가룸은 1세기에 편찬된 ≪아피키우스Apicius≫고대 로마의 유명한 식도락가의 이름이자 그 사람이 집필한 요리책 이름에 두루 포함되어 있다. 태국에서는 남플라로 알려진 동남아시아의 피시소스는 생선을 소금물에서 발효시켜 만든 것으로, 오늘날까지 광범위하게 사용되고 짠 생선 맛이 특징적이다. 발효 콩과 소금물로 만드는 중국의 필수 양념인 간장도 짠맛으로 유명하며 볶음 요리, 찜, 구운 고기 요리에 소금을 대체하여 종종 사용된다. 소금 대신 중국 식탁 위에 올려진 양념은 간장이다.

음식을 보존하는 데 유용하게 사용되는 소금(125쪽 참조)은 우리가 사랑하는 여러 가지 식재료들을 가공할 때 맛을 내는 데 기여하며 핵심적인 역할을 한다는 것을 의미한다. 높은 평가를 받는 생선으로 만든 많은 별미 식재료들의 맛은 현저히 짜다. 이 중 캐비어는 전통적으로 여러 종의 철갑상어의 알을 소금에 절인 것을 묘사할 때 사용되던 단어로 다른 종의 생선알을 칭할 때 사용되던 말이기도 하다. 역사적으로 캐비어는 카스피해와 흑해에서 잡은 자연산 생선을 사용하여 만든다. 암컷 생선에서 추출한 어란을 소금에 절이면 독특한 짠맛이 생긴다. 어란을 소금에 절여 만든 또 다른 별미 재료는 이탈리아의 보타르가bottarga로 이는 숭어알을 소금에 절이고 건조시켜 만든 것이다. 전통적으로 보타르가는 얇게 썰어 올리브 오일과 레몬즙을 뿌려 먹거나 갈아서 스파게티와 함께 섞어서 먹는다. 더 합리적인 가격대로는 소금물에 절였다가 다시 소금을 채워 넣거나 기름에 보존한 염장 앤쵸비가 있는데 이는 인기 있는 지중해식 식재료다. 앤쵸비는 피자나 스튜, 찍어 먹는 소스, 구운 고기 등과 같은 음식에 특유의 짭짤한 감칠맛을 더한다. 베네치아의 전통 음식인 비골리 파스타bigoli in salsa는 굵은 스파게티에 서서히 볶은 양파와 이 양파 속으로 녹아들 때까지 익힌 앤쵸비를 섞은 음식이다. 양파의 단맛과 앤쵸비의 짠맛이 놀라울 정도로 맛있게 어우러지는 이 파스타는 간단하지만 훌륭한 음식이다.

삼투압을 통해 재료의 수분을 끌어내는 소금의 특성으로 인해 전통적으로 어떤 재료들은 조리하기 전에 소금부터 뿌린다. 전통적으로 가지를 조리할 때는 쓴맛을 지닌 수분을 빼내기 위해 얇게 썰어 소금을 뿌리고 20~30분간 두었다가 헹구고 물기를 닦아내 굽는다. 잘게 썬 양파를 튀기기 전에 소금을 뿌리는 것도 유용한 과정인데 소금은 양파의 수분을 끌어내 양파를 튀길 때 더 빨리 더 짙은 갈색을 낼 수 있게 해 준다. 마찬가지로 마늘을 다질 때 소금을 한 꼬집 정도 넣으면 더 잘 빻아진다. 페루의 세비체를 만들 때 날생선이나 해산물 위에 소금을 약간 뿌려 주면 마리네이드 액을 붓기 전에 생선 표면의 구멍을 여는 데 도움이 된다. 소금에 절이는 과정은 오이나 주키니 호박 등으로 채소 피클을 만들 때도 중요한 과정인데 소금이 이러한 채소들을 단단하게 만들고 지나치게 많은 수분을 제거하는 데 도움을 주기 때문이다. 북아프리카에서 사용되는 절임 레몬은 생레몬을 소금에 절여 만드는데 이렇게 만든 레몬은 육류, 가금류, 생선 등으로 만든 향긋한 맛의 타진육류나 닭고기, 생선 등을 주재료로 하여 만드는 모로코의 전통 음식 이름 또는 이러한 음식을 조리하는 독특한 모양의 냄비 요리에 풍미를 더할 때 사용할 수 있는, 장기 보관이 가능한 식재료가 된다.

소금을 멋지게 사용하는 또 한 가지 방법은 소금으로 재료를 덮어서 조리하는 방식이다. 다량의 소금(주로 달걀 흰자와 섞어서)으로 재료를 완전히 감싸서 오븐에 굽는 것이다. 지중해 지역에서 농어나 도미와 같은 생선을 통째로 조리할 때 이 고전적인 방법을 사용한다(97쪽 참조). 딱딱한 소금 껍질을 깨서 열면 촉촉하고 부드러운 생선이 나온다. 중국 요리 중에는 소금에 구운 닭요리가 있는데, 어린 닭을 통째로 양념을 하고 소금으로 덮어 익힌 음식이다. 이러한 조리 방법은 새로운 유행의 물결을

타며 셀러리악이나 비트, 파스닙과 같은 뿌리 채소를 통째로 조리할 때 활용되기도 한다.

소금에 저장하는 식품의 대표격인 소금에 절인 대구(129쪽 참조)로 음식을 만들려면 우선 딱딱하게 건조된 생선을 부드럽게 만들고 소금기도 줄이기 위해 물에 담그는 것부터 시작한다. 프랑스에는 절인 대구를 사용해 만든 유명한 음식으로 랑그도크Languedoc와 프로방스Provence의 특산물인 브랑다드 드 모뤼brandade de morue가 있는데 이 음식의 문서화 된 조리법은 1830년으로 거슬러 올라간다. 이 음식의 이름은 프로방스 지역의 동사인 브란다르brandar에서 왔는데 이는 "젓다"라는 의미를 가진 동사이다. 브랑다드 드 모뤼는 절인 대구를 가볍게 삶은 후 올리브 오일과 우유를 넣고 힘차게 저어 걸쭉한 퓌레 형태로 만든 것이다. 모뤼morue, 절인 대구를 활용하는 프랑스 조리법은 수없이 많은데, 그라탕이나 수플레와 같은 따뜻한 음식에서부터 삶은 대구에 비네그레트에 넣어 차게 먹는 음식에 이르기까지 다양하다. 그러나 바칼라우bacalhau, 소금에 절인 대구 조리법이 가장 다양한 곳은 포르투갈로 실제로 포르투갈 사람들은 일년 내내 매일 다른 바칼라우 조리법을 가지고 있다는 유명한 말이 있을 정도다. 절인 대구를 삶아 으깬 감자, 달걀, 파슬리와 섞어서 만든 파스데이스 드 바칼라우pasteis de bacalhau, 절인 대구 튀김는 포르투갈 전역에서 접할 수 있는 엄청나게 인기 있는 간식이다(126쪽 참조). 그 외에도 절인 대구 볶은 것, 감자, 달걀물을 섞어서 만든 바칼라우 아 브라스bacalhau a Bras, 브라스 스타일의 절인 대구, ("모든 것을 넣은 절인 대구"로 번역할 수 있는) 바칼라우 꽁 토두스 bacalhau com todos, 절인 대구, 갓 삶은 감자와 양배추, 완숙으로 삶은 달걀로 만든 크리스마스 이브 요리, 아로즈 드 바칼라우arroz de bacalhau, 절인 대구 라이스 등이 있다. 절인 대구는 정말로 다양하게 활용할 수 있는 재료인 것이다.

미국의 대표적인 소금에 절인 음식에는 솔트 비프salt beef라고도 알려진

땅콩버터 쿠키
PEANUT BUTTER COOKIES

많은 사람들에게 사랑받는 쿠키는 짠맛과 달콤한 맛이 얼마나 조화를 잘 이루는지를 보여주는 완벽한 예이다. 만들기 쉽고 만족감을 주는 이 작은 황금색 쿠키는 접대하기 적당하며, 커피를 곁들이면 완벽하다.

쿠키 46개
준비시간 20분
냉각시간 1시간
조리시간 15~30분

· 버터 115g, 부드러운 것
· 흑설탕 60g
· 과립설탕 115g
· 계란 1개, 휘저어 부드럽게
· 바닐라에센스 1/2작은술
· 땅콩버터 250g, 바삭바삭하거나 부드러운 것
· 밀가루 140g
· 베이킹소다 1/2작은술

1. 믹싱볼에 버터, 흑설탕, 과립설탕을 넣고 나무 스푼을 사용하여 잘 섞일 때까지 젓는다.

2. 휘저어 부드러워진 계란과 바닐라에센스를 넣어 잘 섞은 후, 땅콩버터도 넣어 함께 섞는다.

3. 밀가루와 베이킹소다를 체에 쳐 함께 섞어 부드럽고 찰진 반죽을 만든다. 믹싱볼을 덮고 냉장고에 1시간 정도 둔다.

4. 오븐을 180℃로 예열한다. 차가운 반죽을 작고 고른 크기의 공 모양으로 만든다. 반죽한 공을 기름칠한 베이킹 트레이 위에 간격을 두고 놓은 다음, 포크로 눌러 납작하게 눌러 특징 있는 줄무늬 모양을 만든다.

5. 오븐의 효율성을 고려해 한 번 또는 두 번으로 나누어, 짙은 황금색이 될 때까지 15분 동안 굽는다. 철망 위에서 식힌 후 밀폐용기에 보관한다.

콘드 비프corned beef로 향신료를 넣은 소금물에 양지머리를 절여서 만든 쇠고기 저장식인데 이 콘드 비프는 만드는 과정으로 인해 고기에 특유의 맛과 식감이 생긴다. 콘드 비프는 카츠Katz's와 같은 뉴욕의 유대인 델리 카트슨에서 인기 있는 아이템으로 호밀빵 사이에 콘드 비프, 사우어크라우트, 스위스 치즈를 층층이 쌓아서 그릴에 구운 후 따뜻하게 먹는 루벤Reuben 샌드위치에 사용되는 것으로 유명하다.

흥미로운 것은 소금은 단맛을 끌어 올릴 때도 종종 사용된다는 점이다. 쿠키나 케이크, 초콜릿 푸딩, 머랭 또는 소스와 같은 달달한 과자류에 약간의 소금을 첨가하면 단맛이 강화된다. 이렇듯 소금은 음식의 단맛과 감칠맛은 강화하고 쓴맛은 억제하는 기능을 한다. 이러한 짭짤한 단맛을 사용한 미국의 역사적인 사탕은 솔트 워터 태피saltwater taffy로 애틀랜틱시티Atlantic City에서 유래한 이 사탕은 설탕 시럽과 콘 시럽, 소금물, 버터 등으로 19세기 후반부터 생산되어 왔다.

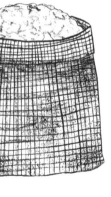

최근 몇 년간 소금은 유행을 이끄는 조미료로 떠올랐는데 주로 고급 플레이크 바다 소금이 인기를 끌어왔다. 이러한 소금은 쿠키나 디저트와 같이 오븐에서 굽는 음식과 밀크 초콜릿바와 같은 제과에 과거에 사용되던 양보다 더 많은 양이 사용된다. 풍부한 낙농 전통과 바다 소금으로 명성이 높은 지역인 프랑스의 브르타뉴Brittany의(119쪽 참조) 솔티드 캐러멜salted butter caramel은 현지 재료들을 재치있게 조합한 것이다. 오늘날 솔티드 캐러멜은 서구에서 대단한 유행을 거두고 있는데 케이크, 브라우니, 타르트에서부터 솔티드 캐러멜 소스를 부어 먹는 푸딩에 이르기까지 다양한 현대식 조리법이 존재한다. 소금에 대한 인간의 매혹은 21세기에도 계속될 것으로 보인다.

칠리

칠리

원산지가 남미인 칠리는 전 세계에 성공적으로 퍼져
광범위하게 재배되고 섭취된다.
우리가 음식으로서 칠리에 매료된 이유는
매운 칠리를 먹을 때 우리의 입 안에서 생기는
독특한 열감과 관련이 있는데,
이런 기분 좋은 통증은
우리가 여러 가지 독창적인 방법으로
주방에서 칠리를 사용하도록 만드는 원동력이 되었다.

캡시컴Capsicum 속屬에 속하는 칠리의 기원은 남미의 볼리비아에서 시작된 것으로 추정되는데, 이 지역에서는 최근까지도 야생에서 칠리가 자라고 있다. 여기에서부터 야생 칠리가 남미와 메소아메리카Mesoamerica, 카리브해 지역의 다른 국가들에게 소개되었는데 아마도 새들이 먹은 칠리씨가 소화되지 않고 배설물을 통해 몸에서 빠져 나감으로써 퍼져 나갔을 것으로 보인다. 이 무성한 다년생 식물을 언제 그리고 어디에서 인간이 처음 재배했는가 하는 문제는 상당히 불확실하다. 인류가 칠리를 사용했다는 가장 초기의 흔적들 중에는 멕시코의 콕스캐틀란 동굴Coxcatlan Cave에서 발굴된 식물 재료가 있다. 이 동굴의 하단 퇴적층에서 발견된 칠리씨는 야생종으로 추정되지만, 기원전 약 3000~2000년 사이의 칠리씨는 재배종으로 보인다.

유럽인들이 이 아메리카 대륙의 칠리를 처음 접한 것은 1492년에 크리스토퍼 콜럼버스Christopher Columbus가 히스파니올라Hispaniola 섬(현재 도미니카 공화국과 아이티)에 도착했을 때다. 섬의 토착민들인 타이노Taíno 족의 큰 환대를 받은 이 이탈리아 제노바 출신의 탐험가는 타이노 언어로는 아히aji라고 불리고, 콜럼버스는 피미엔토pimiento라고 부른 새로운 향신료와 함께 스페인으로 돌아갔다. 콜럼버스에게 이 알싸한 열감은 그가 찾은 귀중한 향신료인 피미엔타pimienta, 후추를 연상시켰기 때문이다.

이 두 식물은 서로 관련은 없지만 칠리의 열매에 붙인 '페퍼pepper'라는 용어는 오늘날까지도 사용되고 있다. 이 불타는 듯이 매운 열매를 칭하는 나우아틀어Nahuatl language, 아즈텍족이 사용하던 언어에 기반한 '칠리chile'라는 명칭을 사용하기 시작한 사람은 16세기 멕시코의 아즈텍Aztec 왕국을 발견하고 이후에 정복한 스페인 정복자였다. 나우아뜰어에서 칠chil은 식물로서의 칠리와 색깔로서 붉은색을 모두 의미한다. 1493년 아메리카 대륙을 처음 발견하고 집으로 돌아가는 길에 콜럼버스는 자신의 후원자였던 페르디난드 왕King Ferdinand과 이사벨라 여왕Queen Isabella에게 그가 다른 세계에서 가져 온 이국적이고 새로운 식품을 맛볼 것을 제안했다. 이 흥미로운 식사는 스페인 정복자 에르난 코르테스Hernán Cortés의 비서에 의해 다음과 같이 묘사되었다. "그들은 혀를 태워 버리는 인디안들의 향신료인 아히칠리와 달콤한 맛이 나는 뿌리 채소인 바타타batata, 고구마, 그리고 공작이나 닭보다 훌륭했던 갈리파보gallipavo, 칠면조를 맛 보았다."

지금은 피렌체 문서Florentine Codex로 알려져 있지만, 프란치스코회 수사인 베르나르디노 데 사아군Bernardino de Sahagún이 멕시코에 거주한 경험을 바탕에 두고 쓴 아즈텍 사람들의 삶에 대해 백과사전적으로 기록한 문서에는 틀라텔롤코Tlatelolco에 있는 방대한 시장에서 판매되던 수많은 칠리를 매우 흥미롭게 묘사한 부분이 등장한다. 그는 칠리 상인이 어떻게 칠리를 파는지에 대해 묘사했다. "그 상인은 노란 칠리, 쿠일라칠리

cuilachilli, 텐피칠리tenpichilli, 치치오아칠리chichioachilli를 팔았다. 워터칠리, 콘칠리conchilli, 훈연 칠리, 아주 작은 칠리, 칠리데아르볼Chile de árbol, 호리호리한 칠리, 딱정벌레 같이 생긴 칠리도 팔았다. 매운 칠리, 3월에 심은 칠리, 아래 부분이 빈 칠리도 팔았다. 푸른 칠리, 끝이 뾰족한 붉은 칠리, 만생품종 칠리, 아칫치우칸Atzitziucan, 토치밀코Tochmilco, 오아스테펙Huaxtepec, 미초아칸Michoacán, 아나우악Anahuac, 와스테카Huaasteca, 치치메카Chichimecca 산지의 칠리들도 팔았다.″지명의 스펠이 현재 사용되는 것과 차이가 있지만 원문의 표기법을 그대로 따랐다-역자. 사아군이 묘사한 칠리들 중 많은 수는 지금은 구분하기가 불가능하지만 그의 언어는 아즈텍의 칠리 문화가 얼마나 풍부했는지를 생생하게 환기시켜준다. 사아군은 그의 위대한 책에 아즈텍 사람들이 치통이나 기침을 다스리기 위해 칠리를 어떻게 약으로 사용했

양념 치킨 아도보
Marinated Chicken Adobo

멕시코산 말린 앤초와 과히요 칠리는 특유의 과일 맛과 흙맛을 갖고 있는데, 이 맛을 돋우기 위해 구운 후 물에 담갔다가 닭 양념으로 사용하면 자극적이면서 맛있는 결과물이 나온다. 따뜻한 토르티야, 과카몰리으깬 아보카도에 양파, 토마토, 고추 등을 섞어 만든 멕시코 요리, 사워크림을 곁들여 낸다.

4인분
준비시간 15분
담그는 시간 30분
재우기 하룻밤
조리시간 30분

· 앤초 칠리 1개
· 과히요 칠리 1개
· 마늘 2개, 으깬 것
· 쿠민 파우더 1작은술
· 마른 오레가노 1작은술
· 닭다리 8개
· 소금 약간
· 올리브유 2작은술
· 양파 1개, 다진 것
· 오렌지 1개, 주스용

1. 앤초와 과히요의 줄기부분을 떼어내고 편 후, 씨를 제거한다.

2. 먼저 칠리의 맛을 돋우기 위해 굽는다. 두꺼운 프라이팬을 뜨겁게 달구고, 앤초와 과히요 칠리를 팬에 놓고 주걱으로 표면을 몇 초간 누른 다음 뒤집는다. 타지 않도록 주의하면서 반복한다.

3. 구운 칠리를 내열성 그릇에 담고, 따뜻한 물을 붓고 부드러워질 때까지 30분 정도 담가둔다.

4. 칠리의 물기를 빼고 푸드 프로세서로 갈아 으깬 마늘과 큐민, 오레가노를 함께 섞는다.

5. 큰 그릇에 닭다리를 넣고 소금으로 간을 맞춘다. 칠리소스와 올리브유를 함께 섞은 후, 닭다리에 잘 발라준다. 양파와 오렌지 주스를 넣고 잘 섞는다. 뚜껑을 덮고 냉장고에 적어도 4시간, 가능하면 하룻밤 동안 재운다.

6. 오븐은 200℃에서 예열한다. 닭다리를 로스트 팬에 올려 완전히 익을 때까지 30분간 굽는데, 중간에 뒤집어준다. 요리가 끝난 후 즉시 제공한다.

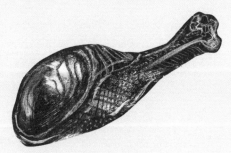

느지에 대해 기록해 두었다. 요리를 할 때 아즈텍 사람들은 음식에 풍미를 더하기 위해 칠리를 사용했으며, 종교적인 금식 기간 중에는 칠리가 주는 즐거움을 포기하기도 했다고 한다.

스페인도 페루 잉카를 점령하면서 칠리와 접하게 되었다. 멕시코보다는 기후가 더 온화한 잉카에서도 칠리가 재배되고 광범위하게 섭취되었다. 1609년에 출판된 잉카 가르실라소 드 라 베가Inca Garcilaso de la Vega, 잉카 공주와 스페인 병사 사이에 태어난 아들가 쓴 잉카의 삶에 대한 해설서에는 칠리가 잉카 사람들 사이에 아주 인기가 있었던 것으로 묘사되고 있다. "이 양념은 그들이 먹는 모든 것, 즉 스튜, 삶은 음식, 구운 음식 등에 두루 들어가며 칠리를 넣지 않고 먹는 법은 없을 정도다." 잉카 사람들은 칠리를 너무나도 사랑했기에, 금식 기간 중에 삼가는 음식 목록에 칠리가 들어가 있다. 드 라 베가는 잉카 사람들이 먹는 다양한 칠리의 종류에 대해 설명하기도 했다. 그 중에는 페루 음식 문화에 있어 오늘날까지도 즐겨 사용되는 로코토rocoto도 있다.

재배종 칠리류Capsicum 다섯 가지 중에 특히 세 가지, 즉 캡시컴 아눔 Capsicum annuum, 캡시컴 치넨스Capsicum chinense, 캡시컴 푸루테슨스Capsicum frutescen는 전 세계로 퍼져 나갔다. 16세기의 칠리에 대한 설명은 유럽의 제국주의와 무역과 연관이 있다. 칠리를 아메리카 대륙 밖의 국가들에 소개한 것은 스페인과 포르투갈이다. 포르투갈의 탐험가인 바스코 다 가마Vasco da Gama는 1498년에 바닷길로 인도를 향해 항해했고, 1500년 그와 같은 나라 출신의 페드루 알바르스 카브랄Pedro Álvares Cabral은 브라질을 발견하고 포르투갈 마누엘 1세King Manuel의 땅임을 주장했다. 이 항로를 따라 간 포르투갈 상인들은 가는 길에 쉽게 저장할 수 있는 칠리 씨앗을 가득 챙겨갔다. 아메리카 대륙에서 서아프리카의 노예 해안으로 가는 노예선의 길은 칠리가 아프리카에 소개된 데 있어 한 역할을 했을 것으로

추정된다. 아프리카 식문화에서 칠리는 급속히 중요한 재료가 되어 아프리카 대륙의 모든 국가에서 재배된다.

눈여겨볼 만한 점은 일부 국가들이 칠리를 취한 속도다. 아쉽게도 포르투갈인들이 인도에 칠리를 도입한 것에 대한 기록은 거의 없다. 알려진 바는 바스코 다 가마가 인도에 도착한 후 30년 이내에 세 가지 품종의 칠리가 재배되고, 말라바Malabar 해안을 따라 거래되었다는 사실이다. 물론 인도는 자신들의 흑색 후추(파이퍼 니그룸Piper nigrum)의 매운맛에 익숙해 있었던지라 칠리를 열광적으로 받아들였다. 마늘과 마찬가지로 칠리는 어느 지역에 소개가 되건 따분하기 짝이 없는 재료들에 묘미를 더해 주는, 음식을 변화시키는 그 특유의 효과로 인해 가난한 사람들에게 더 가치 있게 받아들여졌을 것이다.

포르투갈은 또한 동남아시아에 칠리를 도입하는 데 있어 중요한 역할을 하기도 했다. 1511년 아폰수 드 알부케르크Afonso de Albuquerque는 말라카 해협Straits of Malacca에 대한 접근을 통제함으로써 중국 및 인도와의 해상 무역을 제한해 온, 전략적으로 중요한 말레이시아의 항구 도시인 말라카Malacca를 정복했다. 같은 해에 포르투갈인들은 지금은 태국인 아유타야Ayutthaya의 시암Siam 왕국을 처음으로 방문했다. 타이인들은 쥐똥고추로도 알려진 작고 가공할 만큼 매운 프릭키누를 포함하여 자신들만의 칠리를 재배하는 등 칠리는 동남아시아 음식에 있어 핵심적인 맛이 되었다. 포르투갈은 일본에도 칠리를 전파했지만 일본은 이 작물의 매력에 대해 대체로 무관심하다. 그러나 일본인들이 소개한 한국에서는 칠리를 크게 반기며 받아들였다. 칠리가 중국에 어떻게 도입되었는지는 알려져 있지 않지만 사천 지방에서는 칠리가 열광적으로 받아들여졌다(162쪽, '요리용 칠리' 참조).

유럽에서는 스페인이 처음으로 칠리를 재배했는데 왕실의 총애를 받앴던 수도원에게 아메리카 대륙의 스페인 식민지에서 가지고 온 씨앗과 모종에 대한 접근권이 주어졌다. 유럽에서 칠리는 원예사들에게 새로운 것, 신기한 것으로 여겨졌다. 때때로 칠리가 유럽으로 들어 가는 길은 멀리 돌아가는 먼 길이었다. 1597년 영국의 식물학자 겸 약초학자인 존 제러드John Gerard는 자신의 책 ≪약초서Herball≫에서 칠리에 대해 "(서아프리카의) 기니Ginnie, 인도와 같은 타국에서부터 스페인이나 이탈리아로 도입되었는데, 거기에서 우리는 영국 정원에 심을 씨앗을 확보했다"고 썼다. 터키에 도착한 칠리는 오스만 제국Ottoman Empire 곳곳에 퍼졌다. 칠리는 16세기 후반에 헝가리에 칠리를 도입한 것은 불가리아 사람들로 추정이 되는데 불가리아에 칠리를 소개한 것은 터키인들이었다.

오늘날 칠리는 전 세계적으로 대단한 인기를 누리며 곳곳에서 광범위하게 재배된다. 전 세계 인구의 1/4은 어떤 형태로든 매일 칠리를 섭취하는 것으로 추정된다.

칠리의 매운맛

칠리를 먹을 때 입에 닿으면 열감을 주는 성질을 가진 '매운맛'은 칠리의 가장 잘 알려진 특유의 성질이다. 이러한 매운맛을 주는 효과는 다른 식물들에서는 합성되지 않고 오로지 칠리에서만 합성되는, 일단의 복합물인 이른바 캡사이신류capsaicinoid라는 것에 의해 칠리 열매 내에서 만들어진다. 기본적으로 이러한 캡사이신류는 포유동물 포식자들이 소중한 씨를 품고 있는 칠리를 먹는 것을 저지하기 위한 자극을 유발하기 위해 만들어 내는 강력하고도 방어적인 식물성 화학 무기다.

다섯 가지 주요 캡사이신류는 캡사이신capsaicin(가장 많은 것), 디하이

드로캡사이신dihydrocapsaicin, 노디하이드로캡사이신nordihydrocapsaicin 호모
디하이드로캡사이신homodihydrocapsaicin, 호모디캡사이신homocapsaicin이다.
이 각각의 캡사이신류는 사람이 칠리를 먹을 때 느끼는 복합적인 감각에
기여한다. 이 중 셋은 구강 안쪽과 목구멍에서 느끼는 '짧게 톡 쏘는 맛'
을 만들어 내고 나머지 둘은 혀와 구강 중간에서 길고 낮은 강도로 느끼
는 감각을 만들어낸다. 이 복합물들은 매운맛의 정도가 다양한데 이는
칠리의 종류마다 느껴지는 '화끈거림'이 다르게 나타나는 이유가 된다.

전체적으로 칠리에 든 캡사이신류는 씨앗을 품고 영양분을 공급하는
칠리 열매 속 펄프 같은 조직인 태반 조직이라고 불리는 것 안에 있다.
그러나 과학자들은 일부 매운 품종들의 경우 캡사이신류가 칠리 전체에,
심지어는 보통 캡사이신류가 없는 과피바깥 껍질 부분에도 있을 정도로 넓게
분포되어 있다는 사실을 발견했다. 칠리에 있는 캡사이신류의 양은 다양

카슈미르 감자커리
Kashmiri Potato Curry

카슈미르 칠리 가루는 전통적인 푸짐한 감자 요리에 특유의 밝은 붉은색과 너무 강하지는 않지만 적당히 매운맛을 더한다. 이 요리는 인도 식단에 채소 반찬으로 제공되거나 채식주의자들이 난Naan과 함께 먹는다.

4인분
준비시간 15분
조리시간 40분

- 감자 450g, 작은 것으로
- 식물성 기름 50ml
- 양파 225g, 다진 것
- 시나몬 스틱 1개
- 클로브(정향) 4개
- 카르다몸 4개
- 마늘 2개
- 생강 2.5cm, 다진 것
- 요구르트 125ml, 자연 숙성된 것으로 위스키를 탄 것
- 토마토 115g, 작게 썬 것
- 펜넬 분말 1작은술
- 강황 분말 1작은술
- 카슈미르 칠리 1작은술
- 소금
- 뜨거운 물 125ml
- 고수, 선택사항, 짧게 썰어 고명으로 쓴다.

1. 감자를 소금물에 넣고 약 10분 정도 부드러워질 때까지 끓인다. 물기를 빼고, 껍질을 벗기고, 네 조각으로 자른다.

2. 깊은 프라이팬에 기름을 두르고 감자가 골고루 노릇노릇해질 때까지 10분 정도 튀긴다. 튀김 스푼으로 감자를 건져내고 종이타월에 오일을 뺀다. 기름은 팬에 그대로 둔다.

3. 프라이팬을 다시 한 번 중간 불로 달군 후 양파, 시나몬 스틱, 클로브, 카르다몸을 넣는다. 양파가 살짝 갈색이 될 때까지 자주 저어면서 약 5분간 볶는다. 마늘과 생강을 넣고 향이 날 때까지 1분간 볶는다.

4. 거품을 낸 요구르트를 섞은 후 저어가며 1분 더 요리한다.

5. 잘게 썬 토마토, 고수, 펜넬, 강황, 칠리 가루를 넣고 잘 섞고, 소금으로 간한다. 뜨거운 물을 넣고 함께 섞은 후 끓인다.

6. 매콤한 소스에 감자를 넣고 잘 섞는다. 불을 줄이고 감자가 데워질 때까지 가끔씩 저으며 10분간 끓인다. 원한다면 짧게 썬 고수로 고명을 하고 제공한다.

하고, 칠리 품종이나 열매의 나이는 물론 고도나 비의 양과 같은 생육 환경에도 영향을 받는다. 같은 농장에서 자란다고 해도 각각의 칠리에 들어있는 캡사이신류의 양은 다를 것이다.

포유동물이 매운 칠리를 먹을 때 캡사이신류는 신체에 특정한 반응을 일으킨다. 우선 열감을 만들어 내는데, 이 때문에 매운 칠리를 먹으면 일반적으로 땀이 나고 대사율이 올라가는 것이다. TRPV1이라고 불리는 인간의 신체에 있는 통증 감각기는 캡사이신류에 의해 촉발되면서 우리가 매운 칠리를 먹을 때 얼얼한 통증을 유발한다. 이러한 통증 감각기는 몸 전체에 고루 분포되어 있는데 횡경막을 제어하는 신경에도 있어 칠리를 먹을 때 횡경막의 비자발적 수축에 의해 야기되는 딸꾹질이 생길 수도 있다. 유익한 점은 캡사이신류는 식욕을 자극한다는 사실이다. 또한 침과 위 내의 위액 분비를 증가시킴으로써 음식의 소화를 돕는다.

매운 칠리를 먹을 때 야기되는 본능적인 반응은 마실 물을 찾는 것이다. 그러나 캡사이신은 물에서는 용해되지 않으므로 물을 마시는 것은 칠리가 촉발시킨 고통을 경감시켜주지 못한다. 우유 한 잔이나 요거트 한 스푼과 같이 유제품을 먹는 것을 추천할 수 있다. 이러한 유제품에 들어 있는 지방은 캡사이신을 용해하므로 진정과 중화 작용을 한다.

캡사이신류의 강력한 작용 때문에 캡사이신류는 요리 이외의 분야에서도 사용되었다. 캡사이신은 페퍼pepper 스프레이의 유효 성분으로 스프레이를 눈에 뿌리면 통증과 눈물을 야기하고 일시적으로 앞을 보지 못하게 만들어 대중을 통제할 때 경찰이 사용하는 제지 무기로 사용된다. 농업 분야에서 페퍼 스프레이는 벌레를 쫓거나 죽이기 위한 생화학 살충제로 사용된다.

과학자들은 또한 통증을 완화시키는 것을 돕기 위해 캡사이신류와 포유류의 민감성을 사용하며 캡사이신류의 잠재성을 탐구하고 있다. 연구

스파게티 알리오 올리오 에 페페론치노
Spaghetti Al Aglio, Olio, e Peperoncino

이 맛있는 스파게티 요리는 매운 고추를 선호하는 이탈리아 남부에서 유래되었는데, 여기에 사용하는 말린 고추는 페페론치니 피칸테이지만, 보통은 간단히 페페론치니라고 부른다. 남부 이탈리아에서는 어느 집에나 부엌 선반에 있는 인기 있는 양념이다. 이탈리아 전통 방식의 이 요리는 스파게티, 올리브유, 마늘, 말린 칠리, 후추 등 간단한 재료 몇 가지를 검소하게 조합해 탁월한 맛을 낸다.

4인분
준비시간 5분
조리시간 10분

· 소금
· 스파게티 450g
· 엑스트라버진 올리브유 125ml
· 얇게 썬 마늘 4개
· 페페론치니 4개, 작고 말린 것
· 파슬리, 고명용으로 짧게 썬 것

1. 커다란 소스팬에 소금물을 끓이고 스파게티를 알 덴테적당히 씹히는 말이 있는 상태로 삶는다.

2. 스파게티가 다 삶아질 무렵, 팬에 오일을 두르고 중저온으로 데워, 마늘을 넣고 갈색이 날 때까지 볶는다. 페페론치니를 으깨어 넣고 잘 섞어가며 볶아준다. (손으로 으깼다면 바로 비누와 뜨거운 물로 손을 씻어야 한다)

3. 익힌 스파게티의 물기를 뺀 후, 큰 소스팬에 올리브유를 두르고 소스를 넣고 잘 섞으며 볶는다. 파슬리를 뿌린 후 즉시 내놓는다.

자료를 보면 캡사이신류에 반복적으로 노출이 되면 TRPV1을 둔감하게 하여 통증에 대한 감을 누그러뜨리는데, 이는 통증 감각기가 완전히 소모되어 고통의 메시지를 전달시키지 못하기 때문이다.

칠리가 촉발시킨 열감의 복잡한 특징들은 미국 뉴멕시코 주립대학New Mexico State University의 칠리 연구소Chile Pepper Institute의 연구 분야 중 하나다. 이 대학의 원예학 교수인 폴 보스랜드Paul Bosland 박사는 특정 칠리를 먹을 때 느끼는 열감의 전개를 정확하게 도표화하고자 매운맛 프로필을 고안했다. 매운맛 프로필에는 다섯 가지 단계가 있다.

1. 전개 (얼마나 빨리 매운맛을 느끼게 되는가?)
2. 지속 (매운맛이 얼마나 오래 지속되는가?)
3. 위치 (입의 어디에서 열감이 느껴지는가?)
4. 느낌 (바늘로 콕 찌르는 것 같은 날카로운 느낌인가 아니면 더욱 전체적으로 퍼진 느낌인가?)
5. 강도 (순한 맛, 중간 맛, 매운맛으로 분류)

매운맛 프로필의 구조는 우리에게 칠리를 먹는 경험이 얼마나 다양하게 나타날 수 있고 매운맛의 정도가 얼마나 다양한지에 대한 대단히 유용한 통찰력을 제공한다.

인간은 캡사이신류가 유발하는 감각을 싫어하기보다는 그로부터 다소 비뚤어진 쾌락을 끌어 내었고 그리하여 칠리는 성공적으로 전 세계에 광범위하게 전파됐다. 심리학자들은 '양성 마조히즘benign masochism'이라는 개념을 이러한 맥락에서 인용한다. 고통을 주는 효과에도 불구하고 칠리를 먹는 것은 어떤 식으로든 신체에 해를 가하지 않을 뿐더러 심지어는 고통이 진정되기도 한다. 인간이 스릴과 공포를 느끼기 위해 무서운

놀이기구를 타는 것과 마찬가지로 이는 캡사이신류를 섭취함으로써 우리의 혀에 가해지는 일시적인 '위험'을 즐긴다는 말이다. 칠리에 우리 인간이 열광하는 것을 설명하는 하나의 이론은 칠리를 섭취함으로써 유발되는 고통에 대한 반응으로 우리의 몸이 엔도르핀을 발산한다는 생각이다. 엔도르핀은 우리의 몸이 합성하고 내부 진통제로 사용하는 신경 전달 물질로 행복감을 만들어낸다. 그래서 칠리를 접한 후 엔도르핀이 급속하게 생성되면 행복감이 생기는 것이다. 극도로 매운 칠리에 대한 인기가 상승하고 칠리의 매운맛에 초점을 맞춘 다양한 행사들이 보여주듯 칠리의 매운맛에 대한 우리의 열광적 반응은 앞으로도 수그러들지 않을 것이다.

스코빌 지수

칠리의 매운맛은 보통 스코빌 지수Scoville Heat Units: SHU라고 불리는 것에 의해 측정된다. 이 지수는 1912년 열을 발생시키는 연고를 만들기 위한 시도로 칠리의 매운맛을 측정하기 위한 한 방법으로 스코빌 감각 수용 테스트Scoville Organoleptic Test를 고안했던 윌버 스코빌Wilbur Scoville이라는 미국의 한 제약사의 이름을 딴 것이다. 스코빌은 첫 테스트에서는 캡사이신류칠리의 열감을 함유한 성분를 추출하기 위해 정확한 무게로 잰 건조 칠리를 알코올에 용해했다. 그런 다음 이렇게 추출된 것은 설탕물 용액에 희석되었다. 다섯 명의 감식 패널에게 용액의 농도를 점차 낮추어 가며 용액을 제공했는데 대다수의 패널들이 그들이 맛보고 있던 것에서 더 이상 매운맛을 감지할 수 없을 때까지 제공했다. 매운맛의 정도는 희석의 정도에 바탕을 두었고 스코빌 지수로 측정되었다. 스코빌 감각 수용 테스트가 지닌 약점은 이 테스트가 매운맛의 정도를 평가하는 감식가로 인간에 의존했다는 점인데, 개인들의 반응이란 주관적이므로 매우 모순되는 결과로 이어질 수 있다는 점과 함께 반복적으로 요구된 감식으로 인해 미각이 둔해지고 캡사이신류의 정도에 둔감해질 수 있다는 매우 현실적인 문제가 있었다.

오늘날의 실험실에서는 칠리의 매운맛 정도를 평가하기 위해 더 이상 인간의 미각에 의존하지 않는다. 대신 칠리 속의 캡사이신류의 정확한 양을 밝혀내기 위해 고속 액체 크로마토그래피high-performance liquid chromatography로 알려진 분석화학 기법을 사용한다. 각각의 캡사이신류의 양은 열감을 만들어내는 정도에 따라 측정된다. 이 결과는 미국 향신료 거래 협회American Spice Trade Association: ASTA의 매운맛 지수로 측정된다. 스코빌 지수의 측정값을 알아내기 위해 ASTA의 매운맛 지수의 수에 15를 곱하므로 칠리의 매운맛을 측정하는 스코빌의 역사적인 방법은 오늘날까지도 여전히 사용된다고 할 수 있다. 이 지수가 어떻게 작동하는지를 보자면 (칠리류의 한 종인) 파프리카의 스코빌 지수는 0인데 파프리카에는 캡사이신류가 들어 있지 않기 때문이다. 할라피뇨 칠리의 지수는 3,500~10,000SHU로 측정된다. 더 매운맛을 내는 하바네로habanero 칠리의 지수는 100,000~350,000SHU로 측정된다.

SHU로 칠리가 가진 매운맛을 측정할 수 있게 된 점은 풍미보다는 매운맛을 숭배하는 매운맛 경쟁 문화의 상승에 한 역할을 해왔다. 세계에서 가장 매운 칠리에 수여하는 기네스상은 이 기록이 가져다주는 재정적인 보상과 유명세를 얻고자 하는 전 세계 칠리 재배업자들에게 자극제로 기능하게 됐다. 그 결과 최근에는 '극도로 매운' 칠리가 상승세를 탔다. 1994년과 2006년 사이에 세계에서 가장 매운 칠리로 기네스북에 등재된 칠리는 레드 사비나 하바네로Red Savina Habanero 칠리로 스코빌 지

수는 577,000을 기록했다. 그러나 2007년 스코빌 지수가 100만이 넘게 측정된 부트졸로키아Bhut Jolokia가 그 기록을 깼다. 그러나 그 기록은 2011년에 처음으로 스코빌 지수 1,463,000으로 측정된 트리니다드 스콜피온 버치 티Trinidad Scorpion "Butch T"에 의해 갱신되었고, 그 다음으로 개별 칠리가 모두 200만이 넘는 스코빌 지수로 측정된 트리니다드 모루가 스콜피온Trinidad Moruga Scorpion으로 또 한 번 갱신된다. 현재 기네스 기록 보유 칠리는 캐롤라이나 리퍼원래는 HP22B라는 덜 멋진 이름이 붙었다 칠리 품종으로 이는 퍼커버트 페퍼 컴퍼니Puckerbutt Pepper Company의 소유주인 스모킨 에드 커리Smokin Ed Currie라는 상업적 칠리 재배자에 의해 사우스캐롤라이나South Carolina에서 재배된다. 캐롤라이나 리퍼는 스위트 하바네로Sweet Habanero와 나가 바이퍼Naga Viper라는 칠리 품종들을 이종 교배한 후 매운맛을 생성하는 성질을 확보하기 위해 안정화시키고 테스트하면서 커리가 10년에 걸쳐 개발한 칠리다. 끝부분이 독특하게 뾰족하고 표면이 울퉁불퉁하고 수포가 나 있는 붉은 칠리인 캐롤라이나 리퍼는 여러 개의 칠리 중 하나가 220만이라는 스코빌 지수를 기록했고 한 묶음에 대한 평균값은 1,569,300이었다. 가장 매운 칠리 재배에 대한 기네스상 외에 이제는 이렇게 엄청나게 매운 칠리를 얼마나 빨리 섭취하느냐에 대한 기네스상도 있다. 2016년 웨인 알지니오Wayne Algenio라는 이름의 미국인이 60초 이내에 22개의 캐롤라이나 리퍼 칠리를 먹음으로써 기네스 기록을 보유하게 됐다.

칠리의 매운맛을 즐기는 한 가지 대중적인 방법은 핫소스나 칠리소스라는 형태를 통해서 즐기는 것이다. 이러한 소스를 만드는 조리법은 다양하지만 물, 식초, 설탕, 마늘, 향신료, 허브와 함께 혼합하는 칠리는 언제나 핵심적인 재료다. 이렇게 만든 걸쭉한 소스는 병에 담아 음식에 톡 쏘는 악센트를 더하는 양념으로 사용된다. 미국에서 병에 든 핫소스에 대한 첫 광고물은 카이옌cayenne 소스 광고로 1807년 매사추세츠 주에서 첫 선을 보였다. 오늘날 미국에서 생산되는 핫소스 브랜드는 수천 개로 이러한 핫소스 시장은 계속해서 팽창하고 있다. 타바스코Tabasco는 1868년 에드먼드 맥일헤니Edmund McIlhenny에 의해 처음으로 생산된 유명하고 역사적인 핫소스 브랜드다. 처음 루이지애나 주 에이버리 아일랜드Avery Island에서 처음 재배된 타바스코 칠리로 만든 이 타바스코 소스는 전통적으로 블러디 메리Bloody Mary 칵테일에 생기를 더하고자 살짝 넣어주는 용도로 사용되었다. 최근에 숭배를 받고 있는 핫소스는 스리라차 소스로 전통 태국 소스를 기반으로 한 것이다. 스리라차는 1980년 베트남 난민 출신인 데이비드 트랜David Tran에 의해 로스앤젤레스에 설립된 후이 풍푸즈Huy Fong Foods가 할라피뇨 칠리로 만든 소스로 재료의 배합은 비밀에 부쳐져 있다. "닭표 소스"라고도 알려진 후이펑의 이 소스는 너무나 인기가 있어 면요리에서부터 초밥, 핫도그, 팝콘 등에 이르는 모든 음식을 더 생동감 있게 만들고자 할 때 사용된다. 매운맛 마니아들은 캐롤리나 리퍼 킬러 핫소스Carolian Reaper Killer Hot Sauce나 트리니다드 스콜피온 핫소스Trinidad Scorpion Hot Sauce와 같은 극도로 매운 칠리로 만든 핫소스도 찾는다.

칠리 다루는 법

생칠리건 말린 칠리건 매운 칠리를 만질 때는 조심하는 것이 좋다. 칠리에 들어 있는 캡사이신류는 눈이나 입과 같이 신체의 민감한 부위에 닿으면 고통을 준다. 칠리를 만지거나 자른 후에는 칠리의 흔적을 없애기 위해 칼, 도마는 물론이고 손을 따뜻한 비눗물에 철저히 씻는 것이 좋다. 그렇지 하지 않았다가 눈을 만지는 것처럼 무심결에 접촉이라도 되면 고통스러운 결과를 맞이하게 된다. 매운 칠리를 광범위하게 만지는 사람들은 라텍스 장갑을 끼고 눈을 보호하는 고글을 쓰는 등 실질적인 예방책을 취한다.

몇몇 극도로 매운 품종을 제외하고는 대부분의 칠리에 있어 캡사이신류는 씨를 품고 있는 태반 안에 있다. 칠리를 사용하는 요리법에는 종종 음식의 매운맛을 줄이기 위해 칠리 씨를 제거하라고 되어 있다. 작고 날카로운 칼로 칠리를 자르고 열어 조심스럽게 그 안에 있는 씨와 씨가 붙어 있는 막을 긁어내면 된다. 칠리의 이 부분을 제거하면 매운맛이 줄어들어 요리에 활용해도 훨씬 더 순한 맛을 낼 수 있다.

매운 칠리로 요리를 할 때 매운맛을 최소화하는 또 하나의 방법은 칠리를 자름으로써 캡사이신류의 효과를 극대화 하기보다는 칠리를 통째로 사용하는 것이다. 예를 들어 카리브해식 조리법에서는 칼라루callaloo와 같은 수프에 스카치 보넷Scotch Bonnet 칠리 하나를 통째로 넣고 뭉근히 끓인 후 제거하라고 되어 있다. 이렇게 하면 칠리의 향과 풍미를 더해줄 뿐만 아니라 음식을 압도하는 정도가 되지 않으면서 그 어마어마한 매운맛을 조금은 넣을 수 있다.

칠리의 다양성

전체적으로 약 30여 종의 칠리 품종이 있지만 재배가 되는 품종은 캡시컴 아늄Capsicum annuum, 캡시컴 바카툼Capsicum baccatum, 캡시컴 치넨스Capsicum chinense, 캡시컴 프루테슨스Capsicum frutescens, 캡시컴 퍼비션스Capsicum pubescens 등 단 다섯 종에 그친다. 그러나 이 다섯 종 외에도 수많

칠리 삼발
Chilli Sambal

말레이시아와 싱가포르에서는 칠리 삼발이 필수적인 조미료로 여기는데, 많은 음식에 매운 칠리 맛을 더하기 위해 사용하기 때문이다. 이 레시피는 동남아시아의 또 다른 전통적인 재료인 블라찬을 이용하는데, 이것은 조미료에 특유의 짠 맛의 깊이를 더해준다. 블라찬은 온라인이나 아시아 전문식품점에서 구입할 수 있으며, 밀폐된 용기에 넣어 시늘하고 어두운 곳에서 잘 보관된다. 신선한 칠리로 칠리 삼발을 만드는 것은 쉽고 빠르지만, 그 결과는 중독성이 있게 맛있다.

6인분
준비시간 10분
조리시간 2~3분

• 붉은 칠리 6개
• 블라찬(건새우 페이스트) 1작은술
• 라임 또는 레몬주스 2작은술

1. 칠리의 줄기를 잘라낸다. 만약 칠리의 매운맛을 줄이고 싶다면, 날카로운 칼로 칠리의 씨앗과 피막을 조심스럽게 제거한 후 잘게 썬다.

2. 블라찬이 타지 않도록 호일로 싼 다음, 작고 마른 프라이팬에 넣고 약한 불에서 2~3분 정도 뒤집어가며 조리하여 맛을 낸다.

3. 칠리와 블라찬을 작은 용기에 넣고 잘 섞고, 라임이나 레몬즙을 넣고 섞는다.

※ 변형:
만약 칠리 삼발을 전통적인 방법으로 만들고자 한다면, 잘게 썬 칠리를 소금 한 꼬집과 함께 절구에 넣고 찧다가, 볶은 블라찬을 넣고 잘 섞일 때까지 찧은 다음, 라임이나 레몬즙을 넣고 섞는다.

은 품종이 만들어졌다. 오늘날에도 수천 개의 품종이 존재하고 항상 새로운 품종이 생겨나고 있는 것으로 추정된다. 이러한 칠리 품종들 내에서 우리는 순한 맛에서 매운맛에 이르는 칠리, 작은 종에서부터 큰 종의 칠리, 붉은색 칠리, 녹색 칠리, 자주색 칠리, 노란색 칠리, 각양각색의 칠리 모양 등 다양한 칠리를 찾을 수 있다. 칠리의 매운맛은 크기와는 무관하며 작은 칠리가 얼얼한 매운맛으로 꽉 차 있을 수 있지만 큰 칠리도 마찬가지다. 매운맛의 정도는 종류, 칠리가 수확될 시기의 성숙도, 어떻게 재배되었는지 등에 따라 달라진다.

캡시컴 아늄은 재배되는 종류 중에 가장 광범위하게 재배된다. 이 캡시컴 아늄의 외양은 모양, 크기, 색깔이 다양하다. 게다가 캡사이신류의 함량 역시 품종에 따라 0에서부터 아주 많음에 이르기까지 다양한데 순한 맛을 가진 파프리카가 캡시컴 아늄 품종이다. 이는 또 적응을 잘 하는 종으로 아주 다양한 기후와 서식지에서 자란다. 몇몇 인기 있는 칠리 품종은 이 캡시컴 아늄에 속하는데 할라피뇨 칠리, 카이옌, 포블라노poblano, 카슈미르Kashmir 등이 그 예가 된다.

캡시컴 바카툼이라는 이름은 라틴어인 바카baca에서 왔는데 베리berry라는 의미를 지니고 있다. 실제 이에 속하는 몇 몇 품종은 베리를 닮은, 작고 둥근 모양의 열매 형태다. 적도 가까운 지역에서 잘 자라는 종으로 볼리비아, 칠레, 에콰도르, 페루 등과 같은 남미지역에서 특히 잘 자란다. 실제로 밝은 노란색을 띤 아히 아마리요aji amarillo와 같은 품종은 세비체ceviche와 같은 음식에 특유의 풍미를 더하는, 페루 음식 문화에 있어 중심적인 요소다. 캡시컴 치넨스 종은 좋은 향과 복합적이고 깊은 풍미, 극도로 매운맛으로 유명하다. 도싯 나가Dorset Naga나 부트 졸로키아Bhut Jolokia, 캐롤라이나 리퍼Carolina Reaper와 같은 매우 매운맛을 내는 칠리들 중 상당수가 이 종에 속한다. 치넨스 종에 속한 덜 매운 칠리로는 애프리

콧Apricot, 순하고 향이 좋은 하바네로, '시즈닝 칠리seasoning pepper'로 알려
진 벨라포마Bellaforma 등이 있다.

캡시컴 프루테슨스에 속하는 품종은 많지 않은데 식물학적으로 말하
자면 이는 다양성의 부족으로 인해 다섯 가지 종 가운데 가장 흥미를 끌
지 못하는 종이다. 이 종에 속하는 모든 품종의 칠리들은 그 크기가 비슷
하게 작은데, 톡 쏘는 매운맛은 있지만 다른 종에서 느껴지는 풍미나 향
은 부족하다. 그러나 북미에서는 캡시컴 프루테슨스 타바스코가 매우 잘
알려져 있는데, 이는 인기 있는 핫소스인 타바스코 소스를 만들 때 이 칠
리를 사용하기 때문이다. 멕시코에서 유래한 것으로 추정되는 이 품종은
멕시코 타바스코 주의 이름을 따랐다. 태국에서는 캡시컴 프루테슨스 품
종에 속하는 작고 호리호리한 쥐똥고추가 샐러드 드레싱이나 양념의 형
태로 요리에 얼얼한 매운맛을 더하며 요리에서 광범위하게 쓰인다. 아프
리카에서는 피리피리piri-piri 칠리가 주는 매운맛을 즐기는데 이 역시 프루
테슨스에 속한다.

캡시컴 퍼비션스는 깊은 산골짜기에서 자라는 안데스 지역에서 잘 알

고추장에 버무린 가지 튀김
Stir-fried Eggplants with Gochuiang

고추장은 한국에서는 필수 양념으로, 수많은 요리에 우아함을 더해주고 은근한 매운맛을 낸다. 이 간단한 볶음은 가지를 맛있게 조리는 요리이다. 밥과 함께 가벼운 식사로 먹내거나 정찬에 채소 반찬으로 내놓는다.

4인분
준비시간 10분
조리시간 15분

· 식물성기름 2작은술
· 다진 마늘 1개
· 다진 생강 2.5cm
· 가지 2개
· 막걸리 1작은술, 선택사항
· 고추장 1작은술, 넉넉하게
· 간장 2작은술
· 설탕 1개
· 다진 파
· 참깨 1작은술

1. 웍이나 큰 프라이팬에 식물성 기름을 넣고 가열한다. 팬에 다진 마늘과 생강을 넣고 향이 날 때까지 볶는다.

2. 가지를 넣고 마늘과 생강향이 묻어나게 같이 5분 동안 볶아준다. 만약에 원한다면 막걸리를 넣고 2분간 더 저어가며 볶는다.

3. 고추장과 간장, 설탕을 넣고, 가지에 잘 스며들 때까지 젓는다. 가지가 부드러워질 때까지 5분 정도 더 볶는다. 다진 파와 참깨를 뿌리고 즉시에 내놓는다.

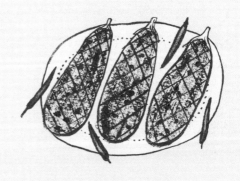

려진 종이지만 이곳을 벗어난 세계에서는 별로 알려져 있지 않다. 이 종 특유의 특성 중에는 잎의 표면에 있는 솜털과 칠리 열매 안에 있는 아주 검거나 자주빛의 칠리씨다. 여기에 속하는 품종에는 로코토rocoto/locoto로 안데스 토착 종이다. 둥근 모양과 두꺼운 과육을 가진 로코토는 말리지 않은 생칠리로 먹으며 주로 고기나 치즈를 채워 먹는다.

칠리는 대체로 일반적인 이름으로 통칭되지만 어떤 종은 자신만의 가치로 그 권리를 인정을 받는다. 예를 들어 카리브해 요리에서 스카치 보넷 칠리는 과일 같은 풍미로 진가를 인정받으며 칠리 소스나 저크 치킨jerk chicken 양념으로 사용된다. 뉴 멕시코에서는 해치 밸리Hatch Valley에서 자라는 크고 긴 모양의 녹색 칠리인 해치Hatch 칠리가 남서부지방 전역에서 예찬을 받고 있으며 풍미를 더하기 위해 대개는 구워서 사용한다.

요리용 칠리

이러한 칠리의 순전한 다양성, 즉 매운맛 정도의 차이, 갖가지 크기, 다양한 풍미 등을 제공하는 수많은 품종, 그리고 익은 단계별로 사용될 수 있고 더 중요하게는 생으로도 말려서도 사용할 수 있다는 점 등 때문에 칠리는 진정으로 다용도로 사용할 수 있는 요리 재료가 된다. 칠리의 효능은 주방에서 칠리의 유용성을 높여 주는 또 하나의 이유가 된다. 하나나 두 개 정도의 칠리 또는 칠리가루 1작은술 정도만 넣어도 음식을 변형시킬 수 있다. 칠리는 또 편리한 재료로 보관하기가 쉽고 말려서 사용할 수 있으며 가격도 저렴하고 효과가 좋은 양념이 된다. 요리용 칠리가 지닌 놀라운 점은 이러한 칠리가 전 세계 다양한 요리 문화권에서 중요한 역할을 하고 창의적으로 사용된다는 사실이다.

칠리와 가장 연관된 요리 문화권으로 가장 유명한 곳은 인도로 실제로 다양한 칠리(생칠리, 말린 칠리, 칠리가루)의 광범위한 사용이 인도 요리의 특징을 규정짓는다. 인도는 칠리를 생산, 소비, 수출하는 국가로 잘 알려져 있고 수세기 동안 칠리를 열광적으로 포용한 국가다. 아유르베다 Ayurveda 전통에서 칠리는 소화를 시키는 성질로 그 가치를 인정받고, 식욕 자극제로 여겨진다.

일반적으로 비타민C가 풍부한 녹색 칠리는 인도 요리에서 생으로 쓰이고 붉은색 칠리는 대개 말려서 사용한다. 녹색 생칠리는 고수 처트니 chutney와 같이 톡 쏘는 맛의 소스나 상큼하고 아삭한 식감을 주는 카춤버 kachumber 샐러드 등에 사용된다. 생칠리는 커리에도 사용되는데 인도 요리사들은 이 칠리를 통째로 넣거나 길게 칼집을 넣어 (더 얼얼한 맛을 내기 위해) 넣거나 혹은 알루 고스트감자를 넣은 양고기 요리에 사용하는 것과 같이 칠리로 인한 음식의 매운맛 정도를 조절하기 위해 잘게 썰어서 사용하기도 한다.

인도네시아, 말레이시아, 태국에서는 생칠리와 말린 칠리가 모두 광범위하게 사용된다. 말레이시아와 인도네시아에서는 소위 칠리 삼발chile sambal(258쪽 참조)이라는 칠리로 만든 페이스트가 음식에 생기를 불어 넣는 재료로 대중적으로 사용된다. 칠리 삼발을 만드는 데는 수많은 방법이 존재한다. 고전적인 방법은 붉은 생칠리를 마른 팬에 볶은 새우 페이스트블라찬blachan, 라임즙 또는 가늘게 슬라이스 한 카피어 라임 리프kaffir lime leaf, 소금 한 꼬집 등과 같이 간단히 찧어서 만들어 양념으로 식탁에 올린다. 볶은 삼발 요리도 있는데 생새우, 포 뜬 생선, 공심채 같은 채소를 재료로 하여 대개 생칠리와 말린 칠리를 모두 사용해 만든 칠리 페이스트에 볶은 음식이다. 태국에서 녹색 생칠리는 태국의 대표적인 음식 중 하나인 타이 그린 커리를 만드는 데 있어 핵심적인 역할을 한다. 이 커리

를 만들려면 녹색 생칠리를 비롯하여 레몬그라스, 카피어 라임의 껍질과 같은 향이 있는 재료로 만든 페이스트를 볶아 코코넛 밀크 베이스의 커리에 향을 내는 데 사용된다. 이렇게 만든 커리는 칠리가 주는 확연한 느낌과 더불어 녹색 빛을 띤다. 또한 태국에서는 말린 붉은 칠리도 씨를 제거하고 물에 불린 다음 갈랑갈galangal, 레몬그라스, 샬럿shallot, 마늘 등과 같은 향신 재료와 새우 페이스트와 함께 찧어 페이스트를 만든다. 그런 다음 이 페이스트를 향이 날 때까지 코코넛 크림에 볶아 닭고기, 소고기, 새우 등을 넣은 레드 커리를 만들 때 사용한다.

수개월 간 문제없이 칠리를 보관할 수 있게 해 주는 건조는 칠리의 유효기간을 연장하는 간단하고 실용적인 방법이 되어 왔다. 멕시코 음식은 다양한 종류의 말린 칠리를 광범위하고 복잡하게 사용하는 것으로 알려져 있다. 이렇게 중요한 재료인만큼 말린 형태의 칠리에는 생 칠리와는 다른 자신만의 이름이 주어졌다. 짙은 적갈색을 띠는 앤쵸ancho는 포블라노poblano를 말린 것으로 특유의 훈제향과 흙냄새, 건포도 향이 나는 특징을 가지고 있다. 이 칠리는 멕시코와 중미에서 특히 귀한 대접을 받으며 다양한 방법으로 사용된다. 앤쵸는 물에 불리면 짙은 붉은색으로 변하면서 음식에 색감과 풍미를 더욱 풍부하게 만들어준다. 물에 불려서 부드러워진 앤쵸에 초리조chorizo나 감자와 같은 재료를 채워 넣고 굽는다. 말린 앤쵸를 구워 물에 불리고 갈아 만든 페이스트는 멕시코의 유명한 잔치 음식인 몰레 포블라노mole poblano를 이루는 복합적인 풍미를 내는 재료로 사용된다. 할라피뇨 칠리를 훈제한 치폴레chipotle 칠리는 훈제향이 난다. 치폴레는 대개 구워서 물에 불리거나 뭉근히 끓여서 페이스트로 만들어 수프나 아보도 소스abodo sauce의 맛을 내는 데 사용된다. 미라솔mirasol 칠리를 말린 과히요guajilo는 스튜와 향신료 믹스에 사용되어 톡 쏘는 맛을 더한다.

주그
Zhoug.

칠리가 건강 증진에 매우 중요하다고 여긴 예멘에서 유래한 칠리소스로, 오늘날 중동 전역에서 인기가 있다. 후무스hummus, 병아리콩을 으깨어 만든 음식, 팔라펠falafel, 병아리콩을 으깨 만든 작은 경단으로, 보통 납작한 빵과 함께 먹는다, 가지튀김, 램 샤와르마lamb shawarma, 양념한 양고기를 불에 구워 야채와 함께 빵에 싸먹는 음식 등 다양한 요리와 함께 곁들여 먹는다. 빠르고 쉽게 만들 수 있고, 칠리의 양을 취향에 따라 조절할 수 있다.

280g 만들기
준비시간 10분

- 녹색 칠리 6~10개, 쪄서 다진다
- 다진 마늘 3개
- 다진 고수 150g
- 소금 1작은술
- 설탕
- 큐민 분말 2작은술
- 식물성 기름 125ml

1. 녹색 고추, 마늘, 고수, 소금, 설탕 그리고 큐민 분말을 푸드 프로세스에 넣고 너무 빠르지 않은 속도로 간다.

2. 오일을 넣고 다시 간다.

3. 뚜껑을 덮고 냉장고에 보관한다.

한국에서는 칠리가루, 즉 입자가 보이게 거칠게 갈았거나 가루 형태로 곱게 간 말린 칠리가 매우 중요한 식재료다. 오늘날 말린 칠리(거친 입자 형태)는 한국의 유명한 전통 음식이자 인기 있는 반찬인 김치에서 핵심적인 맛이다. 김치는 한국에서 만들어진 오랜 역사를 가진 고대 음식이다. 한국인들은 서기 3세기에 발효 음식을 만들었다는 문서상 기록이 있다. 김치의 맛을 내기 위해 칠리를 사용한 것은 훨씬 최근의 일이지만(1614년에 처음 기록됨) 이제 칠리는 다홍빛과 매운맛을 내는 필수적인 재료로 인식되고 있다. 입자가 고운 칠리가루는 한국에서 중요한 양념인 고추장을 만들 때 사용된다. 고추장은 콩을 발효시킨 메줏가루, 칠리가루, 찹쌀가루 등을 넣고 걸쭉한 페이스트처럼 만든 감칠맛이 풍부한 혼합 양념으로 매운맛의 정도도 다양하게 조절한다. 고추장은 비빔밥과 같은 음식의 소스로, 쌈장 등과 같은 찍어 먹는 소스에 들어가는 재료로, 음식을 재는 양념장이나 국이나 찌개에 톡 쏘는 칠리의 맛을 더하는 용으로 사용된다.

중국의 경우 칠리의 매운맛을 애호하는 것으로 특히 유명한 지역이 있는데 중국 남동부에 있는 쓰촨성이 바로 그곳이다. 맛있는 음식들로 온 중국의 칭송을 받고 있는 사천 요리의 특징은 사천 후추와 말린 칠리의 사용이라 할 수 있다. 이러한 사천 후추와 말린 칠리는 다양한 음식에 매운맛을 낼 뿐만 아니라 루비 같이 붉은 풍부한 색감을 더하기도 한다. 햇빛에 건조한 사천 칠리에는 향이 좋은 '하늘칠리facing heaven', 차오 티안 지아오, 칠성칠리치 싱 지아오 등이 포함된다. 칠리가루와 사천 후추로 향을 낸 칠리 기름을 사용한 매운 오이 샐러드와 같은 볶음 요리, 씨를 뺀 말린 칠리를 듬뿍 넣고 양념에 재운 닭과 볶은 충칭의 대표 요리에 이러한 칠리들이 사용된다. 거칠게 간 칠리가루도 사천 음식에서 중요하다. 이런 칠리가루는 뱅뱅치킨bang bang chicken과 같이 차게 먹는 음식의 드레싱에

저크 치킨
Jerk Chicken

자메이카 사람들이 매우 좋아하는 국민 음식으로, 돼지고기나 닭고기를 매운 양념에 재워 만든다. 양념장의 주요 맛은 스카치 보닛 페퍼Scotch bonnet pepper인 카프시쿰 치넨세Capsicum chinense인데, 이 고추는 엄청나게 매울 뿐만 아니라 그 특유의 향과 과일 맛으로도 높이 평가된다. 역사적으로 저크는 숯불에 요리하는데, 그러면 자연스럽게 훈연이 더해진다. 저크 치킨에는 전통적으로 콩과 코코넛 우유로 요리된 자메이카의 전통적인 밥 엔피스'n' Peas(198쪽 참조)와 함께 제공된다. 매운 저크 치킨과 환상적인 조화를 이룬다.

4인분
준비시간 10분
숙성시간 3시간
조리시간 40분

· 닭고기 8조각
· 다진 양파 2개
· 다진 마늘 2.5cm
· 다진 생강 1개
· 스카치 보닛 칠리 1개, 씨 빼고 다진다.
· 라임주스 1개 분량
· 소금 1작은술
· 후레쉬 타임 잎 2작은술이나 드라이 타임 잎 1작은술
· 올스파이스가루 1작은술
· 검은 후추 가루 1작은술

1. 양념이 잘 배도록 치킨에 칼집을 낸다.

2. 양파, 마늘, 생강, 스카치 보닛 칠리, 라임주스, 소금, 타임 잎, 올스파이스 가루, 그리고 후추를 넣고 푸드 프로세서로 갈아서 양념장을 만든다.

3. 준비된 양념을 치킨에 바르고, 뚜껑을 덮고 냉장고에서 최소 3시간, 가능하면 하룻밤 동안 재운다.

4. 오븐을 200℃로 예열하고, 닭을 로스팅팬에 올려 40분간 굽는다. 닭이 바삭바삭하고 노릇노릇하게 완전히 익을 때까지 중간에 한 번씩 뒤집는다.

들어가는 중요한 재료인 칠리오일을 만들 때 사용되거나 요리에 사용되기도 하고 때 찍어 먹는 소스의 재료로도 사용된다.

길쭉하게 생긴 순한 맛의 칠리와 누에콩으로 만든 두반장은 사천 요리의 맛을 내는 또 하나의 핵심 재료다. 두반장은 피현郫县 지방의 특산품으로 이 소스는 미스터 첸Mr. Chen이라고 불리는 한 여행자에 의해 17세기에 우연히 개발되었다는 이야기가 있다. 그의 유일한 비축 식량이었던 누에콩 중 일부가 비에 젖으면서 흰곰팡이가 폈는데 그는 이렇게 곰팡이가 핀 누에콩을 버리지 않고 생칠리와 함께 먹었다. 그 맛이 너무나도 좋아서 그는 계속해서 이 발효콩 페이스트를 만들게 되었고 1804년 그의 후손들은 대량으로 이 두반장을 생산하기 위한 작업장을 건립했다. 두반장은 두반장 조림 생선과 같은 대표적인 사천 요리에 특유의 깊은 맛을 내는 데 사용된다.

인도 요리에서 말린 통칠리는 일반적으로 타르카tarka 방식, 즉 기ghee 버터나 기름에 가볍게 볶아 재료의 풍미를 끌어 내는 방식으로 조리되는데, 이렇게 향을 낸 기름은 볶음 요리에 사용하거나 톡 쏘는 맛을 더하기 위해 달dhal과 같은 음식 위에 부어 낸다. 말린 카슈미르 칠리는 선명한 붉은색과 순한 매운맛으로 그 가치를 인정받아 로간 조쉬rogan josh와 같은 커리에 듬뿍 들어간다. 포르투갈이 인도 요리에 미친 영향력을 보여주는 커리 전통은 고아Goa 지역의 포크 빈달루pork vindaloo에서 찾을 수 있는데, 이것은 카르느 드 비냐달류스carne de vinha d'alhos라는 이름의, 양념에 재운 포르투갈의 전통 고기 요리를 바탕으로 식초와 다량의 말린 붉은 칠리를 넣고 만든 음식이다. 2차 세계대전 후 영국에 있는 인도 레스토랑에서 판매되던 빈달루는 엄청나게 매운 커리를 통칭하는 용어가 되었고, 칠리의 매운맛을 견디는 능력을 테스트 하는 음식이 되기도 했다.

말린 칠리는 유럽 요리에서도 찾아 볼 수 있다. 남부 이탈리아에서는 페페론치니peperoncini라고 불리는 작은 크기의 말린 칠리를 마늘과 함께 올리브 오일에 볶아 스파게티와 섞어 먹는 간단하지만 맛있는 음식이 있다. 스페인 요리에서는 노라nora라고 불리는 순한 맛을 가진 말린 칠리를 생선이나 육류 또는 채소와 함께 곁들이는 견과류 베이스의 소스인 로메스코romesco 소스에 사용한다.

전 세계적으로 가장 쉽게 구할 수 있고 광범위하게 사용되는 칠리의 형태는 고춧가루 혹은 칠리 파우더다. 이 칠리 파우더는 단독으로 사용하건 혹은 커리 파우더와 같은 혼합 향신료를 만들 때 다른 향신료와 혼합하여 사용하건 음식에 칠리의 매운맛을 불어 넣는 효과적인 방법이다. 에티오피아에는 버르버레berbere라고 불리는 향이 좋은 혼합 향신료 페이스트가 있는데 이는 다양한 향신료와 칠리 파우더, 양파, 마늘, 생강을 넣고 만든 것으로 왓wot이라 불리는 향이 좋은 에티오피아의 대표적인 스튜에 사용되는 기본 양념이다. 칠리 파우더는 칠리로 맛을 낸 소스에 고기를 푹 끓여 만드는 북미 지역의 푸짐한 슬로우 쿠킹 음식인 칠리chili를 만드는 핵심 재료다. 이 대중적인 음식이 시작된 곳은 미국 남서부로 이 지역의 멕시코 지역사회와 관련이 있다. 칠리는 카우보이나 병사들이 먹었던 대중적인 개척 시대 식재료로 텍사스 주와 오랜 인연을 가지고 있다. 19세기 후반까지 샌안토니오San Antonio는 가판대를 세우고 매운 고기 요리를 판매하는 멕시코 여자들을 칭하던 "칠리 퀸Chili Queens"으로 유명했다. 1895년에 이 곳을 방문했던 스티븐 크레인Stephen Crane이라는 미국 작가는 한 광장에서 "야외 가판대를 세워 놓고 멕시코 상인들이 하데스Hades가 다스리는 죽음의 세계에서 가져 온 벽돌을 빻아서 만든 것과 똑같은 맛이 나는 음식들, 즉 칠리 콘 카르네chili con carne와 타말리tamale, 엔칠라다enchilada, 칠리 베르데chili verde, 프리홀frijole 등의 음식들"이 어떻게 팔리고 있었는지에 대해 묘사했다. 멕시코 역사의 한 부분이 된

똠양꿍
Tom Yam Gung

태국 요리에서 칠리는 중심적인 역할을 한다. 조미료에서 카레에 이르기까지 매콤함과 풍미를 주는 데 폭넓게 사용된다. 태국인들이 좋아하는 버드 칠리bird chiles는 태국의 전통적인 새우 수프에 사용되는데, 매력적으로 자극적인 매운맛을 더한다. 특별한 감귤 맛과 함께 사용한 카피르 라임 잎이나 짠 생선소스는 태국의 진정한 맛을 전하기도 한다. 이 요리는 태국식 식사를 우아하게 시작하는 첫 코스로 제공하거나, 가벼운 식사로 제공된다.

4인분
준비시간 15분
조리시간 25분

· 생새우 12개
· 레몬그라스 2개
· 식물성 기름 1작은술
· 닭육수 또는 새우육수 1L
· 카피르 라임 잎 4개
· 붉은 버드 칠리 또는 작은 붉은 칠리 3개
· 소금
· 생선소스 2~3큰술
· 라임주스 1/2개 분량
· 신선한 고수 잎 한 움큼, 고명으로 사용

1. 새우는 꼬리 끝부분을 남겨두고 껍질을 벗기고 내장을 제거한다. 레몬그라스 줄기는 껍질을 벗기고 얇게 채를 썬다.

2. 냄비에 기름을 두르고 레몬그라스를 넣어 향이 날 때까지 1분간 볶는다. 육수를 넣고 라임 잎과 칠리를 넣어 소금으로 간을 한다. 생선소스와 라임주스를 넣고 20분간 끓인다.

3. 새우를 넣고, 새우가 분홍색이 돌고 불투명해질 때까지 2분간 더 끓인다. 고수 잎으로 고명을 하여 내놓는다.

칠리는 1977년 텍사스 주 대표 음식으로 선언되었다. 그러나 칠리는 텍사스만의 음식이 아니라 전 미국에서 인기를 끌게 된다. 전국적인 인기를 끌게 되면서 20세기에는 캐쥬얼하고 합리적인 가격대의 칠리 전문점이 전국적으로 생겼다. 지역별로 다양하게 변형한 음식들도 수많이 등장했는데, 텍사스의 '보울 오브 레드bowl of red'는 일반적으로 콩을 사용하지 않는 칠리 음식이며, 신시내티 칠리Cincinnati chili는 스파게트, 칠리, 양파, 콩, 치즈를 넣고 만든 음식이다. 이밖에도 소고기나 칠면조를 사용해서 만들어 굴 크래커를 올려 내는 스프링필드 칠리Springfield chili, 그리고 핫소스를 가미한 얼얼한 매운맛의 케이준 칠리Cajin chili도 있다.

단맛이 나는 큰 크기의 칠리로 만든 파프리카 가루는 헝가리 요리의

크리스피 칠리비프
Crispy Chilli Beef

중국 음식점에서 가장 사랑받는 음식이다. 바삭바삭한 비프스테이크와 매콤하고 달달한 칠리소스의 매력적인 조화를 누릴 수 있다. 생각보다 만드는 방법이 매우 쉬워 집에서 시도해볼 만하다. 밥과 청경채, 가이란^{중국의 브로콜리}, 시금치 등의 데친 나물을 곁들인다.

4인분
준비시간 20분
조리시간 15분

· 등심 450g, 짧고 얇게 썬다.
· 옥수수 가루 3큰술
· 소금
· 튀김용 기름
· 오향가루 약간
· 다진 마늘 1개
· 말린 붉은 고추 4개
· 다진 파 4개, 흰 부분과 녹색 부분을 분리한다.
· 청주 1큰술
· 간장 2큰술
· 중국 식초 1큰술
· 달콤한 칠리소스 3큰술
· 얇게 채 썬 붉은 고추 1개

1. 스테이크는 옥수수 가루가 골고루 묻을 때까지 버무린다.

2. 웍에 오일을 넣고 175℃가 될 때까지 가열한다. 고기를 넣고 갈색이 되고 바삭바삭할 때까지 5분씩 튀긴다. 튀긴 고기는 종이타월에서 기름을 뺀다. 소금과 오향가루를 한 꼬집씩 넣어 간을 맞춘다.

3. 웍에 1큰술 정도 남겨둔 채 뜨거운 기름을 빼낸다.

4. 달궈진 웍에 마늘, 말린 고추, 파의 흰 부분을 넣고 1분간 볶는다. 청주를 넣고 한 번 더 볶는다. 간장, 식초 그리고 칠리소스를 넣고 잘 섞는다. 스테이크를 넣어 같이 2분간 잘 볶아 양념이 스며들게 한다. 파의 녹색 부분과 슬라이스한 붉은 고추로 고명을 하고 즉시 제공한다.

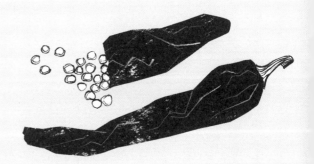

중심이 되는 향신료로 굴라시goulash와 같은 대표적인 헝가리 음식에 향을 더하고 주홍 빛을 띠게 만들어 준다. 헝가리에서 파프리카는 달고 순한 맛이 나는 쿨론라게시különleges에서부터 가장 일반적으로 사용되는 약간 매운맛이 나는 이데시네메시édesnemes, 그리고 가장 매운 에로스erös에 이르기까지 매운맛에 있어 미묘한 차이를 보이는 다양한 종류가 있다. 스페인에서는 피멘톤pimentón이라는 파프리카 종류가 있다. 헝가리 파프리카와 마찬가지로 스페인 피멘톤에도 매운맛의 정도가 다양한데 둘세dulce, 단맛에서부터 아그리둘세agridulce, 새콤달콤한 맛, 피칸테picante, 매운맛가 있다. 지역 특산품인 피멘톤 데 라 베라pimentón de la Vera는 에세트레마두라Extremadura 지역에 있는 라 베라La Vera 계곡에서 생산되는 것으로 오크향에 며칠간 서서히 건조시킨 칠리를 곱게 간 것이다. 이렇게 만든 가루는 특유의 훈제향을 가지게 되는데 많은 사랑을 받는 스페인 소시지인 초리조chorizo의 맛을 낼 때 사용되는 것으로 가장 유명하다. 이렇듯 다양한 형태로 요리에 자신의 존재를 은근히 드러내는 칠리의 역할은 인상적이라 할 수 있다.

쌀

쌀

우리의 주요 식량 중 하나인 쌀은
전 세계 인구의 절반 이상을 먹여 살리는 식품으로,
35억이 넘는 사람들에게 주식이자 중요한 열량 공급원이다.
수천 년 전 야생 품종을 개량해 재배하기 시작한 쌀은
이제 남극대륙을 제외한 전 세계의 모든 대륙에서 자란다.
역사적으로 쌀이 특별히 중요한 역할을 했던 곳은
노동 집약적인 벼농사를 중심으로
사회가 형성된 아시아이다.

쌀은 20종의 야생종과 2종의 재배종인 아시아 벼 오라이자 사티바
Oryza sativa와 아프리카 벼 오라이자 글라베리마Oryza glaberrima가 포함되는
속屬에 속한다. 야생종에서 파생된 이 두 재배종의 씨앗이 우리가 먹는
쌀이다. 쌀이 어디에서 유래했는지는 알려져 있지 않다. 한 이론에 따르
면, 이 각기 다른 종들은 약 2억 년 전 여러 대륙으로 쪼개지기 전에 존
재했던 초대륙인 판게아Pangea에서 자란 동일한 종에 뿌리를 두고 있다는
주장이 있다. 쌀이 어디에서 처음 재배되었는지는 활발한 논쟁을 일으키
는 또 하나의 주제로, 이 논쟁에서는 인도와 중국이 모두 거론된다. 중
국 양쯔강 인근의 샹산Shangshan에서 발견된 최근의 고고학적 증거를 보
면 반半 야생종 벼가 선사시대에 그 마을에 살던 주민들에 의해 재배되었
음을 알 수 있으며, 경작을 했다는 사실을 알려주는 이 초기의 흔적은 약
9400년 전으로 거슬러 올라간다. 벼가 주로 재배된 아프리카와 아시아

는 모두에서 수렵 채집인으로 살아가던 선사시대부터 수천 년 동안 각각의 벼를 파생시킨 야생 벼를 채집해 먹고 살았을 것으로 추정된다. 다른 종과는 다른 재배종 벼의 특징 중 한 가지는 야생종의 경우 씨를 뿌리기 위해 껍질을 벗겨야 하는 반면 재배종은 씨를 품고 있어 추수하기가 더 쉽다는 점이다.

이 두 가지 재배종 중 전 세계로 확산된 것은 아시아 벼와 그 아종亞種이다. 작고 가벼워 휴대하기 쉬운 이 곡물은 식량이나 무역을 목적으로 사용하고자 하는 사람들에 의해 전파되어, 인도와 중국에서 한국과 일본, 동남아시아 국가들로 도입되었다. 인도에서 중동으로 쌀이 전파된 것은 기원전 1000년경으로 추정되는데, 아랍인들이 쌀을 스페인으로 가져가면서 쌀은 중동을 거쳐 유럽으로 전파된다. 스페인 말로 쌀을 의미하는 아로스arroz는 아랍어 단어인 로스roz에서 유래했다. 포르투갈과 스페인은 식민지 정책과 무역로를 통해 카리브해와 중남미 국가들에 쌀을 도입한 것으로 추정된다. 아시아 벼 역시 16세기에 아마도 포르투갈 사람들에 의해 아프리카에 도입된 것으로 보이며, 생산량이 더 많아 토착품종인 아프리카 벼를 널리 대체하게 된다.

북미에 쌀이 소개된 시기는 17세기(197쪽 '캐롤라이나 골드 라이스' 참조)로 사우스캐롤라이나의 저지대 습지에서 처음 경작되었다. 새롭게 건립된 공화국이 농업 사회가 되어야 한다고 믿었던 미국 건국의 아버지들 중 하나인 토머스 제퍼슨Thomas Jefferson은 쌀 경작이 주는 가능성에 들떴다. 1787년 프랑스 공사로 재직하는 동안 제퍼슨은 이탈리아의 쌀을 유럽에서 미국으로 밀반출했다. 제퍼슨이 이탈리아 쌀에 관심을 가진 이유는 이 쌀이 건조한 고지대 환경에서도 자랄 수 있는 곡물이기 때문이었는데, 이는 사우스캐롤라이나의 습한 환경에서 벼농사를 짓는 농부들을 위태롭게 만드는 말라리아로부터 "수천만의 목숨을 구하고 수천수만에 이르는 사람들의 건강을 보살피고자 하는" 칭찬받아 마땅한 목표였다. 상업적인 관점에서 보면 건식 농사로 지은 벼가 미국에서 자라고 있던 "습식 벼"와 경쟁하지는 못했다. 그러나 제퍼슨은 자신의 개척 시도에 대해 자랑스럽게 여겼다. 공직에 재직하는 동안 자신의 성과에 대해 적은 그의 개인적인 기록을 보면 독립선언과 함께 "밭벼"의 장려에 대해 다음과 같이 기록했다. "어떤 한 나라에 제공할 수 있는 가장 훌륭한 서비스는 그 국가의 문화에 유용한 식물을 도입하는 것이다."

쌀이 전 세계로 퍼져 다양한 품종이 재배되면서 다양한 기후와 환경에서 성공적으로 자랄 수 있는 만능 작물이 되었다. 천천히 흐르는 얕은 물에서 재배되는 쌀은 작황이 좋아 많은 사회가 쌀을 재배하기 위한 관개용수 시스템을 구축했는데, 이 시스템은 고도의 사회적 협동과 근면함을 요구했다(187쪽 '중국의 쌀과 188쪽의 '발리의 쌀' 참조). 쌀은 아시아에서 주식으로 특별히 중요한 대접을 받는데 세계 쌀 소비의 거의 90%는 아시아에서 이루어진다. 쌀은 오랫동안 전 세계 많은 곳에서 가난한 사람들을 위한 중요한 열량 공급원이 되어 온 곡물이다.

쌀과 관련해 주목할 만한 점은 쌀을 주식으로 하는 국가들에서 쌀의 중심적인 역할이다. 이러한 국가들에서 쌀은 문화적으로도 중요한 의미를 지니는 식재료로 여러 기원신화와 전통 의식과 관련되어 있으며 미신의 주제가 되는 곡물이기도 하다. 많은 인구를 먹여 살리기 위해 쌀을 재배한 유서 깊은 역사를 가진 중국에서는 쌀을 경작하는 것이 한 해의 생활 형태를 규정하는 연간 주기의 핵심이었다. 모내기나 추수와 같이 쌀 농사에 있어 핵심적인 단계들의 경우, 여전히 일부 국가들에서는 특별한 축제로 기념한다. 중국을 비롯한 일부 아시아 국가들은 밥을 먹다가 쌀을 단 몇 톨이라도 남기면 불운이 찾아온다고 여긴다. 쌀은 풍요와 번식을 의미하는 고전적인 상징으로 이 때문에 결혼식에서 신랑과 신부의 머

리조또 알라 밀라네제
Risotto Alla Milannese

이탈리아의 대표적인 리조또인 이 우아한 밀라노 요리는 사프란을 사용
하여 노란색과 향기로운 맛을 선사한다. 전통적으로 이탈리아 북부 지역
에서 밀라노식 오소부코ossobuco alla milanese와 함께 제공되지만, 이것만으
로도 간단히 즐길 수 있다.

4인분
준비시간 5분
조리시간 30~35분

· 닭육수 900ml
· 다진 양파 1/2개
· 버터 3과 3/4큰술
· 쌀 300g
· 드라이 화이트와인 125ml
· 사프란 1/2작은술
· 파마산 치즈가루 60g
· 소금과 후추

1. 닭육수를 소스팬에 끓인다.

2. 별도의 두꺼운 팬에 버터에 2큰술을 넣고 양파가 부드러워질 때까지 볶
   고, 쌀을 넣어 약 2분간 같이 볶는다.

3. 화이트와인을 넣고 와인이 졸아들 때까지 저으면서 볶는다. 사프란을 넣
   고 잘 섞은 후 파마산 치즈를 넣을 것을 감안해 소금으로 간한다. 닭육수
   를 2국자 정도 넣고 중간불로 저으면서 끓인다.

4. 밥이 완전히 될 때까지 육수를 조금씩 첨가하며 20~25분 정도 끓인다. 남
   은 버터와 치즈를 넣고 볶고, 마지막으로 소금과 후추로 간을 맞춘다.

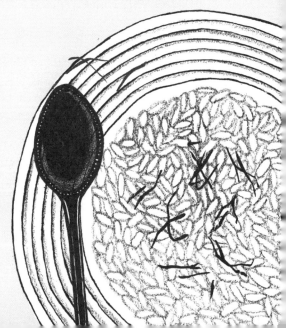

리 위로 쌀을 던지는 풍습이 있다.

　개발도상국에서 쌀농사는 작은 땅뙈기에서 많은 노동력을 필요로 하는 전통적인 방법이 대체로 유지되고 있다. 그러나 쌀 재배 방식에 있어 혁신도 있었다. 1960년에는 필리핀에 본부를 둔 국제 미작 연구소 International Rice Research Institute: IRRI가 설립되었다. 설립 당시에는 쌀 의존도가 높은 아시아가 인구 증가로 인해 기근을 겪을 수도 있다는 우려 때문에 이 연구소의 목표는 쌀 증식을 통한 쌀의 생산력을 향상시키는 것이었다. 쌀의 역사에 있어 중요한 순간은 IRRI가 새로운 벼 품종인 IR8을 공개한 1966년이다. IR8는 키가 큰 인도네시아 쌀 페타peta와 중국의 단

간품종인 DGWG를 이종 교배하여 만든 품종이다. 전통적인 품종과 비교할 때 두 배에서 다섯 배까지 수확량이 더 많아 '기적의 쌀miracle rice'이라는 별명을 가진 IR8은 열대지방의 쌀 농사의 녹색 혁명Green Revolution에 중요한 역할을 했고, 아시아의 기근을 방지하는 데 일조한 것으로 인정을 받는다. 그러나 IR8에 대해 비판하는 사람들은 이 벼 품종을 재배하는 데는 비료와 제초제 비용이 많이 들며 이는 곧 사회적, 환경적 결과를 초래하는 비용이 된다는 점을 지적한다. 쌀 농사는 계속해서 혁신이 이루어지는 영역이다. 예를 들어 오늘날 캘리포니아에서는 쌀을 경작하는 땅을 고르기 위해 GPS나 레이저 유도 장치를 사용하고 작물을 수확하기 위해 최신식 수확 기계를 사용하는 등 쌀 농사가 점점 더 복잡해지고 있다. 급수난과 가뭄은 캘리포니아 농부들에게 큰 문제다. 충분한 수확량을 확보하면서도 물의 사용을 최소화 하기 위해 센서 네트워크(습도와 온도를 측정하는), 데이터 분석 시스템, 관리 소프트웨어 등과 같은 테크놀로지가 사용되고 있다.

아시아에서 쌀에 대한 필요는 지속적으로 높다. 많은 아시아 국가에서 쌀 소비는 일인당 100kg을 넘어서며 주식으로서의 자리를 계속해서 지키고 있다. 쌀에 대한 수요는 사하라 사막 이남 아프리카, 중남미, 카리브해, 중동 등을 포함하여 세계 많은 곳에서 늘어나고 있다. 수요 증가로 인한 쌀 가격의 상승으로 주식으로서 이 곡물에 의존하는 저소득층의 사람들은 피해를 겪게 된다. 기초 식량으로서 쌀의 오랜 역할과 세계 인구의 증가를 감안할 때 반드시 성공적이고 지속적으로 쌀을 경작하는 것은 필수적이라 할 수 있다. 이러한 이유로 IRRI나 기타 조직들은 이 중요한 곡물에 대한 연구를 지속적으로 수행하고 있다.

재배, 수확, 가공

쌀은 역사적으로 재배 측면에서나 수확 측면에서나 노동 집약적인 성격을 띠어 왔고, 고도의 단체 작업을 요구했다.

반수생 작물인 쌀은 물에 침수되는 것을 견딜 수 있는 유일한 곡물이다. 이 작물은 재배되는 시기 동안 물 부족에 매우 민감하다. 그러므로 이 귀중한 작물이 확실하게 적절한 양의 물을 공급받도록 하기 위해 물을 가두는 낮은 벽으로 둘러싸인 담수논에서 벼를 경작하는 방법이 수세기 전에 개발되었다. 일반적으로 쌀 농사를 하는 농부들은 5~10cm 깊이의 물이 자신의 논에 유입되는 것을 유지하려고 한다. 지역의 풍경 역시 벼가 자랄 수 있는 계단식 논과 웅덩이를 확보하도록 만들어졌는데 이와 함께 관개 시스템과 재배력農事曆을 효율적으로 정리해야 할 필요도 생겨났다. 계단식 논 중 유명한 곳은 필리핀의 루손Luzon 섬의 산을 깎아 만든 바나웨 계단식 논Banaue rice terraces이다. 2000년 전 원주민들에 의해 만들어진, 우림을 활용한 고대 관개 시스템을 통해 물을 끌어 오는 이 놀라운 계단식 논은 "세계 8대 불가사의"로 불린다. 관개수를 대는 저지대에서 쌀을 생산하는 것은 전 세계 쌀의 약 75%를 생산하는 주요 벼농사 방법이다. 이러한 방식으로 벼농사를 짓는 것은 아시아에만 해당하는 것은 아니다. 이탈리아는 유럽의 주요 쌀 생산국으로 리조또 쌀은 피에몬테Piemont와 롬바르디Lombardy의 포 계곡Po Valley에 있는 관개식 논인 리살레risale. 논에서 재배된다. 이탈리아에서 쌀을 재배한 것은 15세기로 거슬러 올라가는데, 포강Po River 주변의 습지대는 쌀을 재배하는 데 적합했다. 19세기 이탈리아 정치가인 카보우르Cavour는 이탈리아 농부들을 위해 관개 시스템의 개선을 장려했고, 1866년에는 강과 호수에서 논으로 물을 효율적으로 실어 나를 카보우르 운하Canal Cavour를 건설했다. 관개 방식

으로 쌀을 재배하는 것은 한 해에 이모작이나 삼모작까지 가능하게 하며 이런 재배 방식은 유기물을 보존하고 질소를 공급받으며 효율적인 양분 순환을 가능하게 한다는 것을 보여 주었다.

쌀은 이와는 다른 재배 방식으로도 재배된다. 예를 들어 연중 일정 기간에 비로 인해 홍수가 나는 강의 삼각주나 연안 지역과 같은 지역에서도 쌀은 재배된다. 이는 가뭄이나 갑작스러운 홍수와 같은 자연 발생적인 사건에 의해 영향을 받을 수 있는 다소 위태로운 재배 방식이다. 벼에 스트레스를 주는 높은 염도 역시 또 다른 문제가 된다. 이렇게 쌀을 재배하는 것은 오늘날 주로 아프리카나 남아시아 그리고 동남아시아 일부 지역에서 관찰된다. '심수도deepwater rice'라고 알려진 벼는 극심한 몬순 홍수에 취약한 지역에서 재배되는 벼로, 이는 50cm가 넘는 수위에서도 자랄 수 있는 길쭉하게 뻗은 벼다. 이러한 홍수를 이용한 농사 방식을 통해 생산된 쌀은 전 세계적으로 생산된 쌀의 약 20%를 차지한다. 이 쌀은 1억 명이 넘는 남아시아와 동남아시아에 사는 사람들에게는 중요한 자급용 작물이지만 수확량으로 보면 관개 시설이 된 논에서 수확한 쌀보다 상당히 적은 특징이 있다.

담수논이 아닌 건식논에서도 쌀을 재배할 수 있는데, 이러한 논에서 재배된 벼는 '밭벼upland rice'로 알려져 있다. 아시아와 아프리카에서 재배되는 이 벼는 빈곤한 농촌 사람들에게 있어 중요한 식량 작물이다.

쌀을 재배하기 위해서는 우선 볍씨를 줍거나 구매해야 한다. 벼를 심기 위해서는 물소와 같은 가축의 힘이나 기계를 이용해 쟁기로 땅을 갈고 뭉친 흙을 부수어야 한다. 홍수를 이용하는 시스템이라면 물의 깊이를 고르게 될 수 있도록 땅을 평평하게 만들어 작물 관리와 좋은 작황에 도움이 되도록 만든다. 벼는 이렇게 마련된 땅에 옮겨 심는 방식이나 직파법으로 심어진다. 아시아에서는 싹을 틔워 옮겨 심는 방식이 가장 대

계란 볶음밥
Egg-fried Rice

아주 간단한 중국식 볶음밥으로, 많은 사람들이 집이나 음식점에서 즐기는 사랑받는 주식이다. 이 레스피는 채식 위주 버전인데, 중국 식사의 일부로, 예컨대 차슈와 굴소스를 넣은 데친 청경채나 카이란과 같은 요리와 함께 제공된다.

4인분,
준비시간 15분
식히는 시간 20분
요리시간 25분

• 자스민 쌀 330g
• 물 450ml
• 땅콩유나 해바라기유 2큰술
• 다진 파 3개 분량, 하얀 부분과
  녹색 부분을 분리
• 애옥수수 85g, 1cm로 자른다.
• 구운 캐슈넛 50g, 다진다.
• 냉동완두콩 50g
• 계란 2개
• 참기름 1작은술

1. 두꺼운 냄비에 깨끗이 씻은 쌀과 물을 넣고 소금을 조금 넣는다. 뚜껑을 덮고 15분간 끓인 후, 물이 다 흡수되고 쌀이 부드러워질 때까지 약한 불에 끓인다. 밥이 다 되면 팬에 밥을 펼쳐 20분간 식힌다. 밥을 볶기 전에 포크로 밥알들을 떼어준다.

2. 센 불에 데운 웍에 땅콩유나 해바라기유를 두르고 파의 흰 부분을 넣고 1분간 볶는다. 애옥수수를 넣고 다시 2분간 볶아준다.

3. 밥과 캐슈넛과 완두콩을 잘 섞은 후 4분간 볶는다.

4. 계란을 넣고 2분간 볶은 후, 참기름을 넣고 다시 1분간 더 볶는다. 파의 녹색 부분으로 고명으로 올리고 즉시 내놓는다.

중적이다. 노동 집약적인 방식이기는 하나 종자 관리와 잡초 방제가 좀
더 수월하기 때문이다.

　모를 심은 지 105일에서 150일경이 지나 벼가 무르익으면 추수를 해
야 한다. 아시아에서는 대부분 사람들의 노동력을 활용하여 추수를 하는
데 농부들은 낫과 같은 수공구를 이용하여 쌀을 수확한다. 이러한 수확
물을 먹을 수 있는 식재료를 바꾸는 프로세스는 길고도 힘들다. 추수된
벼는 줄기에서 먹을 수 있는 낟알을 분리하는 탈곡 과정을 거쳐야 하는
데 이 탈곡은 인간의 노동 또는 기계를 이용해 진행된다. 이렇게 탈곡을
거친 도정하지 않은 벼를 '정조正租'라고 한다. 그런 다음 이 정조를 완전
히 건조시키는데 보통은 그냥 햇볕에 말린다. 이는 중요한 과정으로, 건
조가 제대로 되지 않으면 최종 결과물의 질과 양에 영향을 미치기 때문
이다. 말린 벼는 이제 도정을 하면 된다. 도정은 사람이 소화시키지 못하
는, 실리카silica와 리그닌lignin으로 이루어진 딱딱한 보호막인 왕겨나 겉
껍질을 제거하기 위해 벼를 빻는 과정으로 일반적으로 방앗간에서 한다.
도정 후에 남은 알갱이는 현미로, 이 때부터 먹을 수 있는 쌀이 된다. 현
미가 지닌 특유의 색을 내는 등겨 층에는 유익한 영양소가 들어 있지만
백미보다 현미가 더 빨리 부패되도록 만드는 지방도 들어 있다. 열대 지
방에서는 이러한 부패가 단 2주 만에도 진행될 수 있다. 그러므로 보통
쌀은 겨 외피를 제거하고 다듬기 위해 더 도정을 해서 백미를 만든다. 과
거 시골에서는 절구와 절굿공이를 사용해 사람의 손으로 겨와 껍질을 제
거했다. 그 다음으로는 쌀을 껍질과 분리하기 위해 대나무 키로 능숙하
게 키질을 한다. 정미 기계는 복잡한 정도가 상당히 다양하다. 기본적인
것 중에는 주로 마을 단위에서 사용되는 일회 통과 정미기가 있는데 곡
립이 깨져 나오는 쇄립의 비율이 매우 큰, 반갑지 않은 부작용이 있다.
이와는 정반대로 아주 복잡한 상업용 정미 기계는 곡립이 부서지는 것을

최소화하고 겨와 돌이 들어가지 않은 균일하게 도정된 전곡을 만들어 낼
수 있도록 정미 과정에서 발생하는 열과 효과를 감소시킬 수 있게 설계
되었다. 이러한 상업적 도정에서는 쌀을 일단 도정하면 등급을 매겨 분
류되고 그런 다음 등급 기준과 국가 표준에 따라 완전미(전립)와 쇄립을
다양한 비율로 섞는다. 그 다음에는 쌀에 남은 먼지를 털어 내고 더 하얗
게 만들기 위해 미세한 입자의 물을 뿌리는 과정인 분무 연마를 거친다.
마지막으로 포장을 거쳐 판매된다.

중국의 쌀

중국에서 쌀은 여러 가지 측면에서 매우 중요한 곡물로 많은 인구를
먹여 살리는 필수적인 식량일 뿐만 아니라 중국의 전설, 역사, 사회, 문
화 속에 녹아 있는 요소이기도 한다. 중국 신화를 보면, 중국 사람들에게
농업과 쌀을 포함한 다섯 가지 곡물을 재배하는 법에 대해 가르친 사람
은 '신성한 농부'라는 뜻의 이름을 가진 전설적인 통치자인 신농神農이다.
쌀은 중국에서 오랫동안 가난한 농촌 사람들은 물론이고 귀족들과 사회
엘리트층이 먹는 귀한 식량으로서 특별한 지위를 누려 왔다. 주나라(기원
전 1100년 ~ 256년) 시대에 사용된 청동으로 된 곡물 저장용기에 새겨진 글을
보면 쌀이 중국에서 오랫동안 귀중한 대접을 받았음을 알 수 있다.

기나긴 역사 대부분 농업 사회였던 중국에서 쌀은 모든 중국인들의 생
활 방식에서 중심을 차지했다. 쌀은 노동 집약적인 작물로 벼농사를 성
공적으로 짓기 위해서는 사회적 협동이 필요하다. 중국에서는 벼농사가
자식의 도리나 사회 질서 유지의 중요성과 같은 이상적인 관념과 연결되
어 있으며, '쌀 문화'는 전통 중국 사회를 묘사하는 데 종종 사용된다.

쌀을 뜻하는 중국 한자는 잎과 분리된 쌀알을 묘사한 미米다. 익힌 쌀은 중국어로 미판米饭, 즉 '밥'으로, 생명을 유지시켜주는 자양물의 원천으로서 쌀이 가진 중요성을 담고 있다. 또한 쌀은 중국 문화에서 정신적인 차원에서 그 가치를 인정받기도 한다. '활력'을 의미하는 기氣는 도교 철학에서는 중요한 개념으로 풍수風水나 중국 한의학에서 사용된다.

1980년대까지 수천 년 동안 '기'라는 한자어에는 쌀을 의미하는 한자가 들어 있었고1960년대에 중국이 만든 간체로는 "기"를 한자로 표기할 때 쌀을 의미하는 한자인 米를 생략한 气를 사용한다 이는 쌀이 끓을 때 피어오르는 증기에서 파생되었다.

쌀은 또한 전통적인 중국 축제들을 기념할 때 머는 음시으로 오늘날까지도 그 전통은 지속적으로 이어지고 있다. 찹쌀가루로 만든 떡은 새해에도 발전을 가져오라는 의미에서 중국 설 전날 저녁에 먹는 상서로운 음식이다. 떡은 중국 중앙절 기간에도 먹으며, 납팔절에는 납팔죽이라는 특별한 죽을 먹음으로써 기원전 4세기 또는 5세기경에 해탈한 불교 창시자 고타마 싯다르타Siddharta Guatama를 기념한다.

발리의 쌀

쌀은 또한 인도네시아 섬인 발리의 풍경, 종교, 사회 구조, 문화에 있어 중심적인 역할을 한다. 이 섬의 풍부한 화산토와 잦은 큰 비를 특징으로 하는 열대 기후는 많은 물을 필요로 하는 작물인 쌀을 재배하는 데 적합한 환경이 된다. 다른 곳에서와 마찬가지로 인도네시아에서도 관개 시스템을 통해 물을 가득 채우는 구획된 경작지인 논에서 쌀을 재배한다. 논을 의미하는 "paddy"라는 단어는 "벼rice plant"를 의미하는 말레이 단어인 파디padi에서 왔다. 물이 가득찬 환경에서 반수생 식물인 벼를 키우면

곡물 수확량이 많아진다. 게다가 가득찬 물은 어린 벼 종자의 성장을 방해하는 잡초나 쥐와 같은 파괴적인 유해동물을 억제한다. 발리의 농부들은 골짜기 아래의 곡저 평야에서 농사를 지었으며, 발리 화산의 험준한 산세를 따라 생긴 이 섬의 상징적인 풍경인 계단식 논을 깎아 만들기도 했다. 이 신성한 산으로 흘러 내린 강물과 시냇물이 이 독창적인 관개 시스템에 사용됨으로써 발리 농부들이 물이라는 필수적인 자원을 확보하게 되었고, 인도네시아 제도의 농부들 중 가장 다작하는 농부들이 되었다.

이런 식으로 벼에 물을 대기 위해서는 농부들이 함께 일하는 공동체적 접근이 필요하다. 물을 효율적으로 사용하기 위해 농부들은 지역 내에서 각기 다른 합의된 시간대에 교대식으로 벼를 심는다. 논의 급수 관리를 조정하는 이러한 협력적인 사회 시스템은 '수박subak'이라고 불리는데 이 발리 단어는 1072년 한 비문에서 처음 등장했다. 발리에는 이러한 관개 시스템을 관리하는 1,200여 개의 집수 공동체가 있다. 수박 시스템의 기저에는 트리 히타카라나Tri Hita Karana가 있는데 이는 "행복과 안녕의 세 가지 근거"라는 의미를 가지고 있는 용어다. 이 철학 안에는 다음과 같은 핵심 개념이 들어 있다.

빠라양안Parahyangan − 인간과 신의 조화로운 관계
빨레마한Palemahan − 인간과 자연의 조화로운 관계
빠옹안Pawongan − 인간 사이의 조화로운 관계; 다른 사람을 다치게 하는 것은 자신을 다치게 하는 것이므로 서로를 존경으로 대해야 한다.

발리에서는 쌀을 재배하는 방법은 심오한 종교적 측면을 지닌다. 쌀은 신이 준 선물로 인식하고 수박 시스템은 발리 섬의 워터 템플water temple 네트워크와 뒤얽혀 있다. 이러한 워터 템플은 규모와 중요성 면에서 다

양하게 존재하는데, 어떤 사원은 급수원인 샘을 만들고 어떤 사원들은 땅에 물을 대는 데 필요한 통로를 확보한다. 이러한 사원들 중 가장 유명한 사원 하나는 따만아윤 사원Pura Taman Ayun으로, 1643년에 지어진 크고 장엄한 이 사원은 못과 정원으로 둘러싸여 있다.

발리는 대체로 힌두교도들이 사는 섬이지만 토착신들을 섬기기도 하는데 토착신 중에는 데위 스리Dewi Sri라는 발리 섬의 풍요의 여신이 있다. 이 신은 종종 쌀의 여신이라고 불리는데 그 유래에 관해서는 많은 전설이 있다. 이 여신은 젊고 아름다운 여성으로 묘사되며 논에서 일하는 사람들을 보호하는 신으로 여겨진다. 발리의 논에는 이 여신을 기리는 사당이 있다. 신에게 공물을 바치는 것은 발리 사람들의 일상 중 한 부분으로 사회 구조에 자연스럽게 녹아 있다. 이렇게 바치는 공물은 많고도 다양한데 이 중에는 형형색색의 향기로운 꽃과 생쌀이나 익힌 쌀, 찰진 쌀, 백미, 흑미, 붉은 쌀 등 여러 형태의 쌀이 있다.

이러한 수박의 종교적, 도덕적, 사회적 측면은 발리 사람들이 복잡한 시스템을 구축하고 따르는 이유를 설명해 준다. 수박 시스템에 속한 구성원들은 그들의 참여 정도에 따라 여러 그룹으로 분류된다. 구성원들은 벼농사의 다양한 단계, 즉 농사를 하기 위한 땅의 준비, 물 처리 방법 체계화, 물과 유해 동물 감시, 모종 심기, 잡초 제거, 추수, 쌀 수송 등의 단계별로 이를 각각 책임지는 그룹으로 구성된다. 이렇게 분명하게 규정된 역할은 구성원들이 물 분배가 공정하게 이루어지고 있다는 것을 인식할 수 있게 해 주고 문제가 발생하면 전 공동체가 논의하고 해결할 수 있다는 사실을 확인시켜 준다. 2012년 유네스코UNESCO가 발리의 독특한 쌀 중심적인 시스템을 세계 문화 유산으로 등재함에 따라 이러한 수박의 중요성이 공식적으로 인정되었다.

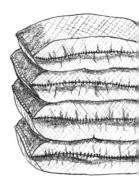

쌀의 종류

쌀이 작물로서 성공한 이유 중 하나는 쌀에는 수천 만 종의 품종이 있어 다양한 기후와 환경에서 자랄 수 있다는 사실이다. 이러한 쌀 품종은 자연적인 과정으로 그리고 인간의 선택에 의해 수세기 동안 만들어져 왔다. IRRI가 관리하는 국제 쌀 유전자 은행International Rice Genebank은 전 세계에서 가장 방대한 쌀의 유전적 다양성에 관한 자료를 가지고 있는데 쌀에 관한 자료는 127,916여 종에 이르고 4,647종의 야생 연관식물에 대한 자료를 보유하고 있다. 여기서 통상 "와일드 라이스wild rice"가 의미하는 것은 사실 쌀과는 다른 속屬인 줄풀Zizania에 속한다는 사실은 주목할 만하다.

세계 곳곳에서 자라는 주요 쌀 품종인 벼Oryza sativa에는 점성이 있는 단립종인 자포니카japonica 또는 시니카sinica와 점성이 없는 장립종인 인디카indica 등 두 개의 주요 아종이 있다. 요리의 관점에서 보면 쌀은 모양과 전분 함량에 근거해 포괄적인 그룹으로 나뉜다. 전분은 아밀로오스amylose와 아밀로펙틴amylopectin으로 구성되며 쌀의 종류에 따라 이 두 성분의 각기 다른 비율은 결과적으로 익힌 쌀의 식감에 영향을 준다. 아밀로펙틴이 많이 들어 있는 쌀을 익히면 찰진 밥이 만들어진다. 이러한 요리 관점에서 쌀은 다음과 같이 분류된다.

장립종: 길쭉한 모양으로 아밀로오스가 많이 함유되어 있고 익히면 서로 분리된다. 인디카 종인 바스마티 라이스basmati rice(194쪽 참조)가 이 그룹에 속하며 그 길이로 가치가 매겨진다.

중립종: 장립종보다는 짧고 뭉툭한 편으로 아밀로오스가 덜 함유되어

메자드라
Mejadra

쌀과 렌틸콩의 소박한 조합은 중동 전역에서 인기가 있다. 이들 재료는 단순하고 가정적이지만, 맛의 깊이와 식감의 조화는 높은 만족감을 준다. 메인 식사로 양념한 구운 고기나 구운 양고기, 토마토 샐러드와 함께 제공한다.

6-8인분
준비시간 10분
절이는 시간 20분,
조리시간 1시간 10~15분

· 양파 2개, 하나는 가늘게 채 썰고, 하나는 다진다.
· 소금
· 브라운 렌틸콩 200g
· 튀김용 식물성 기름
· 올리브유 4큰술
· 바스마티 쌀 200g
· 올스파이스 가루 1작은술
· 시나몬가루 1작은술
· 설탕 1/2작은술
· 물 400ml

1. 채 썬 양파에 소금을 뿌리고 20분 동안 따로 둔다.

2. 렌틸콩을 체에 밭쳐 잘 헹군다. 렌틸콩을 냄비에 옮겨 찬물을 넉넉히 넣고 끓인다. 끓으면 불을 줄이고 부드러워질 때까지 20분 동안 천천히 익히고, 다 익으면 물기를 뺀다.

3. 작고 깊은 프라이팬이나 소스팬에 식물성 기름을 1cm 정도 깊이로 붓고 뜨거울 때까지 가열한다. 소금에 절인 양파를 타월에 두드려 물기를 빼고, 바삭바삭해지고 색이 진한 갈색으로 변할 때까지 뜨거운 기름에 튀겨 종이타월 위에 건져낸다.

4. 올리브유를 두꺼운 냄비에 두르고 다진 양파를 넣어 부드러워질 때까지 볶는다. 바스마티 쌀을 넣고 섞고, 올스파이스, 시나몬, 설탕, 소금을 뜸뿍 넣고 볶는다. 렌틸콩을 넣고 저으면서 물을 넣는다.

5. 뚜껑을 덮고 끓인다. 끓으면 불을 줄이고, 쌀이 물을 다 흡수하여 부드러워질 때까지 20~25분간 약한 불에서 조리한다. 튀긴 양파를 넣고 버무려 바로 내놓는다.

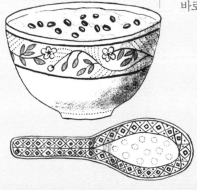

있는 이 중립종은 익히면 부드러운 식감을 낸다. 이탈리아의 리소토 쌀risotto rice과 스페인의 파에야 쌀paella rice이 여기에 속한다.

단립종: 너비에 비해 길이가 약간 길고 아밀로펙틴이 많이 들어 있어 익히면 식감이 부드럽고 약간 찰진 느낌이 든다. 이 그룹에 속하는 것은 일본의 스시 라이스sushi rice다.

찹쌀: 단립종에 속하는 특정 종류의 쌀로 아밀로펙틴이 매우 많이 들어 있다. 이 이름에서 알 수 있듯 이 그룹은 익혔을 때 생기는 점성을 특징으로 하며, 이 때문에 찹쌀로 지은 밥은 모양을 잡고 틀에 넣어 일정한 형태로 만들 수 있다.

현미와 백미에는 또 다른 차이가 있다. 현미는 도정은 되었지만 천연 쌀겨 보호막은 여전히 가지고 있는 쌀이다. 반대로 백미는 이러한 쌀겨의 겉층을 제거하고 곡물의 하얀색을 극대화하고자 광택을 내는 정미 과정을 거친 것이다. 현미는 백미보다 더 많은 섬유질과 미네랄을 가지고 있지만 외피로 인해 익히는 데 더 오랜 시간이 걸린다.

또한 쌀 중에는 자연 발생적인 색소가 있는, 주로 붉은색 또는 자주빛이 도는 흑미도 있다. 이는 쌀겨에 있는 안토시아닌 색소 때문으로 이 색소로 인해 특유의 빛을 띤다. 이러한 색이 있는 쌀 종류들은 쌀겨를 제거하지 않고 먹는 경향이 있다. 자주빛 흑미 품종은 대개 자포니카, 즉 찰기가 있는 단립종이다. 이러한 쌀의 예로는 동남아시아에서 먹는 흑미가 있는데 향을 위해 판단잎과 함께 익혀서 코코넛 밀크와 함께 먹는 말레이시아의 부부르 풀루트 히탐bubur pulut hitam, 블랙 푸딩 라이스과 같은 디저트에 사용된다. 붉은 쌀은 대개 인디카로 찰기가 없는 장립종이다. 이러한 쌀들의 경우 쌀겨층을 유지하고 있기에 색이 있는 쌀 종류들은 독특한 견과류 맛이 나고 섬유질과 철분이나 아연과 같은 미네랄이 풍부하게 가지고 있다. 그리고 안토시아닌 색소는 활성산소를 제거하는 효능을 가진 것으로 알려져 있다.

또 다른 쌀 유형으로는 향미香米가 있다. 이 유형에는 일반적으로 특정한 휘발성 성분을 많이 가지고 있는 장립종과 중립종이 속한다. 이러한 쌀 종류 중 가장 잘 알려진 것은 바스마티 라이스basmati rice와 향과 밝은 흰색으로 인해 재스민 꽃을 이름을 딴 재스민 라이스jasmine rice가 있다. 갓 수확한 재스민 라이스, 즉 재스민 햅쌀은 향과 식감 때문에 특히 더 그 가치를 인정받는다.

바스마티 라이스

특별히 귀한 대접을 받는 유형의 쌀 중에는 바스마티 라이스basmati rice 가 있는데 이 쌀은 종종 '쌀의 제왕'으로 알려져 있다. 길쭉한 장립종인 바스마티 라이스는 여러 가지 이유로 그 가치를 인정받는다. 섬세하고 푹신한 식감, 익히면 두 배까지 길어지는 길쭉한 모양, 그리고 특히 생쌀이나 익힌 밥에서 모두 두드러지게 나는 그 독특한 향 등이 그 이유로 꼽힌다. 실제로 바스마티라는 이름은 '향긋한'을 의미하는 힌디어에서 왔다. 진짜 바스마티 라이스는 히말리야 산맥 기슭의 작은 산들에서 재배되는데 갠지스 평야 양쪽, 즉 인도와 파키스탄에서 모두 재배된다. 이 쌀은 인도 문화에서 오랫동안 칭송을 받아왔다. 바스마티 라이스가 처음에 언급된 곳은 펀자브 출신의 시인 워리스 샤Waris Shah가 1766년에 쓴 찬사를 받은 서사시, "히어 란쟈Heer Ranjha"다. 과거의 무역로를 통해 인도 상

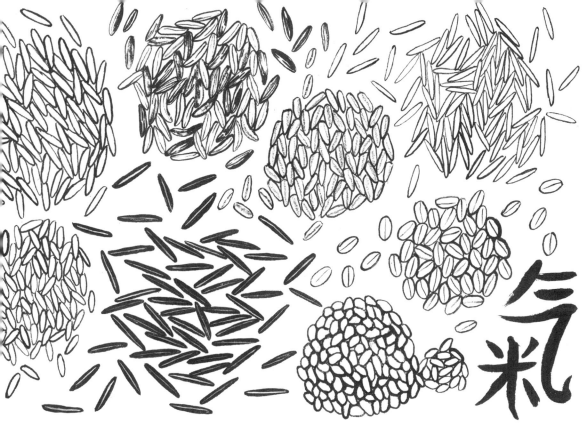

인들은 중동에 이 쌀을 소개했고, 그곳에서도 바스마티는 그 진가를 인정받게 된다.

바스마티를 유명하게 하고 진가를 인정받게 만든 이 향은 2AP2-acetyl-1-pyrroline라는 특정한 향을 내는 성분에서 나온다. 판단pandan 잎에서도 발견되는 이 성분은 바스마티 쌀에 고함량으로 들어 있다.

바스마티는 값비싼 쌀이다. 이 쌀의 구매자들은 높은 가격을 치를 각오를 하기에 전 세계로 바스마티를 판매하는 주 수출국인 인도에 있어 이 쌀은 매우 중요한 곡물이다. 인도 다음으로는 파키스탄이 바스마티의 주 수출국이다. 인도 내에서는 하리아나Haryana주, 펀자브Punjab주, 히마

라이스 엔 피스
Rice 'n' Peas

자메이카의 주식으로 매우 사랑받는 음식이다. 피스peas는 콩 종류인데, 검은콩이나 강낭콩을 사용해도 된다.

4인분
준비시간 10분
조리시간 30분

- 베트남 쌀 300g
- 해바라기유 혹은 식물성 기름 1큰술
- 다진 양파 1개
- 깐 마늘 1개
- 올스파이스 베리 1/2작은술, 선택사항
- 스카치 보닛 페퍼 또는 레드 칠리 1개
- 타임 줄기 2개
- 통에 든 코코넛 우유 400ml
- 물 100ml
- 강낭콩 캔이나 물에 담근 검은콩 400g, 헹구어 사용한다.
- 소금

1. 쌀을 찬물에 여러 번 씻는다.

2. 두꺼운 소스팬에 기름을 두르고 양파를 넣어 부드러워질 때까지 살짝 볶는다. 쌀을 넣어 섞고 마늘, 올스파이스 베리, 스카치 보닛 페퍼 또는 레드 칠리와 타임을 넣는다. 코코넛 우유와 물을 붓고 콩에 섞은 후 소금으로 간한다.

3. 뚜껑을 덮고 끓이다가, 끓으면 아주 약한 불로 쌀이 모든 물을 흡수해 부드러워질 때까지 20분 정도 끓인다. 마늘, 칠리, 타임은 빼고 내놓는다.

찰프라데시Himachal Pradesh주, 우타라칸드Uttarakhand주, 그리고 우타르 프라데시Uttar Pradesh주 서쪽에서 바스마티가 재배된다.

파키스탄에서는 펀자브주 내에서 바스마티가 재배된다. 인도 음식에서 숙성 바스마티추수 후 몇 년 동안 제어된 환경에서 저장된 바스마티 라이스는 특히 더 대접을 받는다. 숙성 과정을 통해 바스마티는 향이 향상되고 완전히 건조되기에 익혔을 때 식감이 가볍고 밥이 서로 들러 붙지 않게 된다.

전통적으로 바스마티 라이스는 인도의 왕족과 귀족이 즐기는 항상 호사로운 음식이었다. 이 쌀은 결혼식 축하 연회나 종교 축제 등과 같이 특별한 경우에 사용되었다. 바스마티와 특별히 관련된 음식은 비리야니biriyani라는 무굴제국Moghul Empire의 왕실 주방에서 유래된 고급스러운 음식이 있다.

캐롤라이나 골드 라이스

캐롤라이나 골드 라이스Carolina Gold rice에 대한 이야기에서 볼 수 있듯이 미국 역시 쌀에 있어 자신들만의 유산을 가지고 있다. 식민지 시기에 사우스캐롤라이나South Carolina는 북미 지역의 주요 쌀 생산지였다.

사우스캐롤라이나주 찰스턴 출신의 헨리 우드워드Henry Woodward는 미국에서 벼농사를 개척한 사람이다. 1685년 우드워드는 찰스턴 항구를 통해 마다가스카르Madagascar 섬에서 벼 종자 한 봉지를 들여 온 존 서버john thurber로부터 아프리카 벼(오르자 글래베리마) 종자를 얻는다. 우드워드는 그 종자로 찰스턴에 있는 자신의 정원과 애바풀라 강변에 있는 자신의 땅에서 쌀을 재배했다. 쌀은 값어치가 있는 상품이었고 사우스캐롤라이나의 아열대성 기후와 습지, 강, 개울, 조수 독tidal basins 등과 같은 환경은 쌀을 재배하는 데 적합했다.

라이스 코스트Rice Coast로 알려진 서아프리카의 벼농사 지역에서 온 아프리카 노예들은 찰스턴노예 수송에 사용되던 주요 항구 중 하나으로 이동되었고 노동 집약적인 이 새로운 작물을 재배하는 일, 즉 벼를 심고 괭이질을 하고 쌀을 추수하는 것뿐만 아니라 땅을 고르고 관개 시스템을 위한 수로와 도랑을 구축하는 일에 착수했다.

아프리카 노예들이 가지고 있던 벼농사에 대한 지식은 미국 식민지 시대에 쌀을 성공적으로 경작하는 데 있어 필수적인 역할을 했다. 캐롤라이나의 쌀은 영국 등의 국가에서 품질로 그 이름을 높이며 담배와 더불어 사우스캐롤라이나 경제의 중요한 요소이자 주요 수출품이 되었고, 사우스캐롤라이나 주의 수입을 증대시키는 데 기여했다.

1714년 미국은 쌀의 무게를 재는 시스템을 도입했는데 그 중 하나는 쌀을 실어 나르는 데 사용되는 통의 크기를 명시하는 것이었다. 이것이 무게 단위인 배럴(약 73kg)의 유래로 오늘날 상업적으로 쌀을 재배하는 남서부의 루이지애나Louisiana주에서는 여전히 쌀의 산출량을 측정할 때 이 단위를 사용한다. 캐롤라이나 골드라는 이름은 황금빛을 띤 논의 모습에서 온 것으로 전해진다.

맛으로 그 가치를 인정받았음에도 불구하고 캐롤라이나 골드 라이스를 가공하는 데 있어 한 가지 이슈는 캐롤라이나 골드 라이스의 알곡이 약해 쉽게 부서진다는 점이었다. 캐롤라이나 골드 라이스는 정미를 하는 동안 알곡의 약 30%가 부서진다고 한다. 상품 가치가 있는 온전한 알곡은 수출을 했지만, 전통적으로 미들린middlin으로 알려진, 오늘날에는 빻은 쌀가루rice grit라고 부르는 부서진 알곡은 가정에서 소비할 용도로 보관했지만 그 특유의 식감이 사랑을 받게 되면서 사우스캐롤라이나 요리의 특색 있는 재료가 되었다.

일본식 오이 김밥
Cucumber Sushi Rolls

전형적인 일본 김밥으로, 찰기 있는 밥, 김, 일본식 쌀식초와 고추냉이 그리고 김밥용 대나무발을 사용한다. 여기에서 소개하는 것은 전통적인 방식으로 속을 채우는 레시피이지만, 일단 김밥을 마는 법을 익히면 다양한 종류의 속으로 김밥을 만들 수 있다.

김밥 12개
준비시간 15분,
불리고, 말리고, 시키는 시간 추가
조리시간 15분

· 초밥용 쌀 100g
· 물 225ml
· 일본식 쌀식초 2작은술
· 설탕 1작은술
· 소금 1작은술
· 김 2장
· 고추냉이
· 참기름 1작은술
· 길게 썬 오이 1/4개
· 생강 초절임과 저염 간장, 곁들이는 재료

1. 쌀은 찬물에 여러 번 씻어 전분을 제거하고, 뚜껑을 덮어 15분간 둔다.

2. 물기를 뺀 쌀을 밥솥에 넣고 물을 적당하게 붓고 뚜껑을 덮는다. 뜨거운 불에 끓이다가 불을 줄이고 15분 동안 약한 불에서 끓인다. 그런 다음 불을 끄고 15분 동안 뜸을 들인다.

3. 밥을 하는 동안 쌀식초와 설탕, 소금을 잘 섞어 식초물을 만든다. 밥이 다 되면, 따뜻한 밥을 큰 쟁반 위에 잘 흩트려 식초물을 뿌린 후 상온에서 식힌다.

4. 김발에 김을 올리고, 밥의 반을 김 위에 고르게 펴고 윗부분을 따라 1cm 정도의 빈 공간을 남긴다. 고추냉이를 가운데에 줄지어 펼쳐 놓고, 그 위에 통깨를 조금 뿌리고 오이를 올린다.

5. 김의 끝부분에 물을 바르고, 김발을 사용하여 김밥을 만다. 이때 김 끝부분에 물을 살짝 발라 잘 붙게 한다.

6. 김밥을 하나 더 말고, 각각의 김밥을 6조각으로 자른다. 생강 초절임과 와사비, 저염 간장을 곁들여 낸다.

1820년까지 98,000에이커 이상의 사우스캐롤라이나의 땅이 캐롤라이나 골드 라이스를 재배하는 논으로 전환되었다. 그러나 남북전쟁의 발발과 함께 노예 제도가 폐지되면서 저임금 노동 인력이 부족해지자 사우스캐롤라이나의 농사는 경제성이 맞지 않게 되었고, 사우스캐롤라이나 주의 쌀 생산량은 상당히 하락했다. 쌀 재배는 루이지애나를 비롯한 다른 주로 옮겨갔다. 20세기 초반 두 번의 파괴적인 허리케인과 대공황은 사우스캐롤라이나 농부들이 겪고 있던 어려움을 더욱 심각하게 만들었고, 현대식 농법으로 농사를 짓기에는 경제성이 맞지 않았던 캐롤라이나 골드 라이스는 사실상 멸종되었다.

그러나 상황은 다시 바뀌게 된다. 1980년대에 서배너Savannah에 사는 리차드 슐츠Richard Schulze라는 이름을 가진 안과 의사는 사냥 목적으로 오리를 유인하기 위해 사우스캐롤라이나 주의 하디빌Hardevilee에 있는 그의 턴브릿지Turnbridge 농장에서 쌀을 재배하기 시작했다. 그는 그 지역의 토종 쌀을 재배하기로 마음 먹었고, 추적 끝에 텍사스에 있는 미 농무부의 종자 은행으로부터 약 6kg의 캐롤라이나 골드 라이스 종자를 얻었다. 슐츠는 이 종자를 1986년에 자신의 농장에 심었고 이렇게 캐롤라이나 해안 습지대의 역사적인 장소에서 이 쌀의 역사는 다시 시작됐다. 오랫동안 맛과 식감으로 호평을 받았지만 희귀하게 된 이 쌀을 심게 되자 슐츠는 이 쌀을 직접 먹고 싶었다. 이를 위해서는 쌀을 도정해야 했고 따라서 슐츠는 그 다음 단계로 리지랜드Ridgeland에 있는 오래된 버려진 정미소를 복원하기에 이른다. 1988년 4.5톤이 넘는 많은 쌀을 수확하게 된 슐츠는 특별히 기획한 '복원 만찬'을 열고 자신의 손님들에게 이제는 전설이 된 그 지역의 특산 쌀을 맛볼 수 있는 기회를 제공했다. 슐츠와 그의 손님들은 훌륭한 식사를 만들어 준다는 명성에 부응했던 캐롤라이나 골드 라이스의 품질에 감명받았다.

캐롤라이나 골드 라이스를 부활시키고자 하는 관심은 더욱 커졌다. 앤슨 밀스Anson Mills 설립자인 글렌 로버츠Glenn Roberts는 유산으로 내려 온 이 종자에 매료되었고, 다시 한 번 남부의 독자적인 작물로 만들겠다는 꿈을 좇아 1998년부터 캐롤라이나 골드 라이스 재배를 연구하기 시작했다. 2000년에 이르러 상업적인 생산량을 수확하게 되었고 오늘날에는 앤슨 밀스가 유기농 캐롤라이나 골드 라이스를 재배하고 판매한다. 이 쌀이 재배되는 땅 중에는 찰스턴 인근에 있는 논인 프로스펙트 힐스Prospect Hills가 있는데, 이곳은 미국에서 가장 오래된 조수 간만의 차를 이용한 트렁크와 도랑이 있는 논이다. 앤슨 밀스에서 판매하는 특산품 중에는 캐롤라이나 골드 라이스를 추수한지 2개월 내에 도정한 "햅쌀"이 있는데 이 쌀은 완전히 다 건조되지 않았기에 섬세한 향과 특유의 식감을 특징으로 한다. 1998년에는 남부 지역의 전통 음식 전문가인 글렌 로버츠Glenn Roberts와 데이비드 쉴즈David Shields가 캐롤라이나 골드 라이스 재단Carolina Gold Rice을 설립했다. 이 재단은 캐롤라이나 골드 라이스를 비롯한 역사적인 가치를 지닌 곡물들이 지속될 수 있게 복원하고 홍보하기 위한 목적으로 설립된 비영리 조직이다. 클렘슨 대학교Clemson University의 멀 셰퍼드Merle Shepard, 거뎁 쿠시Gurdev Khush, 애나 맥클렁Anna McClung 등의 과학자들은 캐롤라이나 골드 라이스 품종에서 더 단단하고 질병 저항력이 있는 품종을 만들고자 했다. 이들이 협업한 결과, 현재 상업적으로 재배되고 판매되는 찰스턴 골드Charleston Gold라고 불리는 향이 나는 쌀이 개발되었다.

상당한 정도로 사라졌던 사우스캐롤라이나 주의 전통 음식을 다시 소개하고자 하는 이러한 움직임은 전국에 있는 셰프와 식당 경영자들 사이에서 일어난 로커보어locavore, 지역을 뜻하는 로컬과 먹거리를 뜻하는 보어를 합친 합성어로 자신이 사는 곳과 가까운 곳에서 재배되고 사육된 음식을 즐기는 사람들을 의미한다 운동에 반영되어

왔다. 이 풍요로운 음식 전통을 홍보하는 유명 인사 중에는 숀 브록Sean Brock이라는 호평을 받는 셰프가 있는데 찰스턴에 있는 그의 레스토랑 허스크Husk와 맥크레이디스McCrady's는 남부 지역의 재료와 음식들을 전문으로 한다. 브록은 캐롤라이나 골드 라이스의 열렬한 옹호자로 호핑 존hoppin' John, 쌀을 동부 콩, 다진 양파, 얇게 썬 베이컨, 소금과 함께 조리한 미국 남부 전통 요리과 같은 전통 음식들의 재료로 이 쌀을 사용한다. 오늘날 150에이커에 이르는 사우스캐롤라이나 논에서 이 지역의 가보와도 같은 캐롤라이나 쌀이 매년 6톤이 넘게 생산되고 있어 이른바 캐롤라이나 골드라이스의 르네상스는 여전히 지속되고 있다.

쌀로 만든 술

많은 나라에서 쌀은 음식으로서 뿐만 아니라 알코올을 만드는 중요한 재료로도 인정받아 왔다. 쌀을 이용해 만든 곡주는 쌀을 주식으로 먹는 중국, 인도, 한국, 일본, 동남아시아 국가들과 같은 많은 국가들에서 흔히 찾을 수 있다. 이 술은 맥주를 양조하는 것과 유사한 과정을 거쳐 만들어지는데 익힌 밥에 있는 녹말 성분이 발효되어 알코올을 발생시켜 만들어진 것이다. 중국에서 술은 쌀은 물론이고 수수나 기장과 같은 여러 곡물들로 수천 년 동안 양조되었다. 중국 문화에서 중요한 역할을 한 쌀로 만든 술은 절에 바치는 공물이나 결혼식 술로도 사용되었고, 기원전 11세기부터 기원전 7세기 사이에 지어진 시가들을 엮은 ≪시경詩經≫과 같은 중국 고전 시가집에서도 등장한다.

쌀로 만든 많은 술 중에 원산지 밖에서도 대대적으로 잘 알려진 술은 아마도 일본의 사케일 것이다. 일본에서 사케는 국민 술로 여겨지고 있

프레그런트 베지터블 풀라우
Fragrant Vegetable Pulau

쌀은 그 특별한 맛과 식감 때문에 많은 나라에서 주식으로 요리되는 재료이다. 인도에서 영감을 받은 이 레시피는 향긋한 바스마티 쌀을 사용하는데, 기름진 맛을 위해 버터에 볶고 향신료를 넣어 요리한다. 반찬으로 내놓기도 하지만, 한 끼 식사로도 즐겨먹는다.

4인분
준비시간 10분
조리시간 20~25분

· 사프란 가루 1/2작은술
· 바스마티 쌀 300g
· 버터 2큰술
· 시나몬 스틱 1개
· 카르다몸 6개
· 다진 양파 1/2개
· 냉동 완두콩 115g
· 당근 2개, 껍질을 벗기고 깍둑
  썬다.
· 강남콩 55g, 2.5cm로 자른다.
· 닭육수 450ml
· 소금

1. 사프란은 뜨거운 물 1큰술에 담가 놓고, 쌀은 찬물에 여러 번 씻어 전분을 제거한다.

2. 중불에 두꺼운 소스팬을 올리고 버터를 넣는다. 카르다몸, 시나몬 스틱, 양파를 넣고, 양파가 부드러워질 때까지 볶는다.

3. 쌀과 완두콩, 당근, 강낭콩을 넣고, 닭육수와 샤프란 담근 물을 붓고 소금을 넣어 간한다. 뚜껑을 덮고 불을 줄이고 닭육수가 모두 졸 때까지 15~20분 정도 끓인다. 쌀이 부드러워지면 제공한다.

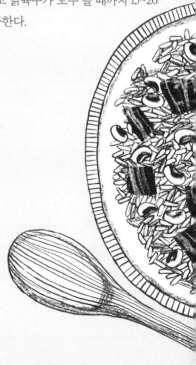

으며 집이나 바, 레스토랑 등에서 사람들과 함께 마시기도 하고 공식적인 행사, 축제, 공휴일 등을 축하할 때 마시기도 한다. 찐밥으로 만드는 전통적인 사케는 발효 배양균인 국균을 찐밥의 일부에 주사해서 발효시키는 과정을 거쳐 만들어진다. 이렇게 만들어진 쌀누룩은 나머지 쌀과 물, 이스트와 섞어 주모酒母, 청주를 양조할 때 사용하는 종균혼합물를 만든다. 사케에는 후츠슈(보통주)와 다양한 등급으로 판매되는 토쿠테이 메이쇼슈(특정 명칭주) 등 두 가지가 있다. 사케는 계절이나 사케의 종류, 음용자의 기호에 따라 차게, 혹은 실온으로, 또는 따뜻하게 마신다. 사케는 도쿠리라고 불리는 특별한 도자기 사케병에 넣어서 사카즈키 혹은 구이노미, 초코 등으로 알려진 작은 도자기 컵에 따라 마신다. 질 좋은 사케는 향의 질과 섬세한 색깔, 우아한 꽃향에서 과일향, 그리고 감칠맛이 풍부한 맛에 이르는 풍미 등으로 전문가들에게 그 가치를 인정받는다.

요리용 쌀

쌀은 다양한 환경에서 자랄 수 있는 적응력이 뛰어난 식물이듯이, 주방에서 사용되는 쌀도 매우 융통성이 좋은 재료다. 섬세하고도 야단스럽지 않은 맛을 가진 쌀은 식사의 훌륭한 기초로 매운 커리나 특별한 식감이 있는 짭조름한 볶음 요리 또는 깊은 맛의 스튜와 함께 먹을 수 있는 기본적인 베이스가 된다. 쌀은 수많은 조리법에서 주 재료가 되어 그 자체로만으로도 즐길 수 있는 재료가 되기도 한다.

작고 단단한 알곡인 쌀을 사람들이 쉽게 먹고 소화시킬 수 있는 음식으로 바꾸기 위해서는 조리를 해야 한다. 쌀은 부드러워질 때까지 끓여서 물을 따라 내고 먹으면 된다. 그러나 눈여겨볼 것은 쌀이 식생활의 중심이 되는 문화권에서 쌀을 조리할 때 들이는 정성이다. 인도에서 장립종의 쌀을 익히는 한 가지 방식은 쌀을 씻은 후 여분의 전분을 없애기 위해 물에 담가 두었다가 뚜껑이 있는 냄비에 넣고 물과 쌀의 비율을 정확하게 맞추어 흡수식으로 조리하는 것이다. 조리가 끝날 시점이 되면 쌀은 모든 물을 흡수해 부드러운 밥이 된다. 중국에서도 장립종 쌀을 익힐 때 비슷한 방식을 사용한다. 역사적으로 쌀이 사치품으로 아주 귀하게 여겨지던 이라크(과거 페르시아의 일부)에서 장립종 쌀을 조리하는 전통적인 방식은 쌀을 씻어 소금물에 담갔다가 살짝 데치고 물을 빼낸 후 마지막으로 찌는 것인데 이렇게 하면 식감이 가볍고 수분이 없는 밥이 완성된다.

이탈리아에서는 쌀을 매우 다른 방식으로 조리하는데 일반적으로 리소토라고 불리는 음식을 만들 때 이 방식을 사용한다. 이 음식은 아밀로펙틴이 많이 들어 있는 아보리오Arborio 또는 카르나롤리carnaroli와 같은 단립종과 중립종 사이에 있는 이탈리아 쌀을 가지고 만든다. 리소토를 만들려면 쌀을 우선 양파와 함께 버터에 볶다가 뜨겁게 끓인 육수를 15~18분가량의 시간 동안 조금씩 넣는데 이때 쌀이 고르게 익을 수 있도록 자주 저어 주어야 한다. 쌀이 익음에 따라 전분이 빠져 나오면서 특유의 크림같은 질감을 가진 리소토가 완성된다. 이상적으로는 쌀은 완전히 익었으면서도 적당히 씹히는 느낌이 남아 있어야 한다. 리소토는 대개 마지막에 버터나 파마산 치즈 가루를 넣어 더 깊은 맛이 나도록 만든다. 이러한 리소토는 여러 지역별로 혹은 계절별로 다양한 버전이 존재하는 변통성이 있는 음식으로 아스파라거스, 오징어 먹물, 쥬키니, 해산물, 이탈리아 소시지, 말린 포르치니 버섯 등과 같은 재료를 넣어 만들수 있다.

스페인에서는 사람들의 각별한 사랑을 받는 국민 음식으로 꼽히는 파

에야를 만들 때 봄바bomba와 같은 중립종을 사용한다. 파에야는 발렌시아Valencia 지역의 알브페라Albufera 석호 인근 농촌에서 유래한 음식이다. 파에야라는 단어는 발렌시아 방언으로 "프라이팬"이라는 의미를 가지고 있는데 전통적으로 이 음식이 크고 얕은 프라이팬에서 조리되기 때문이다. 스페인에서 파에야를 만드는 것은 종종 사교적인 행사의 하나로 야외에서 불을 피우고 많은 사람들이 먹을 수 있을 정도로 충분히 큰 팬을 그 위에 올려 가족과 친구들을 위해 요리하곤 한다. 파에야를 만들 때 쌀은 향신료와 부재료들로 맛을 내는데 파에야에 사용되는 액상 재료로는

베이커 바닐라 라이스 푸딩
Baked Vanilla Rice Pudding

부드러운 라이스 푸딩은 옛날 방식의 영국 디저트로, 어린 시절에 먹어본 사람에게는 향수를 불러일으키는 음식이다. 실제로 만드는 것이 매우 간단하고 오븐에서 천천히 굽기 때문에 요리사의 조언이 거의 필요 없다. 편안하고 크림처럼 식감이 좋은 음식이므로 추운 겨울밤에 이상적이다. 보통 딸기잼이나 산딸기잼과 함께 제공되지만, 설탕에 절여 말린 과일과도 잘 어울린다.

4인분
준비시간 5분
조리시간 3시간

· 단립종 쌀 3큰술
· 바닐라 설탕 1큰술
· 우유 600ml
· 소금 약간
· 바닐라시럽 1작은술
· 딸기잼

1. 오븐은 150도로 예열한다.

2. 오븐용 그릇에 쌀과 설탕을 넣고, 쌀이 잠길 때까지 우유를 넣는다. 소금과 바닐라 시럽을 넣고 저어준다.

3. 3시간 동안 오븐에서 구우면서, 처음 1시간 후에 1~2번 저어준다. 우유가 다 흡수되어 푸딩이 되면, 오븐에서 꺼내 딸기잼과 함께 먹는다.

와인과 뜨거운 육수가 있다. 리소토와는 달리 파에야에 사용하는 육수는 한 번에 쌀에 붓고 쌀이 육수를 흡수해서 부드러워질 때까지 약 20분 동안 뚜껑을 열고 젓지 않고 뭉근하게 끓이는 식으로 조리한다.

전통적으로 파에야에 넣는 재료들은 지역별로 다양한데 달팽이, 장어, 토끼, 제철 채소, 닭, 소시지 등은 모두 보편적으로 들어가는 재료들이다. 다양한 종류의 파에야 중에서도 해산물 파에야는 특별히 눈길을 끈다. 과거에는 해안 지역에서 만들어졌지만 이제는 스페인 전역에서 만들어지는 이 파에야는 밥에 짙은 노란 빛을 내는 사프란saffron을 넣어 향을 내고 새우, 홍합, 조개 등과 같은 해산물을 밥 위에 올려 만든다.

또한 쌀에 많은 양의 물을 넣고 부드러워질 때까지 끓여서 죽으로 만든 음식도 있는데 이러한 죽은 곡물 안에 든 전분으로 자연스럽게 걸쭉해진다. 중국에서는 이러한 유형의 음식을 콘지congee라고 부르며, 중국인들은 기름에 튀긴 빵인 유타오와 함께 간단하면서도 든든하고 소화가 잘 되는 아침 식사로 콘지를 먹곤 한다.

콘지는 기본적이고 저렴한 음식으로 중국에서는 피시볼, 양념에 재운 닭고기, 해산물, 송화단 또는 피단과 같은 갖은 재료들을 추가해 만들어진, 지역별로 무수히 많은 종류의 콘지를 맛볼 수 있다. 쌀을 주식으로 하는 인도, 인도네시아, 한국, 일본, 필리핀, 스리랑카와 같은 국가들에서도 여러 가지 형태의 이러한 쌀죽을 접할 수 있다.

식감이나 고급스러움에서 대조를 이루는 음식으로는 인도 대륙에서 잔치 때 먹는, 쌀을 주재료로 한 별미 음식인 비리야니biriyani라는 무굴 전통 요리가 있다. 이 이름은 비린즈birinj("쌀"을 의미하는 페르시아어)나 비리얀biryan("볶다"를 의미하는 페르시아어)에서 유래한 것으로 추정된다. 비리야니는 바스마티와 같은 살짝 익힌 장립종 쌀을 양념한 육류, 생선, 채소 등과 함께 층을 쌓고 뚜껑을 덮어 전통적으로는 밀가루 반죽으

나시고렝
Nasi Goreng

인도네시아식 볶음밥은 정말 모두가 좋아하는 맛있는 음식이다. 레드 칠리는 특별한 쾌감을 주고, 동남아시아의 새우젓인 블라찬을 사용하면 짭조름한 감칠맛이 풍부해진다.

4인분
준비시간 10분
조리시간 17~18분

· 계란 2개
· 소금과 검은 후추
· 해바라기유 4큰술
· 레드 칠리 2개
· 다진 양파 1/2
· 다진 마늘 2개
· 블라찬 1/2작은술
· 닭고기 250g, 작게 썬다.
· 생새우 175g, 껍질을 깐다.
· 찬밥 500g
· 케찹 마니스(인도네시아 간장 소스) 1큰술
· 튀긴 샬롯 2큰술

1. 작은 그릇에 계란을 둘 다 넣고 소금과 후추로 간한다. 프라이팬에 기름 1/4큰술을 두르고 가열한다. 달궈진 팬에 달걀 반을 붓고 팬을 기울여 고르게 펴지게 해서 지단을 붙인다. 남은 달걀로 이 과정을 반복한다. 두 개의 얇은 지단을 잘 말아 얇게 썬다.

2. 칠리, 양파, 마늘, 블라찬을 푸드 프로세서에 넣고 섞는다.

3. 남은 기름을 웍에 넣고 데워 칠리를 넣고 향이 날 때까지 2~3분간 계속 젓는다. 닭고기를 넣고 2분간 볶다가, 새우를 넣고 불투명한 분홍색이 될 때까지 볶는다.

4. 밥과 케찹 마니스를 넣고 골고루 섞고, 덩어리가 지지 않게 골고루 5분간 볶는다.

5. 잘게 썬 지단과 튀긴 샬롯을 뿌려 내놓는다.

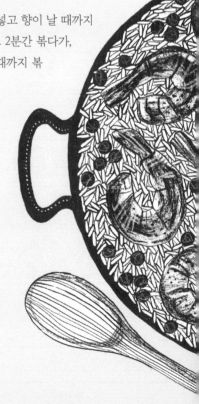

로 밀폐를 한 밀봉된 냄비에 넣어 쌀이 자체적으로 나오는 증기에 의해 익을 때까지 찐 음식이다. 비리야니를 만들 때 사프란, 블랙 카다멈, 그 린 카다멈, 시나몬 스틱, 메이스 가루 등과 같이 값비싼 향신료들이 흔히 사용된다. 이렇게 탄생된 비리야니는 특별한 날에 먹는, 풍부하고 향이 좋은 음식인데, 밥알의 가벼운 정도와 날리는 정도는 이 음식이 얼마나 잘 조리되었는지를 가늠하는 주요 지표로 여겨진다. 페르시아 요리 중에 는 모라사 폴로우morasa polow 혹은 "보석밥"이라고 불리는 쌀을 주재료로 하는 잔치 음식이 있다. 주로 결혼식 연회에서 먹는 이 음식은 황금 빛의 사프란 라이스를 설탕에 조린 당근, 오렌지 껍질 슬라이스, 말린 바베리, 피스타치오, 아몬드, 얼음 설탕 등으로 장식을 한 눈부시게 아름다운 음 식이다.

보다 일상적인 음식으로는 다양하게 변형된 필라프pilaf 라이스가 전 세 계에 널려 있다. 이러한 음식들을 만들 때 풍미를 더 강화하고자 쌀을 육 수에 익히기도 하고 때때로 육류, 생선, 채소 등을 추가해서 만들기도 한 다. 맛을 향상시키고 풍미를 더욱 깊게 하기 위해 마무리할 때 추가하는 것으로는, 다진 양파를 버터에 볶은 후 쌀을 넣고 골고루 잘 섞거나, 월 계수잎과 같은 향을 내는 허브나 시나몬 스틱과 같은 향신료를 사용하거 나, 견과류나 말린 과일을 넣는 것 등이 있다. 스페인과 프랑스에서 유래 한 루아지애나 음식인 잠발라야jambalaya는 이러한 방식으로 쌀을 요리한 한 가지 예다. 잠발라야에도 수많은 조리법이 있지만 일반적으로는 앙 두유andouille 소시지, 돼지고기, 닭고기 그리고 가재 등이 들어간다. 쌀과 콩으로 만든 호핑존hoppin' John은 미국 남부 지역에서 많은 사랑을 받는 또 하나의 음식이다. 열대 지방에서는 쌀을 끓일 때 육수보다는 코코넛 밀크를 사용하여 은은한 단맛과 기름지고 풍부한 식감을 더한다. 말레이 시아에서는 나시르막nasi lemak이라는 코코넛 라이스에 볶은 멸치, 땅콩,

삼발sambal이라고 불리는 톡 쏘는 맛의 칠리 렐리시, 채소 피클 등 식감에 있어서나 맛에 있어서나 밥의 부드러움과 대조를 이루는 것들을 함께 차려내는 음식이 인기다.

익힌 밥을 볶는 것은 전 세계적으로 인기 있는 또 하나의 조리 방법이다. 쌀을 먹는 국가들에서는 남은 밥을 소비하는 효과적인 방법으로 이러한 조리법을 오랫동안 활용해 왔다. 중국에서는 센불에 웍을 올리고 힘차게 섞어 가며 만든 볶음밥이 인기다. 종종 이러한 볶음밥은 파와 달걀 만으로 간단하게 만들어지기도 하지만 얇게 썬 양념 소고기, 염장한 생선 조각, 바비큐 포크, 해산물 등과 같은 재료를 추가하여 더욱 공을 들인 볶음밥도 더 많이 존재한다.

요리에서 쌀을 시각적으로도 매력적으로 사용하는 예는 일본의 가장 유명한 쌀 요리인 초밥에서 찾을 수 있다. 철저히 일본 전통 음식인 이 초밥은 이제 전 세계적으로 널리 알려져 많은 국가들에서 만들고 있다. 이 음식은 익힌 밥 안에 염장한 고기를 넣어 보존하여 발효시키는 생선 보존법의 하나로 고안되었다. 에도시대(1603~1867년)에 이르러 발효를 시키지 않고 날 생선으로 만든 초밥이 등장했다. 19세기에는 쌀에 식초를 넣는 방법이 사용되었다. 서로 뭉치는 단립종의 성질은 오늘날 우리에게 익숙한 형태의 초밥을 만드는 데 있어 가장 중요한 요소로, 모양이 제대로 잡히게 해주고 우아하게 보이게 한다. 초밥에는 마키스시(김에 돌돌 만 것), 오시스시(틀에 밥을 넣어서 익히거나 소금에 절인 생선을 올린 것), 니기리스시(손가락 마디에 올릴 수 있는 양의 밥 위에 생선, 해물, 달걀말이 등을 올린 것), 지라시스시(그릇에 밥을 담고 생선 조각을 올린 것) 등 네 가지 종류가 있다. 니기리스시를 만들 때 밥의 식감을 제대로 만드는 것, 즉 서로 뭉칠 수 있을 정도로 충분히 단단하지만 먹기에는 여전히 부드럽게 만드는 것은 단순하지 않다. 초밥을 잘 만드는 데는 상당

비빔밥
Bibimbam

한국인이 정말 좋아하는 비빔밥은 볶은 야채와 고기 등 다양한 색상의 재료들이 매력적으로 토핑되어 있다. 재료에 따라 다양한 조리법이 있지만, 핵심적인 양념은 마늘과 참기름 그리고 한국의 그윽한 칠리 소스인 고추장이 있다.

4인분
준비시간 20분
조리시간 20~25분

· 소고기 225g, 얇게 썬
· 다진 마늘 1개 분량
· 간장 2큰술
· 참기름 1과 1/2큰술
· 설탕 약간
· 단립종 쌀 300g
· 물 600ml
· 소금
· 당근 2개, 채 썬다.
· 참깨 2큰술
· 해바라기씨유 4큰술
· 버섯 12개, 반으로 자른다.
· 고추장 3큰술
· 계란 4개
· 다진 대파 2개

1. 소고기를 믹싱볼에 넣고, 마늘, 간장 1큰술, 참기름 1큰술, 설탕 약간을 넣어 버무려 재운다.

2. 쌀은 깨끗하게 씻어 전분을 제거한다. 냄비에 쌀과 물을 넣고 소금 약간 섞어서 뚜껑을 덮어 끓이다가, 불을 줄이고 20분간 쌀이 부드러워질 때까지 조리한다.

3. 밥이 되는 동안 토핑을 준비한다. 채 썬 당근을 끓는 물에 데쳐 물기를 빼고 참기름과 참깨를 넣어 버무린다.

4. 팬에 해바라기씨유 1큰술을 넣고 달구어 버섯이 노릇노릇해질 때까지 볶는다. 고추장 1큰술과 간장 1큰술을 넣고 다시 볶는다.

5. 다른 팬을 준비해서 해바라기씨유를 1큰술을 넣고 양념한 소고기를 익을 때까지 저어가며 볶는다.

6. 갓 지은 밥을 그릇 4개에 나누어 담는다. 소고기와 당근, 볶은 버섯, 고추장으로 토핑을 한다.

7. 남은 해바라기씨유를 팬에 넣고, 계란프라이를 해서 올린다. 마지막에 다진 파를 뿌려 제공한다.

한 경험과 노련함이 필요하고 초밥을 만드는 마스터 셰프는 일본에서 큰 존경을 받는다.

쌀은 우리가 처음 생각한 것과는 다르게 식사용 식재료로 사용되는 것에 그치지 않는다. 전 세계적으로 쌀을 푸딩에 사용하는 다양한 전통이 있다. 인도에는 쌀을 카다몸, 설탕과 함께 우유에 넣고 천천히 그리고 부드럽게 익힌 후 식혀서 피스타치오와 바크vark(식용 호일)로 장식을 한 쌀 푸딩인 키르Kheer가 있다. 영국에서도 쌀 푸딩은 전통적인 디저트로 영국의 라이스 푸딩은 쌀을 가당 우유에 넣고 익힌 후 딸기 젤리와 함께 먹는 것이다. 동남아시아에서는 주로 찹쌀을 디저트에 사용한다. 이러한 디저트들 중 가장 잘 알려진 것으로는 태국의 망고밥이 있는데 이는 찹쌀에 코코넛 밀크를 넣어 맛을 더하고 생 망고 조각을 올려 뛰어난 시각적 효과를 준 디저트다.

쌀

215

카카오

카카오

카카오는 인간이 음식 재료로 사용하는 모든 식물들 중에서
각별한 애정을 받으며 특별한 지위를 누리고 있다.
테오브로마 카카오라는 과학적인 의미의 학명조차도
"신의 음식"으로 번역되며 특별한 중요성을 시사한다.
카카오 열매의 씨앗으로 비교적 최근에 발명된
초콜릿 음료는 초콜릿이라는 단어와 같은 의미를 지녔다.

카카오의 정확한 기원은 시간이 지나면서 흐릿해졌으나 우리가 알 수
있는 것은 카카오 나무의 본토가 아메리카 대륙이라는 사실이다. 인류가
카카오를 사용했다는 설명을 처음으로 찾을 수 있는 곳은 메소아메리카
Mesoamerica다. 메소아메리카 최초의 주요 문명사회(기원전 1200 ~ 기원전 400년)
였던 올멕Olmec이 카카오를 사용했던 것으로 추정된다. 이 신비한 문명
사회의 상당 부분이 그러한 것처럼 카카오에 대한 상세한 이야기는 개략
적으로만 남아 있을 뿐이다. 올멕에 대해 기술된 역사는 없지만 올멕의
냄비와 그릇 등에서 카카오의 화학 성분인 테오브로민theobromine의 흔적
이 발견되었다. 카카오는 의심할 여지도 없이 마야 문명(250~900년)에서
중요한 역할을 했다. 마야Maya의 상형문자나 묘실에서 발견된 도자기에
그려진 풍경 등과 같은 고고학적인 증거를 보면 마야의 엘리트 층이 카
카오로 만든 음료를 마셨다는 사실을 알 수 있다. 카카오는 마야 문화의

종교 의식에도 사용되고 통화의 한 종류로도 사용된 것으로 추정된다.

카카오는 또 다른 메소아메리카 문명인 아즈텍(1300~1521년) 사람들에게도 중요했다. 아즈텍 사람들은 현재는 멕시코인 중앙 산악지대에 정착한 유목민들로 수준 높은 문명을 이룩했다. 마야와 마찬가지로 아즈텍 왕국에서도 카카오 콩은 매우 귀중한 취급을 받으며 화폐 용도로 상거래에 사용되거나 아즈텍 제국에 바치는 공물로 쓰이기도 했다. 궁중 창고에 카카오 콩을 다량으로 쌓아 놓고 급여를 지급할 때 사용하거나 궁중에서 소비하기도 했다. 카카오 콩으로 만든 음료는 출생, 결혼, 죽음 등과 관련된 아즈텍 의식에 사용되거나 격식에 따라 음용되기도 했다. 아즈텍 귀족들이 즐긴 이 카카오 음료는 연회 때도 제공되었다. 카카오는 아즈텍 사회에서 특별한 지위를 누리고 있었는데, 이는 카카오가 단순히 고급스러운 재료여서가 아니라 마술적이고 신성한 힘을 가지고 있는 재료였기 때문이다.

1519년 스페인 정복자인 에르난 코르테스Hernán Cortés가 이끈 원정대는 1520년 모크테수마 2세Moctezuma II의 죽음, 1521년 아즈텍의 수도 테노치티틀란Tenochtitlán의 몰락, 1521년 아즈텍 왕국의 붕괴를 초래했다. 이 스페인 식민지 개척자는 카카오가 아즈텍 사회에서 가치있는 것으로 여기고 화폐로 사용한다는 점에 주목했다. 코르테스는 황제인 카를 5세Emperor Charles V에게 이러한 카카오의 용도를 다음과 같이 보고했다. "카카오는 아몬드와 같은 과일로, 갈아서 사용하는 이 카카오를 사람들은 전국 도처에서 돈으로 사용할 정도로 가치있게 여겨 이 카카오로 시장과 같은 곳에서 그들이 그들이 필요로 하는 모든 것을 구매합니다." 스페인 사람들은 또한 모크테수마 2세가 카카오 콩으로 만든 거품 음료를 마시는 것을 보고는 카카오로 만든 음료가 아즈텍 사회의 상류층 사람들이 먹는 음료라는 사실을 재빠르게 이해했다.

트리플 초콜릿 쿠키
Triple chocolate cookies

이 고전적인 쿠키 레시피는 3가지 초콜릿을 한꺼번에 즐길 수 있는 좋은 방법이다. 시원한 우유나 따뜻한 커피와 함께 즐길 수 있다.

쿠키 30개
준비시간 15분
조리시간 10분

· 가염버터 115g
· 아주 고운 설탕 50g
· 갈색 설탕 50g
· 계란 1개
· 밀가루 125g
· 베이킹소다 1/2작은술
· 다크 초콜릿칩 65g
· 밀크 초콜릿칩 65g
· 화이트 초콜릿칩 45g

1. 오븐은 175℃로 예열한다.

2. 믹싱볼에 버터와 2가지 설탕을 넣고 잘 섞고 계란을 풀어서 섞는다.

3. 채에 거른 밀가루와 베이킹소다를 잘 섞은 후, 모든 초콜릿칩을 다 넣고 다시 섞는다.

4. 베이킹 팬에 기름을 두르고, 티스푼 크기로 반죽을 가지런히 배열한다. 쿠키가 노릇노릇할 때까지 10분 정도 구워준다. 주걱으로 조심스럽게 떼어내 식힌 후 밀폐용기에 보관한다.

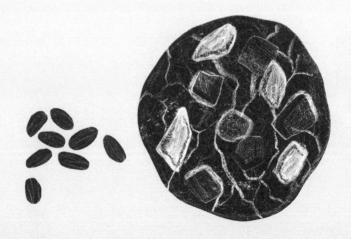

마시는 초콜릿이라는 이국적이고 신비로운 음료를 16세기에 유럽에 소개한 것은 아즈텍을 정복한 스페인 사람들이었다. 이 음료에 초콜라틀 chocolatl이라는 이름을 부여한 것도 이 스페인 사람들이었는데 이 단어는 나우아뜰로 '카카오 워터'를 의미하는 카카하틀cacahuatl에서 파생된 것 으로 추정된다. 초콜라틀에서 오늘날 우리가 사용하는 '초콜릿'이라는 단 어가 나오게 된다.

그러나 모든 사람들이 이 음료의 매력을 이해한 것은 아니었다. 이탈 리아의 역사학자 겸 여행가인 지롤라모 벤조니Girolamo Benzoni는 자신의 책인 ≪신세계의 역사History of the New World≫(1565년)에서 다음과 같이 서술 하기도 했다.

그것(초콜릿)은 사람을 위한 음료라기보다는 돼지나 먹을 만한 음료로 보인다. 이 나라에 1년을 넘게 있었지만 그걸 먹어 보고 싶은 적은 한 번 도 없었다. 마을을 지날 때마다 어떤 원주민들은 그걸 먹어 보라며 내게 권하기도 했는데 웃으면서 거절하고 사라지는 내 모습에 그들은 놀라워 하곤 했다. 그러다 와인이 부족해지면서 항상 물만 마실 수는 없어 마시기 시작한 초콜릿 음료를 좋아하게 되었다. 맛은 다소 쌉쌀했는데 몸을 채워 주고 생기를 되찾아 주었지만 취하게 만들지는 않았다. 그리고 이 초콜릿 은 이 나라의 원주민들에 따르면 최고의 그리고 가장 비싼 상품이다.

초콜릿을 마시는 것은 유럽 궁전과 대저택에서 큰 유행을 하게 되었 다. 유럽에서 초콜릿 음료는 대중보다는 사회적 엘리트들이 즐기는 값비 싼 수입 카카오로 만든 상류층 음료가 되었다(244쪽 '초콜릿 음료' 참조). 유행에 성공했다는 사실만큼이나 중요한 점은, 초콜릿이 건강에 좋은 성질을 가 지고 있는 음료로 여겨지기도 했다는 사실이다. 17세기에 초콜릿 음료

는 스페인 궁정에서 음용되었고, 투우와 같은 행사에서 마시는 음료이기도 했다.

초콜릿이 인기가 있었던 프랑스, 이탈리아, 스페인 등 가톨릭 국가에서 초콜릿 음료를 마시는 것과 관련된 이슈들 중 하나는 이 풍부하고 영양가가 많은 음료를 금식 기간에 허용하느냐의 문제였다. 1662년 교황 알렉산드르 7세Pope Alexander VII의 선언인 "리퀴둠 논 프라지트 예유니움 liquidum non frangit jejunum(음료는 금식을 어기는 것이 아니다)"은 초콜릿 음료를 금식 기간에도 먹을 수 있다는 것을 의미했고, 이는 초콜릿을 인기를 모으는 데 또 하나의 요인이 되었다. 초콜릿은 종종 상류층의 영향력이 있는 지지자들을 확보했는데, 이들은 이 새로운 음료에 대한 말을 퍼뜨리는 데 있어 하나의 역할을 했다. 프랑스의 경우 초콜릿을 사랑한 쥘마자랭Cardinal Mazarin이 이탈리아에서 프랑스로 올 때 커피, 차, 초콜릿으로 식탁을 차릴 수 있는 두 명의 요리사를 함께 데리고 왔다. 1666년, 루이 14세King Louis XIV는 프랑스에서 다비드 샬리우David Chaliou에게 "초콜릿이라 불리는 특정한 작품, 음용하면 건강에 좋은 것"을 만들고 팔 수 있는 독점권을 허락했다. 초콜릿 음료를 마시는 습관은 유럽 대륙에서 영국으로 확산되었고, 1657년 런던 비숍게이트 스트리트Bishopsgate Street에는 "초콜릿이라고 불리는 탁월한 서인도 음료"를 파는 초콜릿 하우스가 한 프랑스인에 의해 문을 열었다.

새로운 맛을 경험한 17세기 영국의 유명 일기 작가인 새뮤얼 피프스Samuel Pepys는 1661년 전날 밤 술을 진탕 마시고 난 다음 날 아침 속을 달래기 위해 "조콜라트jocolatte, 핫 초콜릿을 뜻하는 고어"를 마시는 것에 대해 기록한 바 있다. 다수의 초콜릿 하우스가 영국에서 문을 열었는데 이 중에는 프랜시스 화이트Francis White가 1693년에 문을 연 화이트 초콜릿 하우스도 있었다. 남자들은 정치를 논하고 그 날 있었던 사건을 이야기하거나 도박을 하기 위해 이러한 초코릿 하우스에 모였다. 화이트 초콜릿 하우스는 오늘날 영국에서 가장 오래된 토리당Tory party, 현 보수당의 전신 당원들이 특히 자주 찾는 특권층들의 장소인 신사클럽gentleman's club으로 잘 알려져 있다.

18세기 미국에서도 핫 초콜릿이 유행하게 되면서 핫초콜릿은 아침 식사 시간에 엘리트들이 마시는 음료가 되었다. 초콜릿 음료는 영양이 풍부한 건강한 음료로 인식되었고 초콜릿을 지지하는 사람들 중에는 1785년에 쓴 자신의 서한에서 미국이 사랑하는 음료로 초콜릿이 차나 커피를

카카오

추월할 것이라고 예견한 건국의 아버지 중 하나인 토머스 제퍼슨Thomas Jefferson도 있다.

새롭게 등장한 이 음료가 지닌 매력 중 하나는 의심할 여지도 없이 최음제로서의 명성이었다. 1570년에 뉴스페인New Spain, 멕시코으로 여행을 떠났던 스페인 왕실 의사 겸 동식물학자였던 프란시스코 에르난데스Francisco Hernández는 이 지역의 식물에 대한 중요한 책을 집필하고 초콜릿을 위한 조리법을 제시하기도 했는데, "성적인 욕구를 불러 일으킨다"고 쓰기도 했다. 17세기의 의사 헨리 스터브Henry Stubbes는 활발한 애정 생활로 유명했던 군주인 찰스 2세King Charles II를 위해 초콜릿 음료를 준비하기도 했다. 카카오로 만든 음료에 대한 글에서 스터브는 "성관계에서 초콜릿을 사용하는 것에 대해, 그리고 남자의 고환에 향과 촉촉함을 주는 것에 대해 우리의 박식한 한 동포가 너무나 재치 있게 기술한 바가 있기에 나는 여기에 감히 어떠한 것도 덧붙이지 않으려 한다"고 서술한 바 있다.

초콜릿에 대한 찰스 황제의 유난한 사랑 덕분에 왕실 회계 장부에 따르면, 1666년에는 57파운드 18실링 8페니였던 초콜릿 예산이 1669년에는 229파운드 10실링 8페니로 인상적인 증가를 보였다. 이와는 대조적으로 황제가 차에 쓴 비용은 훨씬 더 적어 보통 6파운드가량에 그쳤다. 최음제로서의 초콜릿에 대한 평은 18세기에도 이어졌다. 1745년부터 1751년에 이르기까지 루이 15세King Louis XV의 공식 애인이었던 퐁파두르 부인Madame de Pompadour도 초콜릿을 마신 것으로 알려졌다. 이탈리아의 희대의 바람둥이인 자코모 카사노바Giacomo Casanova는 성관계를 하기 전에 초콜릿 음료를 마신 것으로 전해진다. 발렌타인데이에 초콜릿 매출이 큰 폭으로 급등하는 것을 통해서도 알 수 있듯 오늘날까지도 초콜릿은 사랑이나 로맨스와 결부된다.

초콜릿 음료가 소수의 특권층이 즐기는 음료에서 더욱 저렴하고 접근 가능한 음료로 바뀌게 된 것은 산업혁명 덕분이었다. 이 과정에서 있어 핵심은 1828년에 네덜란드 화학자인 쿤라트 요하네스 판 하우튼Coenraad Johannes Van Houten이 물이나 우유와 쉽게 혼합하여 음료로 만드는 코코아 가루를 생산할 수 있는 카카오 압착법을 발명한 것이었다. 1575년 벤조니Benzoni의 기록을 보더라도 초콜릿은 알코올이 들어 가지 않은 음료다. 이는 고통과 상실감을 유발하는 것으로 여겨졌던 알코올에 대한 대안을 찾고 있던 영국의 퀘이커 교도들의 흥미를 끄는 점이었다.

코코아가루를 만드는 기계의 발전 역시 오늘날 우리가 아는 형태의 먹는 초콜릿의 탄생을 가져왔다. 이 분야의 선구자들 중 상당수는 오늘날에도 여전히 유명한 기업들이다. 1847년 퀘이커 초콜릿 제조사인 제이에스 프라이 앤 썬J.S. Fry & Son은 코코아가루와 설탕, 카카오버터를 혼합해 초콜릿 바를 만드는 틀에 넣을 수 있는 형태의 초콜릿 반죽으로 만드는 방법을 개발했다. 이렇게 1849년에 세계 최초의 초콜릿 바가 탄생했고 프라이 사는 그들의 혁신적인 '쇼콜라 델리슈 아 망쥐Chocolat Délicieux à Manger, 맛있는 먹는 초콜릿'를 공개했다. 초콜릿 제조기술은 빠른 속도로 발전해서 영국의 퀘이커 기업인 캐드버리Cadbury's는 1868년에 최초의 초콜릿 박스를 선보였다.

1879년 초콜릿 제조사인 다니엘 피터Daniel Peter가 분말우유를 만드는 법을 개발한 스위스 화학자 앙리 네슬레Henri Nestlé와 손을 잡고 밀크 초콜릿을 개발했다. 같은 해 루돌프 린트Rudolf Lindt는 식감을 크게 향상시키는 초콜릿 혼합 방법인 콘칭conching을 개발했다(237쪽 참조).

1893년 미국의 캐러멜 제조업자인 밀튼 허쉬Milton Hershey는 시카고 세계 박람회Chicago World's Fair에서 초콜릿을 제조하는 새로운 기계의 시연 장면을 보게 되었다. 그 후 1896년에 그는 초콜릿을 가공하는 공장을 지었

고, 1900년에는 허쉬바Hershey Bars 초콜릿을 생산하기 시작했다. 오늘날 초콜릿 과자는 대량 생산되어 전 세계 많은 곳에서 쉽고 저렴하게 구할 수 있게 되었다. 그럼에도 초콜릿은 여전히 특별한 것으로 여겨진다.

카카오의 종류

근래 카카오의 종류를 분류하는 고전적인 방법이 지나치게 단순화 되어 있다는 점이 점점 부각되고 있다. 유전자형을 추적하는 기술 등과 같은 과학의 진보가 훨씬 더 복잡한 시나리오를 이해할 수 있도록 도움을 주기 때문이다. 카카오를 분류하던 예전 방법과 오늘날에도 널리 사용되는 분류법에 따르면 카카오는 크게 세 가지 종류로 구분된다.

크리올로

중남미 스페인에서 "토종"을 의미하는 이 단어는 스페인 사람들이 정복하기 전에 메소아메리카에서 자라던 카카오를 말한다. 크리올로criollo 카카오는 그 품질로 큰 호평을 받고 있다. 크리올로 나무는 해충과 병해에 민감한 약한 수종으로 수확량이 많지 않아 크리올로 카카오는 희귀하고 값비싸다.

포라스테로

이 단어는 스페인어로 '이방異方'을 뜻한다. 아프리카, 브라질, 에콰도르 등 전 세계에서 자라는 카카오의 대다수는 이 품종에 속한다. 포라스테로forastero는 강인한 카카오 종류로 병해에 덜 취약하다.

트리니타리오

트리니다드Trinidad섬에서 이름을 딴 트리니타리오trinitario는 크리올로와 포라스테로를 이종 교배한 카카오로 보인다.

카카오를 분류하는 새로운 접근법에 따르면, 광범위한 카카오 품종을 포괄한 포라스테로는 분류가 지나치게 단순화 된 것으로 본다. 새로운 분류법에서 포라스테로는 8개의 품종으로 구분되는데, 아멜로나도amelonado, 콘타마나contamana, 쿠라라이curaray, 기아나guiana, 이키토스iquitos, 마라뇬marañón, 나네이nanay, 푸리스purus 등이 그 8개 품종이다. 크리올로는 마야와 아즈텍 사람들이 사용한 고대 카카오로 분류된다. 아직 분류 중에 있는 카카오 유전자 유형들도 많은데, 그 중에는 에콰도르와 페루 북부에서 자라는 나시오날nacional이 있다.

코코아 또는 카카오 시장에는 두 가지 카테고리의 카카오 콩, 즉 '벌크bulk' 또는 '일반' 카카오 콩이 있는데 이 두 카테고리의 카카오 콩이 가장 광범위하게 재배되고 있다. 이 카카오 콩의 향은 크리올로나 트리니타리오 품종의 복잡한 특징을 가지고 있지 않다. 일반적으로 말해 벌크 카카오 콩은 포라스테로 품종의 카카오 콩으로 구성되어 있다. '고급' 또는 '향미' 카카오 콩은 크리올로 또는 트리니타리오 카카오 나무에서 수확한 것이다. 전 세계적으로 생산되는 카카오 중 연간 약 5%만이 고급 또는 향미 카카오 콩에 속한다.

초콜릿은 어떻게 만드는가

고형 초콜릿을 만드는 긴 과정의 시작은 초콜릿을 만드는 콩인 카카오 열매를 재배하는 것이다.

카카오 재배와 수확

카카오 재배는 혹독한 육체 노동을 필요로 하는 노동 집약적인 일로, 재배 기간에도 수확 기간에도 지속적인 주의와 관심이 필요하다. 열대 지방이 원산지인 카카오 콩은 적도에서부터 남북위 23도 사이에 분포하는, 전 세계의 열대 지역에서 잘 자란다. 카카오 나무는 자생지에서는 열대 우림의 그늘 아래에서 5~8m 길이로 자란다. 카카오 나무는 섬세하므로 직접적인 햇빛과 바람으로부터 보호되어야 한다. 나무가 잘 자라도록 하기 위해 소규모의 카카오 재배자들은 대개 바나나 나무나 코코넛 또는 고무 나무와 같이 키가 더 큰 나무들을 보호막 삼아 심는다. 그러나 대규모 카카오 농장에서는 수백 그루의 카카오 나무가 함께 심는다. 직사광선이 비추는 곳에 그늘이라는 보호막 없이 심은 카카오 나무들은 스트레스를 받아 해충과 병해에 더욱 민감한데, 이러한 병해는 촘촘하게 심은 농장 환경에서 쉽게 퍼질 수 있다.

카카오 나무는 2~4년 정도가 되면 꽃을 피우기 시작한다. 열매를 맺기 위해 카카오 꽃은 작은 벌레가 꽃가루를 실어 나르는 수분受粉을 필요로 한다. 카카오 나무에 핀 꽃 중에 단 5%만이 열매로 변하는 것으로 추정된다. 수분된 꽃이 카카오 포드로 알려진 성숙한 열매가 되기까지는 약 5개월에서 6개월이 걸린다. 눈에 띄는 점은 흡사 막대기 같은 이 나무의 몸통과 가지에서 큰 열매가 열린다는 사실이다. 이 열매들은 가늘고 긴 멜론 모양으로 생겼고, 길이는 23~33cm 사이로 다양하다. 나무

하나에 약 20개에서 40개의 카카오 열매가 맺히고, 각각의 열매는 카카오 콩으로 알려진 30~40개의 씨앗을 품고 있다. 생산이라는 측면에서 카카오 나무는 보통 7년 정도가 되면 최고조에 이른다. 물론 이 이후에도 열매는 계속 열린다. 각각의 카카오 나무는 여러 숙성 단계별로 열매를 맺기에 카카오 재배자들은 각 열매의 숙성 과정을 추적하고 있어야 한다. 카카오의 열매는 무르익기는 했으나 싹은 트기 전의 상태일 때 수확해야 하는데, 이는 약 3주차에서 4주차의 기간에 해당한다. 수확을 할 때는 나무가 상하지 않게 하면서 가지에서 깔끔하게 무거운 열매를 자를 수 있는 마체테machete라는 도구를 이용하여 손으로 수확한다.

그런 다음 이 무르익은 카카오 열매의 껍질을 열어 카카오 콩과 이 콩을 둘러싸고 있는 끈적하고 달콤새콤한 펄프 모두를 꺼내 수집하는 곳으로 보낸다.

카카오 발효

카카오를 발효하면 초콜릿 향은 올라가고 카카오 안에 있는 타닌의 떫은 정도는 감소된다. 이 과정은 보통 카카오 원산지에서 진행되는데, 열대의 열기가 발효 과정에 도움이 되기 때문이다. 카카오 콩은 콩을 둘러싼 연한 펄프와 함께 수북하게 쌓거나, 상자(건조 상자로 불리기도 하는 상자)와 같은 용기 또는 매달아 놓는 자루에 넣고 (플랜테인이나 바나나잎과 같은) 잎으로 덮어 발효를 시킨다. 자연적으로 발생한 효모균에서 나온 포자가 콩의 표면에 자리를 잡으면 펄프에 있는 천연당이 아세트산 (식초의 한 유형)으로 변하면서 카카오 콩이 급속하게 발효되기 시작한다. 한 덩어리가 된 카카오 콩의 온도가 올라가면 카카오 콩은 부드러워지고 산이 콩을 침투하여 각각의 콩에 든 배아(싹)를 죽이며, 효소가 활성화되고 단백질이 아미노산으로 분해되는 등 콩 내부에서 일련의 화학

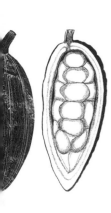

변화가 일어난다. 펄프가 아세트산으로 변하면서 콩에서 수분이 자연적으로 빠져나와 카카오 콩의 색이 약간 짙게 변한다.

발효 기간은 2일에서 6일 정도인데, 카카오 콩의 품종에 따라 다르다. 예컨대 크리올로가 포라스테로에 비해 발효에 걸리는 시간이 짧다. 발발효가 되는 동안 카카오에 공기가 통하게 하기 위해 뒤집거나 섞는데 이렇게 하면 필수적인 박테리아의 활동을 촉진시키고 균일한 발효가 일어나게 된다.

카카오 건조

발효 다음 과정은 카카오 콩의 수분 함량을 60%에서 약 7.5%로까지 떨어뜨리는 카카오 콩의 건조 과정이다. 많은 국가에서는 햇볕이 드는 장소에서 매트나 쟁반, 바닥에 카카오 콩을 펴 놓고 햇볕에 말린다. 수확 후 건조 기간이 부족한 국가에서는 인공적인 방법으로 건조시킨다. 예컨대 파푸아뉴기니에서는 카카오 콩을 장작불 옆에서 말리는데, 이 때문에 카카오 콩에서 특유의 훈제 향이 난다. 5일이나 6일 정도의 건조 기간 동안 매일 여러 번에 걸쳐 규칙적으로 콩을 갈퀴로 훑어 주며 건조가 균일하고 효과적으로 진행되도록 한다. 완전히 건조하는 것은 카카오의 풍미에 오점을 남기는 곰팡이를 방지하기 위해 중요하다. 건조가 완료되면 크기와 품질에 따라 분류하고 무게를 재서 포장한다. 대부분의 카카오 콩은 화물선에 실어 해외에 있는 브로커들의 창고나 가공하는 초콜릿 공장에 바로 보내진다.

카카오 볶기

초콜릿 회사에 도착한 카카오 콩은 먼저 분류 단계를 거쳐 자루에서 떨어진 섬유조직이나 잔 가지, 돌과 같은 이물질을 걸러낸다. 그런 다음

카카오 닙스를 넣은 뮤즐리
Muesli with Cacao Nibs

집에서 만든 뮤즐리는 마트에서 파는 것보다 맛이 좋다. 자기만의 재료로 만드는 재미는 원하는 대로 재료를 조절하는 데 있다. 카카오 닙스를 사용하는 것은 식감과 초콜릿 향을 첨가하는 좋은 방법이다.

500g
준비시간 5분
조리시간 1시간 5분 ~ 1시간 35분

· 포리지 오트 250g
· 해바라기씨 150g
· 다진 피칸 125g
· 해바라기씨유 100ml
· 꿀이나 메이플 시럽 5큰술
· 소금 조금
· 바닐라 열매 추출물 1작은술
· 카카오 닙스 3큰술

1. 오븐을 140℃로 예열한다.

2. 오트, 해바라기씨, 피칸를 섞는다.

3. 해바라기씨유와 꿀(또는 시럽)을 넣고 약불에 저어서 섞은 다음, 소금과 바닐라 열매 추출물을 넣고 잘 섞는다.

4. 오트 혼합물에 해바라기씨유와 혼합한 것을 같이 넣고 골고루 섞는다. 베이킹팬에 잘 펴주고 1시간에서 1시간 30분 정도 갈색이 나고 바삭할 때까지 굽는다.

5. 오븐에서 꺼내 식힌 후, 큰 그릇에 담는다. 카카오 닙스를 넣고 섞은 다음, 밀폐용기에 보관한다.

카카오 콩을 볶는데, 이는 '커피' 향이 나도록 커피를 볶는 것과 같은 방식으로 사람들이 좋아하는 '초콜릿' 향을 끌어내기 위한 또 하나의 필수적인 과정이다.

초콜릿의 색깔을 짙게 만드는 로스팅 과정은 설탕과 단백질이 분해되어 음식에 더 복합적인 풍미를 만들어 내는 마이야르Maillard 반응이라고 불리는 현상을 야기한다. 마이야르 반응은 육류나 빵을 구울 때도 일어난다. 로스팅 과정에서 나오는 열이 카카오 콩에 남은 타닌을 파괴해 초콜릿의 풍미가 훨씬 더 부드러워진다. 로스팅은 식품 안전의 측면에서도 필요한데 열이 카카오 안에 있는 반갑지 않은 박테리아의 파괴를 돕기 때문이다.

로스팅의 온도와 시간은 카카오 콩의 종류와 초콜릿 제조자가 기대하는 효과에 따라 다르다. 설비 시설을 잘 갖춘 대규모 생산자들은 소규모 초콜릿 생산자와는 다른 로스팅 과정을 거친다. 일반적으로 카카오는 커피보다는 낮은 온도에서 로스팅하며 풍미를 손상하지 않기 위해 지나치게 로스팅하지 않도록 주의를 기울여야 한다.

크리올로와 같이 질 좋은 향이 나는 카카오 콩은 포라스테로 카카오에 비해 로스팅 시간을 짧게 해야 한다. 자신들만의 '빈투바bean-to-bar' 초콜릿(242쪽 참조)을 소량으로 만드는 '수제 초콜릿 생산자'에게 로스팅은 매우 중요한 단계로, 카카오가 가진 향의 잠재력을 끌어내는 단계라 할 수 있다. 초콜릿 장인들이 일반적으로 카카오 콩을 통째로 로스팅한다면, 대량 생산을 하는 기업형 초콜릿 제조회사들은 닙nib, 카카오의 껍질을 제거한 후 남은 카카오 콩의 부스러기 로스팅이나 카카오 콩 가루로 만든 페이스트를 로스팅하는 코코아 매스cocoa mass 로스팅을 한다.

건조와 로스팅을 거친 카카오 콩은 부서진 카카오 닙스에서 떨어져 나온 껍질을 걸러내기 위해 키질을 해야 한다. 카카오 닙스를 기계로 빻고

초콜릿 팟
Chocolate Pots

작고 진한 초콜릿 팟은 초콜릿 마니아들에게는 특히 훌륭한 디저트로, 미리 만들어 준비할 수 있기 때문에 저녁 파티에 안성맞춤이다. 휘프트 크림으로 토핑을 하고 앙증맞은 아마레토 비스킷을 곁들여 낸다.

준비시간 10분
식히는 시간 2~3시간
조리시간 3분

· 헤비 크림 150ml
· 다크 초콜릿칩 175g
· 계란 노른자 2개,
· 아주 고운 설탕 55g

1. 오븐을 140℃로 예열한다.

2. 크림을 소스팬에 넣고 끓인다. 끓으면 열을 줄이고 초콜릿칩을 넣고 녹을 때까지 저어준다.

3. 계란 노른자에 설탕을 넣어 잘 섞고, 초콜릿 크림을 붓고 잘 섞는다.

4. 4개 정도의 라미킨ramekin, 한 사람이 먹을 분량의 음식을 담아 오븐에 구워 모양을 만드는 데 쓰이는 작은 그릇이나 작은 그릇에 나누어 담아 2~3시간 식힌다.

5. 휘핑크림으로 토핑을 하고 아마레또 쿠키와 함께 내놓는다.

가루를 내면 '카카오 원액cacao liquor'이나 '코코아 원액cocoa liquor' 또는 '코코아 매스cocoa mass'로 알려진 짙은 갈색의 걸쭉한 반죽이 만들어지는데 여기에 열을 가하면 액화된다. '원액liquo'이라는 용어는 오해의 소지가 있는 말이다. 실온에서 고체의 형태를 띠고 알코올 성분이 전혀 없기 때문이다. 여기에는 카카오 고형분과 카카오 버터카카오 콩 안에 있는 천연 지방 성분가 모두 포함되어 있다. 카카오 버터가 얼마나 포함되어 있는지는 그 카카오 콩의 원산지, 계절, 수확 조건 등에 따라 달라진다.

카카오 원액의 일부는 카카오 고형분에서 카카오 버터를 분리해 내기 위해 더 가공되기도 하는데, 이 과정에는 수압이 사용된다. 그런 후 보통 초콜릿에 추가되거나 화장품류를 만들 때 사용되는 카카오 버터는 향이나 맛을 중화시키기 위한 탈취 과정을 거치게 된다. 이러한 카카오 버터는 값비싼 재료라 어떤 초코릿 제조업체들은 카카오 버터 대신 식물성 기름이나 팜유와 같은 더 저렴한 기름을 사용한다.

그런 다음 초콜릿 제조자들은 바닐라, 설탕, 분유(밀크 초콜릿을 만들 경우) 등과 같은 재료를 카카오 원액에 넣고 혼합한다. 유화제로 널리 사용되는 레시틴lecithin을 추가하거나, 원하는 식감에 따라 카카오 버터를 조금 더 추가하기도 한다. 주로 포장지에 비율로 표시되어 있는 초콜릿 바에 든 카카오의 함량은 카카오 고형분과 카카오 버터로 구성된다. 카카오 함량이 높은 것이 좋은 품질을 나타내는 지표가 되지만. 결코 이것이 전부는 아니다. 예를 들어 카카오 함량 70%의 초콜릿 바가 80%인 것보다 더 좋은 것이라고 여기는 것도 무리는 아니지만, 사용된 카카오의 품질이나 발효, 로스팅, 카카오 가공 과정에 기울인 정성 등과 같은 다른 요소들도 작동을 하기 때문이다.

모래 같은 질감의 카카오 혼합물은 이제 콘칭conching이라는 과정을 거치는데, 콘칭기conche machine라는 기계에 넣어 몇 시간 동안 혼합하는 것

클래식 브라우니
Classic Brownies

누가 초콜릿 브라우니를 거절할 수 있을까? 그 부드러운 식감에는 정말 먹기 쉽게 만드는 무언가가 있다. 고전적인 첨가물인 호두의 약간 쓴맛은 초콜릿의 달콤함과 잘 대비된다.

브라우니 16개 만들기
준비시간 15분
조리시간 35분

- 가염버터 115g
- 다크 초콜릿 칩 200g
- 계란 2개
- 설탕 200g
- 바닐라 열매 추출물 1작은술
- 밀가루 125g
- 호두 또는 피칸 65g

1. 오븐을 175℃ 예열하고, 20cm 베이킹 팬에 기름을 바른 다음 베이킹 페이퍼를 깐다.

2. 버터와 초콜릿을 작고 두꺼운 소스팬에 넣고 약불에서 저으면서 녹인다.

3. 믹싱볼에 계란을 넣고 거품이 생길 때까지 휘젓는다. 설탕을 넣고 다시 잘 저어 섞는다.

4. 녹인 초콜릿에 바닐라 열매 추출물을 넣고 젓고, 밀가루와 호두나 피칸을 넣고 다시 잘 섞는다.

5. 4번 혼합물을 베이킹팬에 넣고 30분 정도 굽는다. 다 구웠을 즈음이면 브라우니의 가장자리가 빵껍질을 형성하지만 가운데는 부드러워야 한다. 오븐에서 꺼내 10분 정도 식히고, 16등분으로 자른다. 완전히 식혀서 제공한다.

을 말한다. 1879년 초콜릿 제조업자인 루돌프 린트Rudolf Lindt에 의해 개발된 콘칭 기계는 추측컨대 생긴 모양 때문에 '껍데기shell'를 의미하는 라틴어 단어에서 이름을 딴 것으로 보인다. 세로 방향으로 길게 생긴 전통적인 콘칭 기계는 앞뒤로 굴려주는 화강암 롤러가 달려 있어 초콜릿 원액이 통 속으로 다시 후두둑 떨어지게 만든다. 이러한 롤러의 작동은 마찰을 일으켜 카카오 혼합물에 열이 가해진다. 카카오 혼합물을 젓는 이 과정은 초콜릿을 만드는 데 중요한 과정이다. 카카오와 설탕의 입자 크기를 줄여 초콜릿을 정제하며, 모래 같던 질감의 혼합물을 눈에 띄게 부드럽게 만든다. 지속적으로 젓는 동안 카카오 혼합물에 공기가 들어가면서 원치 않은 휘발 물질이나 향도 사라진다. 린트 & 슈프륑글리Lindt Sprungli의 역사에 대한 설명을 보면, 루돌프 린트는 고의로 혹은 우연히 콘칭기 안에 카카오 혼합물을 평소보다 훨씬 긴, 일주일 내내 그대로 두었다고 한다. 그 결과물을 맛본 린트는 콘칭 시간을 이 정도로 늘리면 당시 표준보다 더 부드럽고 더 크림 같은 질감의 초콜릿이 만들어진다는 사실을 깨달았다. 이는 스위스 초콜릿이 가지고 있는 전형적인 특징이 되었다. 고품질의 초콜릿을 만드는 제조업체들은 72시간 정도로 오랜 시간 콘칭을 했다. 반면에 등급이 더 낮은 초콜릿을 대량으로 생산하는 업자들의 콘칭 시간은 단 몇 시간 정도로 그칠 수도 있다. 현대식 콘칭은 다양한 형태로 이루어지는데, 효율과 생산 속도를 위해 카카오를 빻고 혼합하고 콘칭하는 과정을 기계 하나로 처리하기도 한다.

초콜릿을 콘칭하고 나면 카카오 버터의 결정을 재조정하는 과정인 템퍼링tempering을 거친다(253쪽 참조). 이 과정에는 주로 템퍼링 기계가 사용된다. 템퍼링이 된 초콜릿은 틀에 부어져 초콜릿 바로 만들어지고 식으면 포장되는데, 이 과정은 대개 기계화되어 있다. 이렇게 만들어진 초콜릿 바는 가게로 보내져 소비자들이 구매할 수 있게 된다.

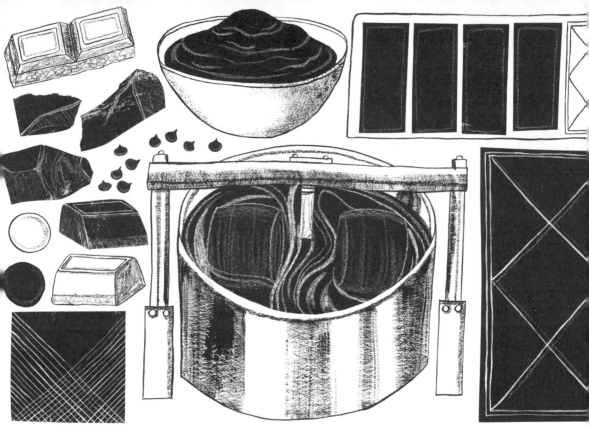

초콜릿의 종류

전통적으로 초콜릿 제조업체들은 세 가지 종류의 초콜릿, 즉 다크, 밀크, 화이트 초콜릿을 생산해 왔다.

다크 초콜릿 혹은 플레인 초콜릿

유럽에서 다크 초콜릿은 카카오 매스와 카카오 버터로 만들고 대개는 설탕도 들어간다. 미국의 경우 식품의약국Food and Drug Administration이 정한 요건이 있는데 다크 초콜릿, 비터스위트bittersweet, 세미스위트semisweet 초

콜릿에는 최소 35%의 카카오가 들어가야 하고, 우유 고형분은 12% 이하여야 한다. 이 한도 내에서 미국에서 '세미스위트'나 '비터스위트' 초콜릿이라는 용어는 제조업체의 재량에 따라 사용된다. 세미스위트는 일반적으로 비터스위트 초콜릿보다 카카오 함량은 더 낮고 더 달콤한 특징을 가진 것으로 이해된다. 카카오 함량이 100%인 초콜릿은 설탕을 전혀 넣지 않고 카카오 매스로만 만든 다크 초콜릿으로 그 결과 맛이 현저히 더 쓰다.

밀크 초콜릿

카카오 매스, 카카오 버터, 분유로 만들어져 밀크 초콜릿이라는 이름이 붙었다. 밀크 초콜릿은 대개 분유가 들어갔기 때문에 다크 초콜릿보다 더 옅은 색이 나고 대개 맛은 더 달콤하고 부드럽다. 전통적으로 밀크 초콜릿의 카카오 함량은 다크 초콜릿보다 더 낮다. 이는 제조사나 제조국가별로 다르지만 약 25%가 일반적이다. 미국에서는 우유 고형분이 12%를 넘으면 밀크 초콜릿으로 분류된다.

화이트 초콜릿

카카오 버터, 설탕, 우유 고형분으로 만들고 카카오 매스는 들어가지 않는다. 카카오 매스가 들어가지 않기 때문에 크림 빛이 나고 지방 함량 때문에 다크 초콜릿이나 밀크 초콜릿보다 질감이 눈에 띄게 부드럽다.

이 세 가지 유형의 초콜릿을 만들 때 많은 초콜릿 제조사들은 유화를 돕기 위해 대두 레시틴을 넣는다. 화이트 초콜릿을 만들 때 바닐라향도 자주 들어간다.

다크 밀크 초콜릿은 초콜릿 세계에 새롭게 등장한 초콜릿이다. 이 초

고급스러운 핫초코
Luxurious Hot Chocolate

단순히 달콤한 코코아 가루가 아닌 진짜 초콜릿을 사용하면, 핫초코를 정말 고급스러운 음료로 만들 수 있다. 아즈텍인들은 초콜릿 음료에 바닐라를 활용했는데, 이 맛의 조합은 존경할 만한 전통이다. 추운 겨울날 따뜻함과 위로를 주는 음료로 대접하기에 좋다

2잔
준비시간 5분
조리시간 5분

• 유지방 우유 400ml
• 다크 초콜릿 50g, 갈은 것
• 과립 설탕 1~2큰술
• 바닐라 열매 추출물 1/2작은술
• 작은 마시멜로, 선택사항

※유지방 우유full-fat milk
  저지방 우유와 달리 지방 성분
  이 그대로 있는 일반 우유

1. 소스팬에 우유와 초콜릿 그리고 설탕을 1큰술씩 넣고, 초콜릿이 녹을 때까지 저으면서 부드럽게 끓인다.

2. 다 녹으면 불을 끄고, 바닐라 열매 추출물을 넣고 젓는다. 핫초코의 맛을 보고 필요하다면 설탕을 추가한다.

3. 머그잔 두 개에 나누어 붓고, 마시멜로를 얹어 제공한다.

콜릿은 플레인 초콜릿이라 하면 연상되는 높은 카카오 함량을 가지고 있지만 분유가 들어간 것이다.

로초콜릿 역시 최근에 등장한 초콜릿이다. '로raw'라는 말은 이 초콜릿을 만들 때 사용된 카카오 콩이 초콜릿 제조에 있어 일반적인 과정인 로스팅을 거치지 않았다는 사실을 알려주는데 로스팅은 하지 않지만 햇볕에 말리는 과정은 거친다.

싱글 오리진single-origin 초콜릿은 한 국가에서 공급받은 카카오로만 만든 초콜릿에 붙인 이름이다. 대부분의 대량 생산 초콜릿은 여러 국가에서 공급받은 카카오를 사용해 만들어진다.

수제 초콜릿 바람

오늘날 우리가 아는 형태의 친숙한 초콜릿 바는 대부분 산업 혁명이 낳은 제품으로 카카오 가공 방식에 있어 기술적인 개가를 통해 탄생한 것이다. 초콜릿 제조업체들은 적절한 가격에 초콜릿 바나 초콜릿 과자를 대량으로 만들 수 있게 되었고, 허쉬, 린트 & 슈프륑글리, 캐드버리는 누구나 아는 이름이 되었다. 쇼콜라티에, 특히 프랑스와 벨기에의 쇼콜라티에들은 고품질의 커버처couverture 초콜릿(253쪽 참조)를 사용하여 가나슈초콜과 액체를 섞은 혼합물로 속을 채운 봉봉 오 쇼콜라chocolate bonbon, 프랄린praline, 캐러멜 등과 같은 고급 디저트를 만드는 전통을 지속했다(252쪽 '쇼콜라티에' 참조).

그러나 근래 수십 년간 여러 국가에서 초콜릿 바를 중심으로 하는 새로운 수제 초콜릿 바람이 불기 시작했다. 수제 커피의 세계에서는 마니아들이 필터 커피를 진가를 즐길 줄 아는데, 필터 커피가 그 커피에 사용된 커피 콩은 물론 음료를 만드는 데 기울인 정성을 모두 경험할 수 있기 때문이다. 초콜릿 바 역시 그 초콜릿에 사용된 카카오는 물론 생산자의 솜씨를 드러내 보이는 기회를 제공한다.

예로부터 열대 지방에서 자란 카카오는 초콜릿으로 가공하는 해외로 수송되고, 대부분 뉴욕이나 런던 증권거래소에 의해 정해지는 1톤당 상품 선물 가격에 따라 중개인을 통해 대량으로 판매된다. 이렇게 판매된 카카오는 대다수의 대량 생산되는 초콜릿을 만드는 데 사용된다.

그에 반해 수제 초콜릿 바람은 이른바 '빈투바' 초콜릿, 즉 오픈 마켓에서 이름도 없이 판매되는 카카오가 아니라 재배자로부터 직접 구입해 꼼꼼하게 고른 프리미엄 카카오로 만든 초콜릿의 상승세로 이어졌다. 이러한 바람의 핵심에는 초콜릿 제조자들이 있다. 쇼콜라티에는 커버처 초콜릿으로 초콜릿을 만드는 반면 빈투바 초콜릿 제조자들은 가공하지 않은 생 카카오 콩을 사용하여 이를 직접 로스팅하고 갈아서 스스로 초콜릿을 만든다. 모든 단계마다 신중을 기하며 전 과정을 관리하면 최종 결과물인 초콜릿에 카카오의 다양하고 풍부한 맛이 효과적으로 드러나게 된다. 초콜릿 제조 장인들은 볼리비아, 베네수엘라, 페루, 베트남, 마다가스카르 등의 카카오를 생산하는 국가들을 공개하는 원산지가 표시된 초콜릿을 만든다. 게다가 초콜릿 제조자들은 크리올로, 아리바arriba, 트리니타리오trinitario와 같은 구체적인 카카오 품종으로 실험을 하며 단일 품종의 초콜릿 바를 만들기도 하고 원하는 성격의 풍미를 얻기 위해 여러 카카오 콩을 혼합하기도 한다.

20세기 미국에서 빈투바 초콜릿의 초창기 개척자인 두 명의 중요한 인물이 등장했다. 의사인 로버트 스타인버그Robert Steinberg와 와인 양조자인 존 샤펜버거John Scharffenberger는 1999년 캘리포니아 베이 지역에 스타인버그가 흥미로운 품종을 찾기 위한 탐구차 에콰도르와 같은 나라들을

여행하며 아주 신중하게 들여온 고급 카카오로 빈투바 초콜릿을 만드는 샤펜버거 초콜릿 메이커Sharfen Berger Chocolate Maker를 설립했다. 샤펜버거 의 영향력은 상당했다. 샤펜버거에 영감을 받은 많은 현대 수제 초콜릿 메이커들이 자신들이 하는 공예로 사업을 시작하게 된 것이다. 2005년 샤펜버거는 허쉬에 인수되었다. 그러나 오늘날 이들이 남긴 유산은 미국 의 역동적인 초콜릿 현장에 계속 살아 남아 있다.

이러한 수제 초콜릿 메이커들은 영국, 프랑스, 이탈리아를 포함해 전 세계 많은 국가들에서 찾아볼 수 있다. 수제 초콜릿 생산자들 중 상당수 는 톤 단위가 아닌 파운드 단위의 소규모 생산자들로 이 때문에 '마이크 로배치micro-batch' 또는 '스몰배치small-batch' 초콜릿이라는 용어가 나왔다. 최근 몇십 년 동안 두드러진 트렌드 중 하나는 역사적인 패턴이 그러하듯 유럽이나 미국이 아닌 카카오가 재배되는 국가에서 만들어진 고급 초콜릿이 상승세를 타는 것이다.

초콜릿 품질을 감정하는 이벤트가 점점 증가하는 것을 보면, 좋은 초콜릿이 얼마나 매력적이고 다양한지 알 수 있다. 카카오 재배자들과 초콜릿 메이커들을 격려하고 좋은 품질의 초콜릿을 감상할 수 있고 이해할 수 있는 소비자들을 만들어 내기 위해 국제 초콜릿 경연들이 생겨났다. 수제 초콜릿 시장 또한 대량 초콜릿 생산자들에게 영향을 주고 있는데, 예를 들어 싱글 오리진 초콜릿 바는 더 이상 단순히 마이크로배치 메이커들의 전유물이 아니라 대형 기업들도 내놓는 제품이 되었다.

초콜릿 음료

우리가 지금껏 본 것처럼 초콜릿은 오랫동안 고형보다는 대부분 음료의 형태로 즐겨왔다. 마야 문명에서 매우 귀하게 여겨진 카카오로 만든 초콜릿 음료는 마야 왕이나 귀족이 마시고 의식이나 연회에서 의례적으로 사용되었다. 마찬가지로 아즈텍 문화에서도 초콜릿 음료는 대단히 귀한 대접을 받았고, 병사들과 아즈텍 귀족들이나 마시던 음료였다. 초콜릿이 무알콜 음료라는 사실 또한 초콜릿이 다른 음료들보다 가치 있게 여겨진 이유 중 하나가 된 것으로 보인다. 아즈텍 사람들이 마시는 초콜릿을 어떻게 만들었는지에 대한 옛날 스페인어로 된 설명은 1556년에 출판된, "에르난 코르테스의 동지", 즉 훗날 학자들이 익명의 정복자 Anonymous Conqueror라 부른 사람이 쓴 글에 있다. 이 익명의 기록자는 다음과 같이 썼다.

아몬드 또는 카카오라고 불리는 이 씨앗을 갈아서 가루로 만들고, 다른 작은 씨앗도 갈아서 함께 특정한 그릇에 넣은 후, 물을 붓고 숟가락으로 혼합한다. 아주 잘 섞은 후 목적에 맞게 만든 그릇으로 옮겨 담는데, 이 과정에서 거품이 올라온다. 그리고 사람들이 이것을 마시고 싶을 때는 금이나 은 또는 나무로 만든 작은 숟가락으로 저어서 마신다. 음료를 마실 때는 거품이 가라앉을 수 있는 공간을 만들어 주고 서서히 넘어갈 수 있도록 입을 열어야 한다. 이 음료는 우리가 이 세상에서 마실 수 있는 가장 건강한 음료며 가장 훌륭한 자양물로, 한 컵 마시면 아무리 먼 길을 가더라도 하루종일 아무것도 먹지 않고 걸을 수 있다.

마야와 아즈텍 사람들 모두에게 있어 거품을 만드는 것은 초콜릿 음료의 중요한 요소가 되었다. 자신의 경험과 폭넓은 인터뷰에 바탕을 두고 16세기 아즈텍 문명에 대한 놀라운 해설서를 쓴 스페인 수사 베르나르디노 데 사아군Bernardino de Sahagún은 아즈텍 초콜릿 상인들이 이 초콜릿 음료를 높이 들어 올려 따라 부으면서 거품을 만드는 방법에 대해 묘사했다. 정복 이후 16세기에 쓰여진 설명을 보면 여성이 선 자세로 어깨 높이로 들어 올린 통에서 바닥에 있는 다른 통으로 초콜릿을 붓는 장면이 묘사되어 있다. 사아군은 잘 만들어진 초콜릿 음료를 "부드럽고 거품이 나는 주황 빛과 붉은 빛이 도는 순수한 맛의 오직 신만이 마실 것 같은 음료"로 묘사했다. 거품이 있는 초콜릿 음료에 대한 애호는 스페인 정복자들에게로 전파되었다. 스페인 사람들은 16세기에 모리닐로molinillo라고 불리는, 초콜릿 음료의 거품을 내는 기발한 도구를 개발한 것으로 유명하다. 이 도구는 나무 막대기 끝에 고리들이 감겨 있어 초콜릿을 저을 때 거품을 만들어내는데 멕시코에서는 오늘날까지도 사용한다.

마야와 아즈텍 사람들은 모두 이 귀중한 카카오 콩으로 다양한 음료를 만드는 등 정교하고 섬세한 방식으로 카카오를 이용했다. 메소아메리카

에서는 다양한 맛을 첨가했는데 몇 가지 예를 들어 보면, 칠리 파우더와 바닐라, 꿀, 옥수수 등이 있었다. 아즈텍 통치자가 마시던 초콜릿 음료에 대해 설명한 사아군의 기록을 보면 초콜릿 음료가 얼마나 다양했는지를 알 수 있다. "그리고 자신의 집에서 그는 혼자 초콜릿 음료를 마셨는데 그가 마신 음료들은 녹색 카카오 열매로 만든 초콜릿, 꿀이 들어간 초콜릿, 꽃을 띄운 초콜릿, 그린 바닐라로 맛을 더한 초콜릿, 선홍색 초콜릿, 우이트스테코이huitztecolli 꽃 초콜릿, 꽃 빛이 나는 초콜릿, 블랙 초콜릿, 화이트 초콜릿 등이 있었다."

초콜릿이 유럽에 처음 소개되었을 때 당시 사회 엘리트층이 즐기던 상당히 품위 있는 음료였다. 프랑스 왕비 마리 앙투아네트Marie Antoinette를 비롯한 당시 유럽 귀족들은 이 유행 음료를 바로바로 만들어줄 수 있는 전문 초콜릿 메이커를 고용했다.

여러 대에 걸친 영국 통치자들이 거주했던 영국의 햄프턴 코트 궁전Hampton Court Palace에서는 "소실된" 왕실 초콜릿 주방이 2013년 재발견되어 2014년에 대중에게 공개되었다. 기록을 보면 이 주방은 조지 1세의 개인 초콜릿 메이커인 토마스 토지어Thomas Tosier가 왕을 위한 핫 초콜릿을 만들기 위해 사용되었다.

카카오 콩으로 초콜릿 음료를 만드는 방법은 문화별로 시대별로 놀라울 정도로 유사하게 유지되고 있다. 먼저 카카오 콩을 볶은 후 가루나 반죽 형태로 분쇄하고 뜨거운 물이나 우유(유럽에서 개발된 방법)를 넣어 혼합해 같이 저어서 코코아를 풀고 거품을 만들었다. 메소아메리카에서와 같이 유럽에서도 다른 맛을 같이 갈아서 카카오 음료에 넣기도 했다. 카카오에서는 천연의 쓴맛이 나는데 핫 초콜릿을 달콤하게 하기 위해 또 다른 값비싼 재료인 설탕을 처음 사용한 것은 스페인 사람들이었다. 올스파이스나 생강과 같은 다양한 향신료도 사용되었는데 그 중에서도

초콜릿 케이크
Chocolate Cake

홈메이드 초콜릿 케이크는 언제나 특별한 대접이다. 후식으로 커피나 차와 함께 케이크 한 조각을 내놓거나 휘핑크림을 얹어 제공해도 좋다.

20cm 케이크
준비시간 15분
조리시간 45~55분

· 다진 다크 초콜릿 100g
· 베이킹파우드가 든 밀가루
  200g, 체로 친 것
· 베이킹소다 1/2작은술
· 코코아 분말 30g
· 가염버터 225g
· 아주 고운 설탕 225g
· 계란 4개
· 우유나 브랜디 2큰술

1. 오븐을 175℃로 예열하고, 20cm 베이킹 팬에 기름을 바르고 페이퍼를 깐다.

2. 내열성 그릇에 초콜릿을 넣고 중탕한다. 이때 물이 들어가지 않도록 조심해야 한다. 초콜릿이 완전히 녹을 때까지 약한 불로 부드럽게 저으며 녹인다. 다 되었으면 따로 두어 식힌다.

3. 밀가루와 베이킹소다, 코코아 가루를 함께 체로 친다.

4. 믹싱볼에 버터와 설탕을 넣고 크림을 만든다. 계란을 한 개씩 나누어 넣으면서 재료들을 잘 섞는다. 혼합물이 뭉개지기 시작하면 밀가루를 조금 넣어 분리가 되지 않도록 잘 섞고, 식힌 초콜릿을 넣어 섞는다.

5. 체에 거른 밀가루 혼합물을 넣어 섞고, 우유나 브랜디를 넣어 섞는다. 오븐에 넣고 40~50분 정도 굽고, 케이크 중앙에 꼬챙이를 넣어 익었는지 확인한다. 만약 꼬챙이가 깨끗하다면 완성된 것이다. 그러면 오븐에서 꺼내 식힌다.

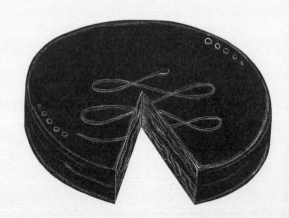

시나몬은 특히 인기가 있는 것으로 판명됐다. 오렌지 플라워 워터orange flower water 또는 로즈 워터rose water와 같은 플로랄 에센스floral essence, 아몬드, 헤이즐넛, 호두 등 견과류 가루 등도 추가되었다. 핫 초콜릿을 훨씬 더 고급스럽고 특별하게 만들기 위해 용연향향유고래의 배설물로 만든 향료이나 사향과 같은 값비싼 재료들도 사용되었다.

품위 있는 향으로 유명한 초콜릿 음료 중 하나는 재스민 향 핫 초콜릿으로, 1670년부터 1723년까지 토스카나Tuscany 대공인 코시모 3세 데 메디치Cosimo III de' Medici가 즐겨 마셨다. 이 초콜릿 음료의 레시피는 코시모 3세의 의사 겸 식물학자였던 프란체스코 레디Francesco Redi에 의해 개발되었다. 그는 이 제조법을 살아 있는 동안 극비에 부쳤는데, 그가 죽은 후 공개된 제조법을 보면 재스민 꽃, 사향, 바닐라, 용연향 등이 사용된 것을 알 수 있다.

이탈리아 토리노에서는 두 가지의 인기 음료, 즉 핫 초콜릿과 커피를 혼합한 음료인 비체린bicerin이 탄생했다. 바바레이사bavareisa로 불리는 18세기 음료에서 진화한 것으로 전해진 이 비체린은 에스프레소, 핫 초콜릿, 우유를 정성스럽게 층층이 쌓은 것으로, 이 음료를 담아 내는 손잡이가 없는 작은 유리 컵의 이름을 땄다. 이 음료의 유명한 팬들 중에는 프랑스 소설가인 알렉상드르 뒤마Alexandre Dumas가 있다. 오늘날 토리노에 방문하는 사람들은 1763년에 문을 연 역사적인 커피점인 카페 알 비체린Caffè al Bicerin에 방문할 수 있다. 이 카페 이름은 이제 토리노의 유명 음료를 칭하는 대명사가 되었다.

17세기와 18세기 동안 유럽에서는 핫 초콜릿을 마시는 것이 사회적 지위를 말해주는 것이 되면서 프랑스 사람들은 음료를 손에 들 수 있는 쇼콜라티에르chocolatières라 불리는 특별한 초콜릿 주전자를 만들었다. 길쭉하고 호리호리한 주둥이가 달린 이 주전자의 특징은 뚜껑에 음료를 잘

초콜릿 럼 트뤼플
Chocolate Rum Truffles

자신만의 초콜릿 트뤼플truffles, 동그란 모양의 초콜릿 과자을 만든다는 것은 매우
만족스러운 무엇가를 얻는 일이다. 반드시 좋은 품질의 초콜릿을 사용해
야 한다. 그 결과는 정말 특별한 감동으로 돌아올 것이다.

트뤼플 26개
준비시간 25분
식히는 시간 추가
조리시간 5분

· 양질의 다크 초콜릿 칩 225g
· 헤비크림 80ml
· 럼 3큰술
· 코코아 분말, 마무리 코팅용

1. 초콜릿을 볼에 담고 중탕으로 부드럽게 데워서 녹인다. 녹을 때까지 가끔
   젓는다.

2. 럼주를 넣고 잘 섞은 후, 굳히기 위해 1~2시간 정도 냉장고에 둔다.

3. 럼주와 초콜릿을 섞은 것을 티스푼으로 떠서 기름을 살짝 바른 손으로 작
   고 둥근 트뤼플을 만든 후 카카오 분말을 가볍게 입힌다.

4. 내놓기 전까지 냉장고에 차갑게 보관한다.

섞고 거품을 유지하기 위해 사용하는 몰리네molinet, 젓는 막대기를 끼우는 작은 구멍이 있다는 것이다. 이 주전자는 대개 은이나 자기로 만드는데 재료의 가치는 거기에 담아 마시는 음료의 희귀성과 가격을 반영한다.

초콜릿 주전자 외에도 핫 초콜릿을 즐겨 마시는 국가들은 특별한 잔을 만들기도 했다. 코코넛 열매의 속을 파서 잔으로 사용하는 풍습이 라틴 아메리카에서 생겨났는데 이러한 잔들 중 가장 우아한 것은 테두리와 손잡이, 밑바닥을 은으로 장식한 잔이다. 1640년대에는 페루 총독이었던 만세라Mancera 후작은 리마Lima의 은세공인들에게 초콜릿 음료를 마실 때 쏟지 않도록 잔을 안전하게 잡을 수 있게 중앙에 고리 같은 것이 있는 작은 접시인 만세리나mancerina라고 불리는 것을 구상할 것을 지시했다.

이러한 실용적인 아이디어는 17세기 후반 프랑스에서 타스 트랑블루즈tass trembleuse와 함께 재구현되었다. 이는 잔을 안전하게 잡을 수 있는 테두리가 있는 깊게 파인 잔 받침이 세트로 된 것으로 당시 유행하던 직물에 영감을 받은 패턴으로 장식이 되어 있었다. 유명한 도자기 제조사인 세브르Sèvres와 마이센Meissen은 질 높은 타스 트랑블루즈를 보여 주는 대표적인 제품들을 생산했고 오늘날 이는 박물관과 갤러리에서나 볼 수 있는 수집가들의 아이템이 되었다.

1828년 네덜란드의 과학자 요하네스 판 하우튼Coenraad Johannes Van Houten은 볶은 카카오로에서 가루가 될 "코코아"만 남겨 두고 코코아 버터를 분리해 내는 압착 프레스를 발명했다. 이 코코아 가루에 물이나 우유를 타서 쉽고 빠르게 맛있고 따뜻한 음료를 만드는 것은 곧 현실화되었다. 머지않아 가당 코코아가루가 상업적인 규모로 생산되면서 많은 국가들에서 값비싼 사치품이었던 핫 초콜릿은 매일 마실 수 있는 부담없는 음료가 될 수 있게 되었다.

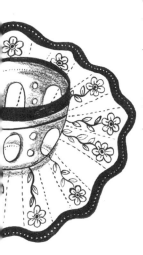

카카오

쇼콜라티에

쇼콜라티에Chocolatier는 초콜릿으로 트러플truffle과 같은 제과류를 만드는 사람을 묘사하는 용어다. 프랑스어인 이 단어는 프랑스 사회에서 초콜릿이 역사적으로 중요하게 여겨졌다는 사실을 반영한다. 프랑스에는 카카오와 초콜릿을 활용한 오랜 전통이 있다. 파리에서 가장 오래 된 초콜릿 가게로 종종 인용되는 몽마르트Montmarte 포부어 거리rue du Fabourge에 있는 아 라 메르 드 파미에À la Mère de Famille(1761년 설립)는 현재까지 여전히 다른 제과류와 함께 초콜릿을 팔고 있다.

18세기에는 프랑스 남서부에 있는 바욘Bayonne이라는 도시에서 초콜릿 제조자 조합이 설립되면서, 이곳은 초콜릿 지식의 중심지가 되었다. 카카오 콩을 핫 초콜릿으로 만드는 법에 대한 지식은 스페인과 포르투갈의 박해를 피해 도망쳐 나온 이베리아 반도의 유대인들에 의해 바욘에 소개되었다. 초콜릿 워크숍이 이 도시에서 시작되었고, 1875년까지 30명이 넘는 쇼콜라티에들을 탄생시켰다.

오늘날에는 교육시설에서 초콜릿 작업에 필요한 기술을 학생들에게 가르치는데, 그 중 유명한 곳은 프랑스 남동부 레흐미따쥬Tain-l'Hermitage에 있는 에꼴 뒤 그랑 쇼콜라 발로나École du Grand Chocolat Valrhona이다. 좋은 초콜릿을 살 수 있는 안목 높은 시장이란 프랑스 전역에 있는 우아한 가게들에서 직접 만든 수제 초콜릿 제품을 파는 쇼콜라티에 장인들을 만날 수 있는 시장을 말한다. 1977년에 로베르 렝스Robert Linxe에 의해 설립된, 전 세계적으로 알려진 라 메종 뒤 쇼콜라La Maison du Chocolat와 같은 성공적인 기업들은 초콜릿 공예가 오늘날까지 프랑스에서 계속해서 살아 남아 번창하는 데 기여하고 있다.

쇼콜라티에들은 커버처couverture 초콜릿이라고 불리는 것으로 작업을

한다. 이 커버처 초콜릿은 초콜릿 제과류를 만들기 위해 파티시에나 쇼콜라티에들이 전문적으로 사용하도록 만들어진, 코코아 버터 함량이 높은 고품질의 초콜릿이다. 이러한 커버처 초콜릿을 고급 초콜릿 부티크에서 찾을 수 있는 다양한 초콜릿 제품들로 바꾸는 데에는 상당한 수준의 기술이 필요하다. 전문가들이 사용하는 테크닉 중 템퍼링tempering이라고 불리는 것이 있다. 이 프로세스는 작은 초콜릿, 틀에 넣어 만든 초콜릿, 초콜릿 장식, 초콜릿 바 등을 만들 때 핵심적인 과정이라 할 수 있다. 템퍼링은 가열에서 냉각, 다시 가열로 가는 일련의 온도 변화 과정이 포함되는 소위 '템퍼링 곡선tempering curve'이라는 것을 따른다. 온도의 범위는 다크, 밀크, 화이트 등 템퍼링하는 초콜릿의 종류에 따라 다르다. 단순히 초콜릿을 녹이는 것보다는 훨씬 더 복잡한 이 프로세스는 초콜릿 내의 결정 구조를 재편성해 초콜릿을 더 제대로 작업이 될 수 있는 재료로 만들어 준다. 템퍼링이 된 초콜릿은 부러뜨리면 똑 하고 잘 부러지고 틀에서 쉽게 분리되며 매력적인 광택을 유지한다.

전통적으로 템퍼링은 초콜릿이 특정 온도에 다다를 때까지 중탕 냄비나 항온 수조에서 가열하고, 이를 대리석 판에 옮겨 식히면서 정확한 목표 온도가 될 때까지 팔레트 나이프로 빠르게 작업을 한다. 그런 후 최종적으로 원하는 온도에 이르게 하기 위해 식은 초콜릿을 남은 따뜻한 초콜릿과 섞는다. 어떤 초콜릿 제조자들은 장인의 전통을 유지하고 초콜릿이 원하는 온도가 되었는지 파악하기 위해 자신의 윗 입술에 초콜릿을 갖다 대 보는 고전적인 방식으로 템퍼링을 한다. 또 다른 템퍼링 방법은 시딩메소드seeding method로 알려져 있는데, 이는 곱게 다진 초콜릿과 따뜻하게 데운 초콜릿을 비율에 맞게 서로 섞어 초콜릿이 필수적인 템퍼링 곡선을 거치게 만드는 과정이다. 오늘날 많은 초콜릿 제조 장인들은 초콜릿이 필요한 온도 사이클에 맞추어 제작된 템퍼링 기계를 사용한다.

핫 초콜릿 소스
Hot Chocolate Sauce

이 따뜻한 초콜릿 소스는 매우 쉽고 빠르게 만들 수 있기 때문에 요리 목록에 넣어두면 유용하게 쓸 수 있다. 맛있는 디저트로 바닐라 아이스크림과 함께 내놓거나 집에서 만든 바나나 스플릿에 사용해도 좋다.

6인분
준비시간 5분
조리시간 5분

• 가염버터 55g
• 코코아 분말 25g
• 세미 스위트 초콜릿 칩 55g
• 설탕 115g
• 헤비크림 125m
• 바닐라 열매 추출물 1/작은술

1. 두꺼운 소스팬에 버터를 천천히 녹인 다음, 코코아 분말을 넣고 골고루 섞는다.

2. 초콜릿, 설탕, 크림을 넣고 약불에서 저으며 부드러워질 때까지 데운다.

3. 마지막에 바닐라 열매 추출물을 넣고 저어 풀어준 다음, 즉시 내놓는다.

쇼콜라티에들은 이렇게 템퍼링이 된 초콜릿으로 가나슈, 캐러멜, 빠뜨 드 프뤼pâte de fruit, 견과류, 프랄린praline, 설탕에 절인 과일 껍질 등의 속 재료를 코팅하는 것과 같이 다양한 방법으로 사용한다. 전통적인 가나슈 는 대체로 브랜디나 샴페인과 같은 알코올로 맛을 내지만 오늘날 쇼콜라 티에들은 종종 소금이나 미소와 같은 짠맛이 나는 재료들을 사용하는 등 풍부한 상상력을 발휘한다. 템퍼링된 초콜릿은 또 틀에 부어 만든 초콜 릿 모양, 즉 일반적으로 부활절 달걀, 산타클로스와 같은 크리스마스 주 제의 모양, 발렌타인데이용 하트 등을 만드는 데 사용되기도 한다. 초콜 릿 애호가들에게 아주 기쁜 소식은 훌륭한 쇼콜라티에의 손을 거친 초콜 릿이 무수히 많은 창의적인 형태로 계속 제공될 것이라는 사실이다.

기념용 초콜릿

마시는 초콜릿과는 대조적으로 상승세에 있는 먹는 초콜릿은 시즌성 상품으로 활용되기도 한다. 초콜릿의 놀랄 만한 가소성, 즉 틀에 넣거나 모양을 만들면 무수한 형태가 가능한 성질은 초콜릿을 자연스럽게 여러 용도에 적합한 재료로 만들었다.

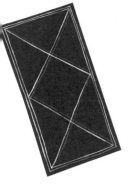

풍요의 상징인 부활절 달걀은 오랫동안 이 봄철 축제를 기념하면서 먹 은 음식이다. 그리스의 코키나 아브가kokkina avga, 예수의 피를 상징하기 위해 완숙으 로 삶은 달걀을 빨간 색으로 물들인 것에서부터 폴란드의 아름답게 장식한 달걀에 이 르기까지 과거에는 부활절을 기념할 때 진짜 달걀을 사용했다. 그러나 19세기 유럽에서는 부활절 달걀을 초콜릿으로 만들기 시작했다. 영국에 서 상업적으로 만들어진 첫 부활절 달걀 초콜릿은 초콜릿 제조사인 제이 에스 프라이 앤 손스J. S. Fray & Sons가 생산했는데 이들의 경쟁사인 캐드버리는 2년 후에 같은 종류의 제품을 내놓았다. 처음에 부활절 달걀은 성인들을 타깃으로 한 값비싼 사치품이었지만 1950년대부터는 아이들을 위한 부활절 달걀 초콜릿이 생산되었다. 오늘날 진짜 달걀이 아닌 초콜릿 달걀은 부활절의 필수적인 요소로 여겨지고 있다. 또 하나의 기독교 축제인 크리스마스로 인해 산타클로스 피규어나 호일로 감싼 동전, 재림절 달력 등과 같은 기념용 초콜릿 제품들의 생산도 늘고 있다.

초콜릿 달력에서 발렌타인데이는 또 하나의 주요 기념일이다. 최음제로서의 성질을 지닌 재료라는, 오랫동안 초콜릿에 부여된 관능적 연상은 초콜릿이 이 로맨틱한 날에 사랑하는 사람들에게 줄 수 있는 적합한 선물이 될 수 있다는 점을 의미한다. 발렌타인데이에는 하트 모양이 지배적인데 전체적으로 꽉 찬 하트 초콜릿이 있는가 하면 속이 빈 하트 초콜릿도 있고, 그리고 여러 가지 초콜릿 트러플로 채운 상자의 모양이 하트인 경우도 있는데 오늘날 상자는 주로 빨간색으로 되어 있다. 역사상 처음으로 하트 모양의 상자를 만든 이는 캐드버리사의 리차드 캐드버리 Richard Cadbury로, 1868년에 장식이 된 하트 모양의 '팬시 박스fancy box'라는 것을 만들었다. 오늘날 대형 초콜릿 제조사나 초콜릿 장인들은 모두 발렌타인데이, 부활절, 크리스마스를 위한 상상력이 풍부한 다양한 초콜릿 제품들을 내 놓고 있는데, 이러한 고전적인 축제 기간 동안 발생하는 매출은 이들의 연간 비즈니스 모델에서 큰 부분을 차지한다.

요리용 초콜릿

초콜릿은 상업 주방과 가정에서 모두 널리 사용되고 있다. 재료로서 초콜릿이 인기를 끄는 이유 중 하나는 다양한 용도로 사용할 수 있다는

사실 때문이다. 그 자체가 지닌 특유의 맛으로 많은 사랑을 받는 초콜릿은 동시에 커피, 민트, 고추 등과 같은 강한 맛에서부터 시트러스 과일, 바닐라, 산딸기와 같은 은근한 맛에 이르기까지 여러 가지 다른 맛들과도 잘 어울린다. 초콜릿은 다양한 방법으로 활용될 수 있는 식재료로 주연으로도 조연으로도 두루 적합하다.

그러나 초콜릿이 들어가는 고전적인 식사용 음식은 그 종류가 얼마 되지 않는다. 이러한 음식들 중 가장 잘 알려진 것은 (초콜릿의 아즈텍 계통을 생각하면 그럴 만도 하게) 멕시코 음식인데, 몰레 포블라노mole poblano라는 이름을 가진 이 음식은 코코아 함량이 높은 초콜릿이 소량 들어가는 진한 맛의 소스다. 이탈리아에서는 아그로돌체agrodolce(새콤달콤한) 소스가 있는데 다크 초콜릿이 들어간 이 소스는 보통 사슴고기에 곁들인다. 그러나 전반적으로 초콜릿은 단맛을 내는 조리법에서 주로 사용된다.

물론 오늘날 초콜릿은 슈퍼마켓에서 판매되는 평범한 상품에서부터 고급 초콜릿 부티크의 정교한 수제 초콜릿에 이르기까지 광범위한 종류의 제과류를 만드는 데 사용된다. 이렇게 다양하게 제품이 만들어질 수 있게 된 사실은 인간의 독창성과 초콜릿에 대한 우리의 애정을 입증한다. 고형 초콜릿을 성공적으로 액체 상태로 녹인 후 다시 고체로 굳힐 수 있다는 사실은 초콜릿을 활용하는 데 있어 핵심이 된다. 초콜릿만으로 초콜릿 바를 만들기도 하고 혹은 견과류나 건포도, 설탕에 절인 과일 껍질 등 다른 재료들을 추가하여 만들기도 하며, 민트, 오렌지, 최근에는 화약맛, 고추 맛을 내는 초콜릿을 만들기 위해 에센셜 오일로 향을 낸 초콜릿을 틀에 부어 초콜릿 바를 만들기도 한다. 봉봉 오 쇼콜라는 녹인 초콜릿에 견과류, 웨이퍼, 캐러멜, 퐁당 필링, 건포도, 설탕에 절인 과일, 프랄린 또는 술을 채운 설탕 장식 등을 입혀 만든다. 고급 초콜릿 과자의

한 예는 초콜릿 트러플로, 전통적으로 보통 브랜디나 샴페인과 같은 알코올로 맛을 낸 가나슈 필링_{초콜릿과 주로 크림과 같은 액상 재료를 혼합한 것}으로 만든 진한 맛의 혼합물을 초콜릿, 코코아가루, 곱게 다진 견과류 층으로 코팅을 하여 만든다.

파티시에_{patissier}의 세계에서 템퍼링(253쪽 참조)이나 몰딩_{molding}과 같은 테크닉을 사용한 초콜릿 작업법은 반드시 익혀야 하는 기술 중 하나가 되었다. 많은 초콜릿 장인들은 파티시에로 시작했다가 초콜릿 작업이 보여주는 가능성에 매료되어 전향한 사람들이다.

상업 주방에서나 가정에서나 초콜릿을 녹이는 데 있어 초콜릿이 열에 매우 민감하다는 사실을 이해하는 것은 중요하다. 초콜릿은 천천히 조심스럽게 녹여야 하는데 이렇게 하지 않고 과열할 경우 초콜릿은 걸쭉해지고 덩어리가 진다. 그러므로 초콜릿을 녹이는 가장 안전한 방법은 뭉근히 끓는 물에 냄비를 걸쳐서 녹이는 중탕법이라 할 수 있다. 또 하나 기억해 둘 만한 유용한 지식은 녹인 초콜릿이 물과 접촉하면 오톨도톨한 질감이 들며 "뻑뻑"해진다는 사실이다. 베이킹에서는 밀크 초콜릿보다는 카카오 함량이 높은 다크 초콜릿이 주로 사용되는데 다크 초콜릿이 더 강한 초콜릿 향을 내기 때문이다. 초콜릿이 가진 기술적인 어려움에도 불구하고 파티시에들은 초콜릿을 사용하는 데 따른 창의적인 옵션들을 즐긴다. 오랜 역사의 훌륭한 제과 전통을 가진 프랑스 요리 세계에는 놀랍고도 많은 초콜릿 창작물들이 존재해 왔다. 훌륭한 블랑제리 boulangerie, 빵집에는 으레 카페오레와 탁월하게 짝을 이루는, 다크 초콜릿 조각을 크로와상 반죽에 넣어 만든 빵 오 쇼콜라_{pain au chocolat}가 있을 것으로 기대된다. 튜브 모양으로 만든 슈 반죽에 휘핑한 생크림을 채워 넣고 초콜릿 퐁당 아이싱을 얹어서 만든 초콜릿 에클레어_{éclair}는 또 하나의 프랑스 고전 제과다. 크리스마스에 특별히 먹는 것으로 부쉬 드 노엘

로키 로드
Rocky Road

쉽고 빠르게 만들 수 있는 로키 로드는 가족이나 친구들에게 늘 인기가
많다. 미니 마시멜로와 바삭바삭한 견과류는 식감과 맛을 더할 뿐만 아
니라 과자의 울퉁불퉁한 외관에 의미를 부여해 익살스럽고 독특한 이름
이 붙게 했다.

12개 만들기
준비시간 10분
식히고 차갑게 보관하는 시간 필요
조리시간 5분

• 다크 초콜릿 칩 115g
• 밀크 초콜릿 칩 175g
• 가염버터 75g
• 미니 마시멜로 115g
• 다진 구운 아몬드 50g

1. 20cm 크기의 사각 케이크 팬에 베이킹 페이퍼를 깐다.

2. 다크 초콜릿과 밀크 초콜릿 그리고 버터를 중탕으로 녹인다. 이때 물이
   볼에 들어가면 안 된다. 약불에서 초콜릿이 녹을 때까지 가끔 젓는다.

3. 살짝 식히고 미니 마시멜로와 아몬드를 넣어 잘 섞는다. 준비된 팬에 한
   층씩 펴서 바른다.

4. 마지막으로 잘 덮고 차갑게 식힌다. 12등분으로 자른 후에 내놓는다.

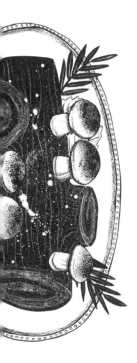

bûche de Noël이 있는데, 이는 장작 모양으로 만든 케이크에 갈색의 초콜릿 프로스팅을 교묘하게 덮고 아몬드 반죽으로 만든 잎과 머랭으로 만든 버섯으로 장식하여 진짜 나무 토막처럼 보이게 만든 케이크다.

전 세계적으로 베이킹 분야에서는 초콜릿과 코코아가루가 두루 사용된다. 대중적으로 초콜릿이 사용되는 경우는 많은 가정에서 어린 시절 특별한 간식으로 먹던 홈메이드 초콜릿 케이크와 같이 초콜릿 케이크를 만드는 것이 있다. 이러한 초콜릿 케이크를 아주 우아하게 재해석한 것으로는 오스트리아의 유명 케이크인 자허토르테Sachertorte가 있는데 이는 살구쨈으로 채우거나 코팅을 한 케이크에 반짝거리는 초콜릿 프로스팅을 입힌 케이크다. 이 케이크는 1832년 독일계 오스트리아 외교관이었던 벤첼 폰 메테르히니Wenzel von Metternich 후작이 주최한 디너 파티를 위해 프란츠 자허Franz Sacher라는 페이스트리 셰프에 의해 만들어졌다. 자허의 아들인 에두아르드Eduard가 자신의 자허 호텔Hotel Sacher에서 이 케이크를 판매하기 시작하면서 대중에게 소개되었다. 이 케이크는 오스트리아 요리의 상징이 되었고 비엔나의 오랜 카페들은 휘핑한 생크림과 함께 자허토르테 조각을 판매하고 있다.

이웃 독일에는 블랙 포레스트Black Forest 케이크가 있는데 이는 케이크에 들어간, 독일 남서부 삼림지대인 블랙 포레스트에서 딴 체리로 만든 술슈바르츠밸더 키르쉬Schwarzwälder Kirsch의 이름을 딴 케이크다. 시선을 확 잡아당기는 이 작품은 초콜릿 스폰지 케이크, 키르쉬에 담근 체리, 휘핑한 생크림을 층층이 쌓고 체리와 얇게 썬 초콜릿으로 장식을 한 케이크로 겉보기만큼 풍성하다.

미국에는 아주 멋진 이름의 데블스 푸드 케이크devil's food cake라는 또 하나의 매력적인 케이크가 있는데, 초콜릿 스폰지 케이크 세 장으로 만든 이 케이크는 각 스폰지 위에 초콜릿 프로스팅을 넉넉하게 바르고 전체적

으로도 프로스팅을 덮어 만든 것이다. 쿠키 바 또는 디저트로 다양하게 묘사되는 브라우니 역시 또 하나의 상징적인 미국의 초콜릿 구움 과자다. 처음 출판된 브라우니 레시피는 패니 파머Fannie Farmer의 것으로 1896년 자신의 유명한 책 ≪보스턴 요리 학교 요리책Boston Cooking-School Cook Book≫에서 당밀이 들어간 브라우니 레시피를 소개했다. 그러다 1905년에 그녀는 개정본을 출간했는데 이 개정본에는 밀가루 사용량을 상당히 줄인 브라우니 레시피가 수록되었다. 브라우니의 이상적인 식감은 많은 논란이 있는 주제로 브라우니의 중간 부분이 부드럽고 질척질척해야 한다는 데서부터 더 단단하고 케이크에 가까운 식감이 되어야 한다는 데 이르기까지 식감에 대한 다양한 의견이 있다. 브라우니는 오늘날까지 주부들도 전문가들도 많이 만들고 있다. 초콜릿은 또 쿠키를 만들 때도 다양한 방법으로 사용된다. 초콜릿칩 쿠키는 미국 밖에서도 인기를 얻고 있는데, 영국에서는 초콜릿을 입힌 다이제스티브 비스킷(오트밀로 만든 것)이 많은 사랑을 받고 있다.

초콜릿은 디저트의 세계에서도 광범위하게 사용되는데 그 중 초콜릿 수플레souffle는 프랑스 고전적인 디저트다. 진한 초콜릿에 거품을 낸 달걀 흰자를 섞어 천상의 가벼움 뽐내는 이 디저트는 오븐에서 꺼내자마자 바로 먹어야 한다. 초콜릿과 달걀로 만든 또 하나의 프랑스 디저트는 초콜릿 무스라 할 수 있는데, 제대로 만들어진 초콜릿 무스는 가벼운 식감을 가지고 있기도 하지만 특유의 고급스러움을 가지고 있다. 프랑스 고전 스타일인 타르트 오 쇼콜라tarte au chocolat, 초콜릿 타르트는 벨벳처럼 부드러운 초콜릿 가나슈 필링을 바삭한 페이스트리 케이스에 채워 만든 것이다. 고급 레스토랑들에서는 몰튼molten 초콜릿 케이크를 만날 수도 있는데, 유명한 프랑스 셰프인 장 조르주 봉거리쉬튼Jean-Georges Vongerichten에 의해 대중화된 케이크다. 이 인상적인 디저트는 겉은 익었지만 안에 있는 필링은 액체 상태를 유지하도록 하기 위해 정확하게 시간을 지켜서 만들어야 한다.

초콜릿은 아이스크림 맛으로도 대대적인 인기를 끌고 있는데, 섬세한 다크 초콜릿 셔벗에서부터 초콜릿 청크와 견과류, 쿠키 반죽 등으로 맛의 깊이를 더한 유제품 기반의 초콜릿 아이스크림에 이르기까지 수많은 형태로 존재한다. 바닐라 아이스크림에 초콜릿 요소를 더하는 간단하고도 효과적인 방법은 아이스크림을 초콜릿 소스와 함께 먹는 것으로 두 개의 다른 맛과 식감이 이 디저트의 매력이라 할 수 있다.

오늘날 초콜릿은 많은 곳에서 접할 수 있고 과거보다는 훨씬 더 저렴하지만 여전히 특별한 식재료라는 지위는 계속 유지하고 있다. 디너 파티에서 식사의 마지막에 초콜릿 트러플을 먹는 것으로 마무리하는 것은 이 '특별함' 때문이다.

토마토

토마토

오늘날 일상적인 식재료인 토마토는
남미의 야생 식물에서 출발했다.
재배종 토마토가 여러 대륙으로 소개되었지만
받아들이는 것은 서서히 진행됐다.
사람들은 현저히 다양한 색을 지닌 이 새로운 식물을
의심스럽게 여겼고, 그래서 처음에 토마토는
유용하게 사용할 수 있는 식용 작물이라기보다는
이국적인 관상식물로 주로 길러졌다.

재배종 토마토의 조상은 가짓과에 속하고, 감자, 고추, 가지와 관련이 있는 솔라눔 핌피넬리포리움Solanum pimpinellifolium으로 알려진 작고 붉은 완두콩 크기의 과일이다. 이 야생 토마토는 다양한 기후와 환경 조건에서 잘 자랄 수 있는 건강하고 강한 식물로 오늘날에도 여전히 페루에서는 자라고 있다. 재배종 토마토리코페르시콘 리코퍼시쿰Lycopersicon lycopersicum는 바로 이 야생종에서 파생된 것이다. 야생 토마토 식물이 북쪽의 멕시코로 가면서 아즈텍 사람들에 의해 최초로 재배되기 시작되었다.

토마토tomato라는 단어는 토마토의 역사에 있어 아즈텍 사람들의 역할을 시사하는 언어적인 유산이다. 나우아뜰어아즈텍 사람들의 언어에서 시토마틀xitomatl이라는 단어는 단순히 "속이 꽉 찬 과일"을 의미한다. 시토마틀을 이 신기한 빨간 과일을 부르는 이름으로 받아들인 것은 16세기 아즈텍 왕국을 정복한 스페인 사람들로, 여기서 '토마테tomate'라는 단어가 나

온다. 1529년 뉴스페인New Spain, 스페인 사람들이 멕시코라고 부른 곳으로 길을 떠난 스페인 수사인 베르나르디노 디 사아군Bernardino di Sahagún은 자신의 기념비적인 작품인 ≪뉴스페인에 대한 일반 역사The General History of the Things of New Spain≫(1569년)에서 테노치티틀란Tenochtitlán의 큰 시장에 대한 자신의 목격담을 기록했다. 이 책에서 그는 노란 색, 빨간 색 등 다양한 빛깔을 가진 다채로운 과일을 묘사했는데, 이것은 토마토 또는 토마티요tomatillo, 멕시코 등 남미가 원산지인 가짓과에 속하는 껍질이 있는 열매에 대한 것으로 추정된다. 토마토가 멕시코에서 유럽으로 어떻게 건너가게 되었는지는 정확히 알려지지는 않았지만 이 작물을 자신의 대륙으로 소개한 것은 스페인 사람들로 추측된다. 토마토에 대한 최초의 기록으로 알려진 것은 이탈리아의 의사 겸 식물학자인 피에트로 안드레아 마티올리Pietro Andrea Mattioli가 쓴 1554년에 대한 해설서다. 그는 말라 아우리아mala aurea, 라틴어로 '황금색 사과'라는 의미라고 부른, 이탈리아어로는 포모도로pomo d'oro라고 번역되는 새로운 식물이 당시 이탈리아에 도입된 것에 대해 기록했다. 마티올리는 이 새로운 식물을 합환채合歡菜, mandrake과의 하나로 분류하며, 사과같이 납작하고 익을수록 녹색에서 황금색으로 색이 변하는 것에 대해 묘사했다. 이러한 설명은 초기의 품종이 노란 색 열매였다는 것을 시사하는데, 마티올리는 시간이 지나서 빨간 품종 또한 언급하기도 했다.

유럽의 토마토에 대한 초기 역사를 보면 토마토와 관련된 설화나 미신이 많았다. 약초 의학서에 나온 '황금 사과golden apple'라는 이름은 헤스페리데스의 정원Garden of the Hesperides에서 찾은 황금 사과에 대한 고대 그리스 신화와 토마토를 연관시킨다. 다른 이국적인 새 재료들과 마찬가지로 최음제와 같은 신비한 힘이 토마토에서 나온다고 여기기도 했다. 아마도 이는 초반에 합환채뿌리가 마법적인 힘을 가지고 있고 최음제가 된다고 여겨진 식물와 연관되었기 때문인 것으로 보인다. 한 약용식물 도감(1550~1560년)에는 '러

가스파초
Gazpacho

이 전통적인 스페인 레시피는 토마토를 사용하여 더운 여름날에 완벽하한, 상쾌하고 시원한 수프를 만든다. 가장 잘 익고 맛있는 토마토를 사용해야 한다.

6인분
준비시간 10분
냉각시간 최소 3~4시간
조리시간 10분

· 토마토 800g, 잘 익은 것
· 다진 마늘 1개
· 다진 샬롯 1개
· 붉은 피망 1개, 잘게 썬 것
· 오이 ½개, 잘게 썬 것
· 올리브유 4큰술
· 레드 와인식초 2큰술
· 소금
· 설탕
· 물

| 고명용 |
· 오이 ¼개, 잘게 썬 것
· 녹색 피망 ½개, 잘게 썬 것
· 크루톤 한 줌 정도

1. 토마토를 내열 그릇에 넣고 끓는 물에 붓고 1분 동안 그대로 두어 토마토를 데운다. 물기를 빼고 느슨해진 토마토의 껍질을 벗긴다.

2. 껍질을 벗긴 토마토에 마늘, 샬롯, 붉은 피망, 오이를 넣고 푸드 프로세서로 식감이 살아 있을 정도로 다진다. 올리브유와 식초, 설탕과 소금을 넣고 다시 한 번 살짝 섞는다. 필요한 경우 식감을 살리기 위해 차가운 물을 약간 넣는다. 먹기 전에 3~4시간 뚜껑을 덮어서 냉장 보관한다(하룻밤 정도면 더 좋다).

3. 신선한 오이, 녹색 피망과 크루톤을 얹어 차갑게 제공한다.

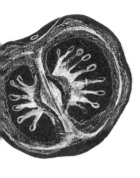

브 애플love apple'을 의미하는 캡션이 달린 토마토 그림이 있었는데, 이 용어는 영국에서 수세기 동안 사용되었다. 프랑스 사람들도 토마토를 폼므 다모르pomme d'amour, 사랑의 사과로 불렀다.

토마토가 처음에 어떻게 받아들여졌는지와 관련해서는 명백하게 어두운 면이 있었는데, 토마토가 소개된 상당수 국가에서 토마토는 오랫동안 상당한 의심을 받았다. 식물학적 분류상 가짓과의 하나인 토마토는 같은 가짓과에 속하는 벨라도나deadly nightshade를 닮아 수세기동안 토마토의 여러 부분, 즉 열매와 향이 강한 잎과 줄기 등에 독성이 있는 것으로 여겼다. 토마토의 식물학상 이름인 리코페르시콘Lycopersicon은 '늑대 복숭아wolf peach'로 번역되는데, 이는 늑대인간 설화와 관련이 있는 것을 암시한다. 유럽에서 토마토는 음식으로서의 매력보다는 눈에 띄는 외관과 풍부한 색감 때문에 주로 장식용 식물로 재배되었다. 먹을 수 있는 열매로 여겨졌을 때도 이 음식에 열광하는 태도는 크게 눈에 띄지 않았다. 이탈리아의 동식물 연구가인 코스탄조 펠리치Costanzo Felici는 1560년대 후반 토마토에 대한 글을 쓰면서 "내 입맛에는 먹는 것보다는 보는 게 더 낫다"라고 평한 바 있다. 존 제러드John Gerard는 1597년에 발표한 자신의 영향력 있는 책, ≪영국 약초서English Herball≫에서 다음과 같이 쓰기도 했다. "스페인과 일부 더운 지역에서 사는 사람들은 사과를 손질해서 후추, 소금, 기름과 함께 끓여 먹곤 했다. 그러나 이 사과가 우리 몸에 공급하는 영양소는 극히 적고 무익하고 옳지 못한 것이다." 그러나 서서히 토마토에 대한 경계가 사그라지기 시작했고, 18세기와 19세기 동안에는 토마토가 유럽 국가들에서 더욱 광범위하게 재배되고 섭취되었다. 프랑스 요리 설화를 보면, 파리 시장의 재배자들에게 프랑스 남부에서는 이미 재배되고 환영받고 있던 식물인 토마토를 재배해볼 것을 설득한 것은 1790년에 대혁명 1주년 기념 축제1789년 프랑스 혁명을 기념하기 위한 휴일를 위해 파리를 방문한 마르세이유Marseille 사람들이었다.

초반에는 거림칙하게 받아 들여졌음에도 토마토는 전 세계로 퍼져 나 갔다. 스페인이 토마토를 소개한 것은 유럽만이 아니었다. 플로리다, 뉴 멕시코, 텍사스, 캘리포니아 등 자신들의 식민지를 통해 토마토를 처음 으로 북미에 들여왔다. 북미에서 토마토에 대한 첫 인쇄 기록은 약초학 자 윌리엄 새먼Willam Salmon의 ≪보타놀로지아Botanologia≫(1710년)였다. 18 세기 중반까지 토마토는 노스캐롤라이나와 사우스캐롤라이나에서 재배 되고 있었는데 기록된 증거를 보면 토마토는 단순히 장식용 채소로서가 아니라 식용 작물로 재배되었다는 사실을 알 수 있다.

미국의 초기 토마토 옹호자 중 한 사람은 1809년과 1820년 사이에 몬 티첼로Monticello에 있던 자신의 텃밭에서 토마토를 재배한 진보적인 토머 스 제퍼슨이었다. 토마토에 관련해 전해 내려오는 유명한 이야기에 의하 면 제퍼슨 대통령은 버지니아 주 린치버그Lynchburg에서 처음으로 토마토 를 먹은 것으로 유명한데 대중 앞에서 이 이국적인 신기한 음식을 먹음 으로써 토마토에 독성이 없다는 것을 보여준 셈이었다. 이와 비슷하지만 출처가 불분명한, 세일럼Salem의 유명 판사 로버트 기번 존슨Robert Gibbon Johnson에 관한 이야기도 있다. 토마토를 자신의 정원에서 심고 키운 존 슨이 토마토는 안심하고 먹을 수 있는 음식이라는 사실을 보여주기 위해 1820년에 자신의 법원 청사 계단에서 관중을 앞에 두고 토마토를 먹었 다는 이야기다. 사실이든 아니든 이러한 이야기들은 토마토가 처음에는 의심을 샀다는 걸 시사한다.

1840년대 미국에서 토마토 통조림법이 개발되면서 토마토의 대중화 에 기여했고, 남북전쟁 종료 후 이 산업은 대대적으로 성장했다. 19세기 중반 무렵에 이르자 토마토는 북미에서 더욱 익숙한 식재료가 되면서 토 마토를 수프, 닭요리 등에 사용하는 방법, 피클 만드는 법, 굽는 법 등이 당시 요리책에 소개되었다. 물론 오늘날에도 토마토 케첩과 같은 형태로 토마토는 우리 삶의 일부로 여긴다.

토마토를 전 세계에 확산시킨 것은 스페인과 그 이웃인 포르투칼의 식민지를 통해서였다. 스페인 사람들은 토마토를 카리브해 국가와 필리핀에 소개했고, 필리핀에서 토마토는 생선 티놀라tinola, 필리핀식 국물 음식, 돼지고기 시니강sinigang, 역시 필리핀식 국물 음식 등과 같은 정통 필리핀 요리에 사용되었다. 포르투칼 사람들은 고아Goa 지역을 식민지화하면서 인도에 토마토를 전파했다. 유럽과 전 세계 다른 국가들과의 무역로가 증가한 것도 전 세계에 토마토가 전파된 데 기여했다.

토마토를 보존하는 다양한 방법을 통해 가정에서도 상업 주방에서도 토마토를 다양한 용도로 활용할 수 있다는 점은 토마토를 전 세계적으로 재배되는 성공적인 작물이 될 수 있게 만들었다. 오늘날 상당히 많은 나라에서 광범위하게 재배되고 있는 토마토는 이제 한때 그러했던 것처럼 기이하고 신기한 것이라기보다는 일상적인 재료로 간주되고 있다.

과일인가, 채소인가

토마토와 그 역사에 대한 설명들을 보다 보면 토마토가 과일이냐 채소냐라는 질문에 맞닥뜨리게 될 것이다. 식물학적으로 말하면 토마토는 속씨식물(종자식물)의 씨방에서 만들어진 씨를 품은 구조로, 과일을 정의하는 기준을 충족시키므로 베리 또는 과일이라 할 수 있다. 유럽에서 토마토가 여전히 신기한 식물이었던 1597년에 약초학자인 존 제러드John Gerard는 토마토 식물의 '열매'에 대해 기록했는데, 앞에서도 언급했듯이 유럽에서 초기에 토마토에 붙인 이름은 '러브 애플love apple'이었다.

　토마토가 과일이냐 채소냐 하는 이슈는 19세기 미국에서는 법적인 의미를 띠게 되었다. 존 닉스John Nix는 뉴욕을 기반을 둔 농산물 수입업자였는데 그가 운영하던 도매회사는 뉴욕 농산물 시장의 큰손이었다. 1886년애 닉스는 서인도 제도에서 뉴욕으로 토마토를 수입하기 시작했다. 1883년 미국 관세법은 수입된 채소(수입된 과일이 아니라)에 10%의 관세 부과를 규정하고 있었고, 닉스가 수입한 토마토에도 이러한 관세가 부과됐다. 닉스는 토마토는 채소가 아닌 과일이므로 이 관세가 부당하다고 항의했다. 1887년 닉스는 뉴욕항의 징수원이었던 에드워드 L. 헤든Edward L. Hedden을 상대로 관세의 변제를 위한 고소를 접수했다. 닉스대 헤든의 사건은 대법원까지 올라갔고, 1893년 대법관 호레이스 그레이Horace Gray는 이 사건에 대해 다음과 같이 대법원의 판결을 내렸다.

식물학적으로 이야기하면 토마토는 오이나 호박, 콩류, 완두콩류와 마찬가지로 덩굴에서 자라는 열매다. 그러나 식품 판매자의 입장에서 보나 소비자의 입장에서 보나 사람들의 일반적인 언어에서 모든 토마토는 익혀서 먹건 익히지 않고 먹건 가정의 텃밭에서 자라는 감자, 당근, 파스닙, 순무, 비트, 콜리플라워, 양배추, 셀러리, 상추 등과 같은 채소로, 식사의 주요 부분을 구성하는 수프, 생선, 육류에 넣거나 혹은 이러한 재료들과 함께 먹는 재료로 일반적으로 디저트로 먹는 과일과는 다르다.

닉스는 소송에서 패했고, 이로써 토마토는 법적으로 채소로 간주된다.

토마토의 품종

수세기 동안 사람들은 단맛, 좋은 색감, 풍미 같은 감각적인 면뿐만 아니라 많은 작황량, 질병 저항성 같은 상업적 이로움을 강조하면서 토마토를 재배해 왔다. 오늘날에는 수천 종의 다양한 토마토 품종이 있는데, 이처럼 다양한 품종은 요리에 사용되는 쓰임새도 다양하게 만들었다. 예컨대 크기 면에서 보면 요리사들은 선택의 폭이 상당히 넓다. 작고 달콤한 체리 토마토는 간식으로 먹거나 샐러드에 넣거나 혹은 반으로 나누거나 얇게 썰어서 카나페 장식으로 사용하는 등의 용도로 탁월하다. 보통 크기의 토마토나 플럼 토마토plum tomato는 요리에 사용하기 좋은데, 고전적으로 토마토 소스나 수프 등에 사용된다. 비프 토마토beefsteak tomato와

같이 크기가 큰 토마토는 속을 채우거나 요리하는 데 사용하기에 적합하다. 그리고 우리에게 익숙한 붉은 토마토 외에도 옅은 노랑, 밝은 노랑, 분홍, 녹색, 자주빛이 도는 '흑' 토마토 등도 접할 수 있다.

원예학적으로 토마토는 결정적determine 품종과 비결정적indetermine 품종 그리고 하이브리드hybrid와 에어룸heirloom 품종으로 분류된다. 결정적 (또는 부쉬bush) 토마토는 일정한 짧은 높이로 자라고 꼭대기 봉우리에 열매가 맺히면 꽃 피우는 것을 중단한다. 이 토마토들은 모두 짧은 기간, 주로 1~2주 정도 만에 익는데, 그 후로는 더 이상 토마토를 생산하지 않는다. 반면에 비결정적 (덩굴 또는 코든cordon) 토마토는 줄기의 길이를 따라 꽃을 피우고 서리나 가지치기 등에 의해 활동이 저지될 때까지 새로운 열매를 맺고 익으며 계속 꽃을 피운다.

하이브리드 토마토(다른 이름로는 F1 하이브리드 토마토)는 두 개의 순수 계통에서 얻은 종자를 교잡 수분시켜서 만든 품종이다. 작물의 일관성과 품질로 인해 재배자들에게 가치를 인정받는 품종이기도 하다. 한편 F1 하이브리드 토마토 종자는 비교적 비싼 편인데다가 거기서 얻는 종자로 다시 싹을 틔우기 어려워 재배하기에는 위험한 식물이기도 하다.

에어룸 토마토

에어룸 토마토heirloom tomato(다른 이름로는 헤리티지 토마토heritage tomato)는 인공 수분이 아니라 자연적으로 수분된 전통적인 토마토 품종에 적용되는 용어다. "자연적으로 수분"되었다는 말은 이러한 식물의 종자가 고정된 형이 되었다는 의미로, 따라서 이러한 에어룸 토마토의 종자를 구해서 뿌리면 이러한 씨앗에서 자란 식물에서는 동일한 특질을 가

수고 알 포모도로
Sugo Al Pomodoro

캔 토마토로 만드는 이 간단하고 쉬운 파스타 소스는 바쁜 일상생활 속에서 빠르게 가족의 식사를 위해 늘 스탠바이 되어 있다. 스파게티와 간 파르메산 치즈와 함께 제공한다.

4~6인분
준비시간 6~8분
조리시간 10~15분

· 올리브유 1큰술
· 다진 양파 1개
· 말린 월계수 잎 1장,
  혹은 신선한 바질 2~3줄기
· 다진 마늘 1개
· 캔 토마토 400g, 잘게 썬 것
· 막간 소금
· 검은 후추

※ 포모도로는 '황금빛 사과'라는 의미이지만, 이탈리아에서는 토마토를 말한다. 토마토가 처음 열매를 맺을 때 노란색이기 이다.

1. 팬에 올리브유를 두르고 데운다. 양파, 월계수 잎(있을 경우)을 넣고 부드러워질 때까지 2~3분 정도 볶는다. 마늘을 넣고 향이 날 때까지 저으며 볶는다.

2. 다진 토마토와 신선한 바질(필요할 경우)을 넣는다. 한 번 끓으면 불을 낮추고 소스가 조금 줄어들 때까지 5~10분 정도 저어면서 끓인다. 소금과 후추로 간을 하고, 월계수 잎은 사용한 경우에는 건져낸다.

3. 부드러운 소스를 원한다면 믹서를 사용한다.

진 토마토가 자란다. 매년 종자를 저장했다가 심는 것이 농부들과 정원사들의 고전적인 작물 재배 방식이었다.

'에어룸' 또는 '헤리티지'라는 용어들은 수대에 걸쳐 재배된 역사적인 품종을 뜻하기 위해 사용되지만 사실 이러한 표현에 붙은 법적인 정의는 없다. 오히려 하나의 토마토 품종이 에어룸으로 불리기까지 몇 년이나 그 토마토 품종을 재배해야 하는지에 대해서 많은 논란이 있다.

재배자들 사이에서나 소비자들 사이에서 에어룸 토마토에 대한 관심이 생긴 이유 중 하나는 단순하지만 근본적인 것이다. 현대의 인공 교배종들에 비해 맛있다고 여기기 때문이다. 이같은 옛날 품종은 맛과 색감 때문에 재배자들에게 그 가치를 인정받아 왔고, 따라서 이러한 좋은 계통을 계속 유지하기 위해 종자가 저장되고 후대에 전승되었다.

이와는 대조적으로 F1 하이브리드 종은 기업식 영농업자들이 풍작이나 수송의 용이함 등과 같은 상업적인 특성을 강화하기 위해 개발한 것으로, 이 종자로 키운 토마토의 맛 자체는 우선 순위가 아니다. 팜–투–테이블farm-to-table 레스토랑의 선구자인 쉐파니스Chez Panisse라는 레스토랑의 셰프 앨리스 워터스Alice Waters와 같은 영향력 있는 셰프들은 에어룸 토마토를 자신들의 레시피에 포함시킴으로써 이 토마토에 대한 관심을 일으키는 데 일조했다. 에어룸 토마토를 식재료로 사용하는 것을 요리업계가 공인했다고 여겨지면서, 일반 소비자들도 농산물 직판장이나 고급 식재료 가게에서 이 토마토를 살 수 있게 되었다.

생물 다양성을 보존해야 한다는 심오한 열망 또한 에어룸 채소 운동의 기저를 이룬다. 단일 품종에 지나치게 의존하는 것은, 150만 명가량의 사람들을 죽음 또는 해외 이탈로 내몰았던 1840년대 아일랜드의 감자 기근 사태Irish Potato Famine와 같은 예에서 살펴볼 수 있듯이, 질병이 발생해 그 단일 품종을 덮치면 재앙이 발생할 수 있다는 인식도 존재한다. 게

다가 농업적 유산의 풍부한 다양성을 보존해야 한다는 열망도 있다.

1975년 미주리 주의 한 젊은 커플인 다이앤 윌리Diane Whealy와 켄트 윌리Kent Whealy는 재생과 분배, 종자 교환 등을 통해 에어룸 품종들을 보존하는 비영리 단체인 종자 보존 거래소Seed Savers Exchange를 설립했다. 출발점은 다이앤의 할아버지가 씨앗을 뿌려 재배했던 식물을 보존하고자 하는 바람이었다. 그녀의 할아버지가 사망하자 다이앤은 자신이 그 종자를 보존하고 나누지 않는 한 그 종자의 유산이 사라질 것이라는 사실을 깨달았다. 종자 보존 거래소에 보존된 최초의 식물 두 가지는 독일 핑크 토마토German pink tomato와 보라 나팔꽃으로, 다이앤의 증조부가 1870년대에 바바리아Bavaria에서 아이오와 주로 이민하여 미국에 들어 왔을 때 가져온 것이었다. 다이앤은 할아버지가 사망하기 직전에 이것을 결혼 선물로 받았다. 다이앤은 그 종자뿐만 아니라 그에 포함된 이야기도 함께 보존하고자 했는데 이 이야기는 과거 역사와의 연관성 그리고 정원사들과 농부들에 의해 전해 내려 오는 원산지를 떠올리게 해준다.

오늘날 종자 보존 거래소는 아이오와 주 위너시크 카운티Winneshiek County에 있는 3.6m² 규모의 헤리티지 팜Heritage Farm에 본부를 두고 있다. 이 조직은 1만 3,000명의 회원을 두고 있으며 2만 여 종의 각기 다른 에어룸과 자연 수분된 식물 품종을 보존하고 있다. 이는 미국에서 가장 큰 비정부 종자 은행이다. 종자 보존 거래소에서 가지고 있는 수많은 에어룸 토마토 품종들 중에는 오하이오 주에서 1889년에 재배되기 시작한 브랜디와인Brandywine과 같은 토마토 품종들이 있는데, 이 토마토는 체스터 카운티Chester County에 있는 브랜디와인 크리크Brandywine Creek에서 이름을 딴 것이다. 이는 짙은 붉은 색이 나는 크기가 큰 토마토로 개당 230~340g 정도로 무게가 나가며 풍미로도 유명하다.

재배자들과 식당 경영자, 소매업자, 소비자들 사이에 에어룸 토마토에 대한 관심이 일어나면서 많은 종자 회사들은 아프리카 퀸African Queen, 딕시 골든 자이언트Dixie Golden Giant와 같은 무언가를 연상시키는 듯한 이름으로 가득찬 카탈로그와 함께 에어룸 토마토 종자를 내놓는다. 이렇듯 토마토에 대한 애정과 함께 미국에서는 매년 에어룸 토마토 품종을 즐길 수 있는 많은 토마토 축제가 열리고 있다.

토마토 재배

토마토가 재배되는 규모도 주목할 만한데 전 세계적으로 토마토는 가장 많이 생산되는 채소 중 상위를 차지하기 때문이다. 최근 조사에 따르면 전 세계적으로 토마토 생산량은 1억 3,000만 톤으로, 그 중 8,800만 톤은 청과 시장으로 보내지고 나머지 4,200만 톤은 가공된다. 5개 국가 또는 지역이 전 세계 토마토 총 생산량의 70%를 차지하는데, 이는 중국, 유럽연합, 인도, 미국, 터키다. 유럽연합 내에서는 토마토가 가장 대대적으로 재배되는 채소 작물이다. 미국의 경우 토마토의 주생산지는 캘리포니아로 미국 가공 토마토의 90%를 재배한다.

현대의 산업형 농업 기술의 발전은 토마토의 대량 재배를 가능하게 했다. 아열대 식물인 토마토는 풍부한 일광을 필요로 하기에 따뜻하고 건조하며 일조량인 많은 기후인 스페인, 이탈리아, 캘리포니아 등의 지역에서 재배된다. 온대기후 지역의 생산자들은 악천후에서 토마토를 보호하고 토마토가 필요로 하는 온기를 제공하기 위해 온실이나 (더 최근에 개발된) 비닐 터널을 사용한다. 지역에 관계 없이 상업적인 토마토 재배자들은 노지에서 재배하건 유리나 비닐 온실에서 키우건 토마토를 급속하게 재배하는데, 온실 재배의 경우 재배자들이 토마토가 자라는 환경을

에어룸 토마토 샐러드
Heirloom Tomato Salad

간단하지만 매력적인 이 샐러드는 눈과 입 모두에게 즐거움을 준다. 최상의 결과를 얻으려면, 색상과 모양이 다양한 잘 익은 에어룸 토마토를 선택해야 한다.

4인분
준비시간 5분

- 다양한 종류의 에어룸 토마토 8~10개, 상온에 보관된 것
- 올리브유 3큰술
- 셰리주 또는 화이트 와인 식초 1큰술
- 설탕 약간
- 소금, 후추
- 바질 한 줌, 또는 잘게 썬 쪽파 1큰술, 또는 파슬리

1. 토마토를 얇게 썰어 큰 쟁반에 담는다.

2. 올리브유, 식초, 설탕을 모두 섞어 소스를 만든다. 소금, 후추로 간을 한다.

3. 토마토에 소스를 가볍게 뿌리고 섞는다. 바질 또는 파슬리 또는 쪽파를 뿌리고, 즉시 제공한다.

제어할 수 있다. 토마토는 종종 수경 재배, 즉 흙이나 모래, 자갈, 영양제가 든 액체 등을 사용하지 않고 재배하기도 한다. 대개 토마토는 단단하고 덜 익었을 때 수확해서 시원한 창고에 두고 에틸렌 가스를 사용하여 숙성시킨다. 다른 작물을 재배하는 농부들과 마찬가지로 토마토 재배자들 역시 해충이나 배꼽 썩음병, 토마토 마름병, 뿌리 썩음병 등과 같은 질병으로 인한 고충에 직면한다. 작물 모니터링, 화학적 · 생물학적 제어, 효율적인 위생 관리, 온실 재배 작물을 위한 원활한 통풍, 저항성이 강한 품종의 사용 등은 모두 이러한 위협을 최소화하기 위해 토마토 산업에서 사용되고 있는 방법들이다.

공급망에서 보다 전문적인 부문에 있는 재배자들은 탁월한 맛과 질감을 얻는 데 역점을 두고 고급 토마토를 생산하고 있는데 이렇게 재배된 토마토들은 레스토랑과 고급 식재료 가게로 유통된다. 사르디니아Sardinia 지역의 재배자들은 햇볕이 강한 여름이 아니라 온화한 겨울에 카모니Camone, 스위스 영농업자에 의해 개발된 품종를 재배하는 과정에서 탄생한 소위 겨울 토마토 재배가 점점 확대되는 흥미로운 움직임을 보였다. 물을 최소한으로 주며 서늘한 온도에서 오래 그리고 서서히 재배하는 방식, 그리고 이러한 환경에서 작물이 받는 스트레스는 아삭한 껍질과 복합적이고 깊은 풍미라는 특징을 가진 특유의 식용 토마토를 탄생시켰다.

토마토를 사랑하는 홈 원예사들에게 있어 직접 토마토를 기르는 것은 쉽고 매력적인 선택이 되었다. 맨 먼저, 특히 씨를 뿌리는 것에서부터 시작한다고 하면 슈퍼마켓에서 쉽게 볼 수 없는 에어룸 토마토와 같은 흥미로운 품종을 고르는 것도 좋다. 게다가 토마토를 재배하는 데는 넉넉한 공간이 필요한 것도 아니다. 토마토는 큰 화분이나 그로우 백grow-bag으로도 성공적으로 재배할 수 있다.

재배자가 제일 처음 선택해야 하는 것 중 하나는 비결정적 품종을 고

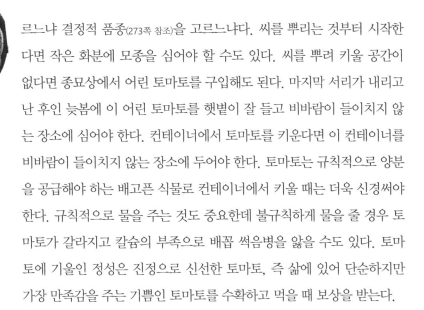

르느냐 결정적 품종(273쪽 참조)을 고르느냐다. 씨를 뿌리는 것부터 시작한다면 작은 화분에 모종을 심어야 할 수도 있다. 씨를 뿌려 키울 공간이 없다면 종묘상에서 어린 토마토를 구입해도 된다. 마지막 서리가 내리고 난 후인 늦봄에 이 어린 토마토를 햇볕이 잘 들고 비바람이 들이치지 않는 장소에 심어야 한다. 컨테이너에서 토마토를 키운다면 이 컨테이너를 비바람이 들이치지 않는 장소에 두어야 한다. 토마토는 규칙적으로 양분을 공급해야 하는 배고픈 식물로 컨테이너에서 키울 때는 더욱 신경써야 한다. 규칙적으로 물을 주는 것도 중요한데 불규칙하게 물을 줄 경우 토마토가 갈라지고 칼슘의 부족으로 배꼽 썩음병을 앓을 수도 있다. 토마토에 기울인 정성은 진정으로 신선한 토마토, 즉 삶에 있어 단순하지만 가장 만족감을 주는 기쁨인 토마토를 수확하고 먹을 때 보상을 받는다.

토마토 보존하기

토마토는 일단 열매를 맺으면, 많은 열매가 맺혀 재배자들에게 눈부시도록 많은 신선하게 익은 토마토를 수확할 기회를 준다. 그렇다면 이렇게 넘쳐날 정도로 많은 잘 상하는 토마토를 가장 잘 처리하는 방법은 무엇인가라는 질문이 떠오를 수 있다. 수세기에 걸쳐 인간은 다양한 방법으로 토마토를 저장하면서 다양한 해결책으로 대응했다.

이탈리아 요리에는 토마토 보존법이 특히 더 다양하다. 이는 토마토를 향한 이탈리아 사람들의 애정을 보여줄 뿐만 아니라 식재료에 대한 심오한 존중과 음식물 낭비에 대한 뿌리 깊은 반감을 보여주는 것이기도 하다. 정원과 작은 농장들에서 토마토가 햇살을 받으며 익어 가는 이탈리아의 여름에 가정에서 하는 하나의 공통된 활동은 토마토 파사타passata,

토마토 살사
Tomato Salsa

자극적인 토마토와 칠리 렐리시relish, 토마토 · 오이 · 고추 · 양파 등을 절여 만든 시큼한 양념류는 그릴에 구운 고기나 엔칠라다, 달걀 요리 같은 조리법에 맛을 더해주는 훌륭한 방법이다. 토르티야 칩을 찍어 먹는 소스로도 좋다.

4인분
준비시간 12분

· 잘 익은 토마토 300g
· 신선한 할라피뇨 칠리 1개
· 다진 양파 ½개
· 다진 마늘 1쪽
· 다진 고수 4큰술
· 라임 주스용 1개
· 큐민 가루 ½작은술
· 막간 소금
· 검은 후추

1. 토마토 반으로 잘라, 날카로운 칼로 씨 부분을 뺀다. 남은 토마토의 단단한 과육을 잘게 썬다.

2. 할라피뇨를 길게 반으로 자른다. 작고 날카로운 칼을 사용하여 안쪽의 씨와 흰 심지를 줄기에서 제거한다. 마지막으로 짤게 썬다.

3. 다진 토마토, 할라피뇨, 양파, 마늘, 고수, 라임 주스와 큐민을 볼에 담아 섞는다. 소금과 후추로 간한다. 즉시 제공해도 되지만, 내기 전에 상온에서 1시간 동안 뚜껑을 덮고 따로 보관하는 것이 이상적이다.

즉 토마토 소스를 만드는 일이다. 이때 다량의 생토마토를 푸드밀food mill 이라는 분쇄 도구에 넣어서 걸쭉하고 부드러운 토마토 소스를 만든다. 각 가정은 저마다 자신들만의 파스타 레시피가 있어 파스타는 맛과 과정 이라는 면에서 다양한 변형법이 있다. 어떤 변형법을 보면 생토마토 퓨 레를 체에 거르고 병에 담은 후 뜨거운 물에 뭉근히 끓여 살균 소독하는 가 하면 어떤 변형법에서는 토마토를 익힌 후 푸드밀에 갈아서 (혹은 푸 드밀에 간 후 익혀서) 뜨거운 상태일 때 살균 소독된 병에 담는다. 토마 토가 자연적으로 가지고 있는 산도는 성공적인 보존 과정에 있어 중요한 요소다. 어떤 방법으로 하든지 그 핵심은 언제나 여름에 토마토를 수확 하고 저장해서 춥고 어두운 겨울에 파스타 소스나 수프, 스튜, 콩요리 등 의 형태로 소비한다는 사실이다.

기후가 따뜻한 나라에서 토마토를 보존하는 간단하고 효과적인 방법 하나는 햇볕에 토마토를 말리는 것이다. 더운 이탈리아의 남부 지역, 특 히 풀리아Puglia나 시칠리아Sicily와 같은 지역들은 전통적인 별미 식재료 인 썬드라이드sun-dried 토마토로 유명하다. 토마토를 반으로 나눈 후 소 금을 뿌려 여분의 수분을 끌어내 박테리아의 증식을 방지하게 한 다음, 마지막으로 뜨거운 햇볕이 내리쬐는 야외에서 며칠간 말린다. 이러한 건 조 과정은 부드럽고 촉촉한 토마토의 식감을 단단하고 쫄깃쫄깃한 가죽 같은 질감으로 바꾸어 줄 뿐만 아니라 몇 달간 안전하게 보관할 수 있는 식품으로 바꾸어 주며 토마토의 풍미를 강화한다. 썬드라이드 토마토는 요리에 사용하기 전 부드럽게 만들기 위해 따뜻한 물에 담가 다시 수화 시켜야 한다. 이탈리아에서 썬드라이드 토마토를 보관하는 대중적인 방 법 하나는 썬드라이드 토마토를 기름과 마늘, 허브 등의 향신 재료로 덮 어 주는 것이다. 이러한 소똘리sott'olio, 기름에 절인 썬드라이드 토마토는 안 티파스토이탈리아식 전채 요리로 먹을 수 있다. 덥고 햇빛이 강한 곳에 살지 않

는다면 토마토를 소금에 절여 몇 시간 동안 저온의 오븐에서 서서히 말리면 썬드라이드 토마토와 유사한 효과를 얻는 것이 가능하다. 식료품점의 인기 아이템인 자연 건조 토마토는 토마토를 부분적으로 건조시킴으로써 전통적인 썬드라이드 토마토보다는 더 과즙이 있는 식감이 나도록 만든 것이다. 수분을 제거해 토마토를 보존하는 고전적인 이탈리아식 방법은 토마토 소스를 건조하는 것인데, 과거에는 토마토 소스를 햇볕에 두어 말렸지만 오늘날에는 체에 내린 토마토를 걸쭉하고 건조한 느낌이 들면서 짙은 붉은색 덩어리가 될 때까지 몇 시간 동안 졸여서 보관하기 좋은 토마토 페이스트를 만든다. 이렇게 길고 천천히 졸이면 토마토의 맛이 농축되고 강화된 토마토 페이스트가 만들어지므로 토마토 페이스트를 스튜나 소스와 같은 음식에 넣을 때는 소량만 사용해야 한다.

영국에서 넘쳐나는 신선하고 푹 익은 토마토를 활용하는 전통적인 방법은 토마토 쳐트니chutney를 만드는 것이다. 쳐트니라는 단어는 이탈리아어인 칸티chanti에서 파생된 것으로 매콤한 렐리시를 칭할 때 사용하는 말이다. 이 단어와 음식 모두 식민 통치를 하던 인도를 통해 영국으로 전해졌다. 영국의 쳐트니는 설탕, 식초, 향신료를 사용해 사과나 토마토, 오이와 같은 잘 상하는 농산물을 깊고 부드러운 식감의 저장식품으로 바꾼 것이다. 부드럽고 풍부한 맛 때문에 보통 쳐트니는 차가운 육류나 치즈, 파이와 함께 먹는다. 프랑스에서도 생토마토로 토마토 잼을 만들어 보관할 때 설탕을 사용한다. 토마토 쳐트니는 양파와 향신료로 맛을 내는 반면, 프랑스의 토마토 잼은 잘 익은 토마토의 섬세한 맛이 최종 결과물인 잼에 스며 나오게 만든다.

저렴하고 편리하고 쉽게 사용할 수 있는 토마토 통조림은 이제 전 세계적으로 주방에 갖추어 두는 일상적인 식재료가 되었다. 상업적인 통조림의 유래는 프랑스 제과업자 니콜라 아페르Nicolas Appert가 18세기 후반

토마토 수프
Tomato Soup

밝은 오랜지의 붉은 색과 즐거움이 녹아 있는 따뜻한 토마토 수프는 집에서 만들 때에 더욱 매력적이다.

4인분
준비시간 15분
조리시간 32~35분

· 올리브유 1큰술
· 버터 1큰술
· 양파 1개, 곱게 다진다.
· 셀러리 1개, 곱게 다진다.
· 당근 1개, 곱게 다진다.
· 타임 1개
· 드라이 화이트 와인
· 잘 익은 토마토 1½개, 큼직하게 썬다.
· 닭 또는 야채 육수 2½컵
· 소금
· 검은 후추
· 빵과 버터 또는 버터 바른 빵

| 고명 |
· 헤비 크림
· 다진 쪽파

1. 큰 소스팬에 올리브유과 버터를 넣고 가열한다. 양파, 셀러리, 당근, 타임을 넣고, 양파가 부드러워지고 향이 날 때까지 2~3분간 저어가며 볶는다. 화이트 와인을 넣고 자연스럽게 날라가도록 센 불에서 1~2분 조리한다.

2. 토마토를 넣고 잘 섞은 후 육수를 넣는다. 소금과 후추로 간을 한다.

3. 한번 끓어오르면 뚜껑을 덮고, 불을 줄여 25분 정도 끓인다.

4. 약간 식혀 푸드 프로세서로 부드러울 때까지 간다. 국물은 고운 체에 거른 후 다시 살짝 데운다. 내놓을 때에는 크림과 쪽파로 고명을 하고, 빵과 버터 혹은 버터 바른 빵과 함께 제공한다.

과 19세기 초반에 수행했던 실험으로 거슬러 올라간다. 1810년 아페르는 음식 보존법에 관한 새로운 방법을 제시한 독창적인 저서인 ≪보존의 기술L'Art de Conserver≫을 출판했는데 이 책은 곧 영국과 미국에서도 번역, 출판되었다. 이러한 획기적인 업적으로 그는 프랑스 군대에게 식량을 공급하기 위한 식품 보존법을 찾고 있던 프랑스 정부로부터 상금을 받았다. 아페르의 방법은 병에 음식을 넣고 잘 밀폐한 다음 중탕으로 병을 가열하는 것이었다. 그의 획기적인 보존 기술은 재빠르게 받아 들여졌고 19세기 병입법과 통조림법의 발전에 있어 중심적인 역할을 했다. 처음에는 소요되는 노동력과 비용 때문에 이러한 방법으로 보존하는 음식은 아스파라거스나 굴과 같은 고급스러운 음식이었다. 이 기술이 보다 확산되고 생산비가 더 저렴해짐에 따라 토마토를 포함한 채소들도 통조림으로 보존되기 시작했다.

이탈리아에서는 젊은 농산물 수출업자인 프란치스코 시리오Francisco Cirio가 과일과 채소를 보존하는 방법의 하나로 아페르티자시옹appertization 이라는 방법을 개발했고, 1835년 토리노에 그의 첫 번째 통조림 공장을 설립했다. 시리오의 기업은 성장을 하면서 토마토 농사에 적합한 기후와 풍부한 토양을 가진 이탈리아 남부에 투자하며 토마토 통조림으로 유명해졌다. 길쭉한 모양을 가진, 과육과 과즙의 비율이 훌륭한 플럼 토마토는 통조림을 만드는 데에 인기 있는 토마토 종류다. 19세기와 20세기에 남부 이탈리아에서 토마토 통조림이 상승세를 탔고 이는 지역 사회에 중요한 일감을 제공했다. 1861년 이탈리아가 통일된 후인 1880년과 1915년 사이의 기간은 이탈리아 남부로서는 혹독한 역경의 시간이었다. 가혹한 경제적 필요에 몰린, 대개는 가난한 시골 지역 출신인 수백만의 이탈리아 사람들은 해외로 이주했다. 20세기 초반 약 400만 명의 이탈리아인들이 미국으로 이주한 것으로 추정된다. 이들은 파스타, 올리브

오일, 토마토 통조림 등과 같은 고향의 음식을 함께 가지고 나갔는데, 이 중에서도 토마토 통조림은 그들이 그리워하는 토마토 소스 파스타와 같은 음식을 재현할 수 있는 저렴하면서도 쉽게 운반할 수 있고 오래 둘 수 있는 식재료였다. 이탈리아 남부의 무덥고 화창한 날씨는 맛좋은 토마토를 재배할 수 있는 이상적인 환경으로 오늘날까지 이탈리아의 토마토 통조림은 주요 수출품이다.

미국에서는 19세기 중반 무렵 해리슨 크로스비Harrison Crosby가 상업적으로 생산된 토마토 통조림을 알리는 데 큰 기여를 했다. 상황 판단이 빠르고 홍보 감각도 있는 비즈니스맨인 그는 자신의 새로운 토마토 통조림 샘플을 제임스 K. 포크James K. Polk 대통령과 빅토리아 여왕Queen Victoria을 포함한 유명인사들에게 보냈다. 미국의 남북전쟁(1861~1865년)은 토마토 통조림을 대중화시키는 데 역할을 하였는데, 전쟁 기간 동안 많은 병사들이 처음으로 통조림 채소에 접했기 때문이다. 토마토 통조림은 미국에서 큰 비즈니스가 되었고 1870년에는 토마토는 옥수수, 완두콩과 함께 통조림으로 보존하는 세 가지 주요 채소 중 하나가 되었다. 통조림 산업이 발전하면서 통조림 토마토는 쉽게 구할 수 있는 저렴한 재료가 되었다. 여러 유용한 방법으로 성공적으로 보존할 수 있는 재료로서 토마토가 지닌 특징은 토마토를 더욱 다양하고 유용하게 조리에 사용할 수 있도록 해주었는데, 바로 이 때문에 토마토 통조림은 성공을 거두었다.

산마르자노 토마토

이탈리아 통조림 토마토에 사용되는 여러 품종들 가운데 셰프들이나 안목 있는 요리사들이 하나같이 특별히 칭송하는 품종이 하나 있는

데, 바로 산마르자노San Marzano 토마토다. 이 토마토는 끝으로 갈수록 점점 가늘어지는 특유의 모양을 가진 짙은 붉은색 토마토다. 산마르자노는 얇고 쉽게 벗겨지는 껍질을 가진 섬세한 토마토로 복합적인 맛으로 높은 평가를 받는데, 쌉쌀하면서도 달콤한 맛이 느껴지고 산도가 낮으며 씨는 많지 않다. 이 모든 요소들이 합쳐져 산마르자노를 통조림으로 만들기에 아주 좋은 토마토로 만들어 주는데, 산마르자노 토마토는 가공 과정에서 맛과 질감을 계속 유지한다.

산마르자노 토마토의 기원은 이탈리아의 작은 마을 산마르자노 술 사르노San Marzano sul Sarno에서 찾을 수 있다. 역사적으로 이 토마토는 베수비오Vesuvius 산의 풍부한 화산토에서 재배되었다. 이 토마토 재배지가 지역적으로 피자의 고장인 나폴리와 가깝다는 점 또한 의미심장하다. 전통적으로 정통 나폴리 마르게리타 피자를 만드는 데 사용되는 토마토는 바로 이 산마르자노 토마토다.

이탈리아의 요리 전통에서 산마르자노 토마토의 중요성은 너무나도 커서 산마르자노 토마토는 아그로 사르네스-노체르노 지역의 산마르자노 토마토 보호 컨소시엄Consorzio di Tutela del Pomodoro San Marzano dell's Agro Sarnese-Nocerino에 의해 1996년 원산지 보호 명칭Designated Origin of Protection: DOP을 부여받았다. 이로서 산마르자노 토마토는 나폴리에서 가까운 일부 지역에서만 재배되어야 한다고 규정되었고, 어떻게 재배하고 언제 어떻게 수확해야 하는지(손으로 수확한다) 그리고 어떻게 포장해야 하는지 등을 구체적으로 정해졌다. 산마르자노 DOP 토마토가 자라는 미네랄이 풍부한 비옥한 토양은 이 토마토의 독특한 풍미를 만드는 데 중요한 역할을 한다. 그러나 이런 재배방식은 많은 노동을 요구하기에 산마르자노 토마토 재배는 비용이 많이 드는 사업으로 몇몇 기업만이 이 전통을 유지하고 있다. 산마르자노 토마토가 워낙 가치가 있다 보니 가짜 산마르자노가 유통되기도 한다. 진짜 산마르자노 DOP 통조림은 그 래서 '아그로 사르네스-노체르노 지역의 산마르자노 토마토Pomodoro San Marzano dell'Agro Sarnese-Nocerino'라는 라벨과 DOP 표식이 붙어 있다.

지중해 토마토

'지중해식 식단'이라는 구절을 보면 즉각적으로 떠올리게 되는 몇 가지 특정한 재료들이 있다. 올리브 오일, 올리브, 콩류, 통곡물, 생선, 생과 일 그리고 토마토를 포함한 채소류 등이 그것이다. 한때는 미심쩍은 반 응을 얻었던 토마토는 이제 지중해 지역에서 핵심적인 지위를 차지하고 있다. 토마토는 이렇게 따뜻하고 햇살이 좋은 지역에서 잘 자라는데 이 지역에서는 천연의 단맛을 가진 훌륭하고 맛좋은 토마토가 생산된다. 이 곳에서 토마토는 상업 재배자들을 통해 대량으로 재배될 뿐만 아니라 가 족끼리 자급 소비하기 위해 가정의 정원이나 소규모 농장에서도 재배되 는 중요한 작물이다. 익혀서 먹건 익히지 않고 먹건, 생으로 먹건 가공된 걸 먹건, 토마토는 향이 풍부한 모로코식 타진tagine 요리에서부터 볼로 냐Bologna의 유명한 라구소스 탈리아텔레 파스타tagliatelle al ragù와 같이 든 든한 이탈리아의 파스타에 이르기까지 다양한 음식에 색과 맛을 더하며 지중해 레시피에 광범위하게 등장한다.

지중해 지역에서 토마토가 이렇게 중요한 취급을 받으면서 연례 축제 도 생겨나게 된다. 가장 잘 알려진 축제는 1940년대에 시작된 스페인의 토마토 축제La Tomatina로 이 축제는 발렌시아Valencia 지역의 부뇰Buñol이라 는 작은 마을에서 매년 8월 한 여름의 열기 속에 열린다. 발렌시아는 토 마토의 주요 생산지 중 하나로 현지에서 재배된 토마토를 즐기기 위한 축제를 여는 것은 자연스러운 일이다. 그러나 토마토가 주는 음식으로서의 즐거움에 집중하기보다는 이 시끌벅적한 이벤트의 참여자들은 온통 엉망진창이 될 걸 뻔히 알면서도 부드럽고 잘 익은 토마토를 공중에 던지며 축제를 즐기는데 이 때문에 거리는 토마토와 그 즙으로 빨갛게 물들게 된다. 통계상 숫자는 놀랍다. 토마토 '탄약'으로 사용되는 약 140톤의 토마토가 트럭으로 마을에 공수된다고 한다. 소셜 미디어에서도 이야기가 번지면서 이 전통적인 이벤트는 이제 약 5만 명의 참여자를 불러들이는데 "세계 최대의 푸드 파이트World's Biggest Food Fight"로 묘사된 축제에 참여하는 참가자들은 수영복과 고글을 착용하라는 조언을 듣는다.

이탈리아에서는 이보다 좀 더 평범한 토마토 중심의 축제가 열리는데 여기에서는 토마토를 던지기보다는 먹는 것이 축제의 핵심이다. 향토 음식의 뿌리가 깊은 이탈리아에는 사그라sagra라고 알려진, 일반적으로 그 지역에서 나는 지역 특산물을 중심으로 하는 소규모의 지역 축제들이 열린다. 사그라 디 포모도로Sagra di Pomodoro, 토마토 축제는 지역 특산물인 산마르자노 토마토를 기념하기 위해 나폴리 인근에서 열린다.

토마토 케첩

오늘날 미국 어디에나 있는 당연한 양념 소스로 받아 들여지고 있는 선홍색의 달고 걸쭉한 토마토 케첩은 햄버거나 핫도그, 감자튀김과 같은 인기 패스트푸드의 필수적인 토핑이 되고 있다. 그러나 이러한 토마토 케첩의 기원은 몇 세기 전 아시아에서 찾을 수 있다. 이 단어는 발효 피시 소스를 의미하는 중국어(아모이Amoy 방언)인 케치압ketsiap에서 왔는데 이 말이 말레이 반도로 넘어가면서 발효 소스를 묘사하는 케찹kecap으

판 콘 토마테
Pan Con Tomate

고전적인 스페인 요리법으로, 간단한 재료들인 빵과 신선한 토마토가 거부할 수 없는 간식으로 바뀐다. 음료와 함께 전채 요리로 제공한다.

8조각
준비시간 5분
조리시간 5분

· 사워도우 8장, 중간 두께
· 마늘 1개, 껍질 벗긴다.
· 익은 토마토 4개, 반 자른다.
· 엑스트라버진 올리브유, 빵 위에 끼얹는 용도
· 천일염

※ 사워도우sourdough
　공기 중의 젖산균과 효모를 배양하여 시큼한 맛이 나는 반죽

1. 그릴을 높은 온도로 예열한다. 빵을 넣어 양면이 밝은 황금색이 될 때까지 뒤집어 가면서 굽는다. 또는 다른 방법으로는 중간 온도의 모양이 있는 그릴에서 구운 자국이 나도록 양쪽을 굽는다.

2. 갓 구운 빵 위에 마늘을 고정되도록 문질러 올린다. 토마토의 자른 면이 빵 위에 올려 토마토의 즙이 빵으로 스며들게 한다.

3. 각각의 빵에 올리브유와 소금을 뿌린다. 즉시 제공한다.

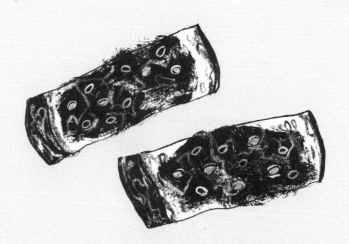

로 기록되었다. 18세기에 동남아시아에서 이 소스를 접하게 된 유럽 무역상들이 '케첩'이라고 불리는 짭짤하고 매운 맛의 양념이라는 개념을 유럽에 소개한 것으로 추정된다.

1747년 영국의 요리사 한나 글라쎄Hannah Glasse는 미국에서도 인기를 끌었던 베스트셀러 요리책인 ≪쉽고 간단하게 만드는 요리법The Art of Cookery Made Plain and Easy≫을 출판했다. 이 책 초판의 '선장들을 위한 요리For Captains of Ships'라는 장에서 그녀는 맥주, 멸치, 버섯, 샬럿, 향신료 등을 넣고 만든, 병에 넣어 몇 달간 보관할 수 있는 항해를 할 때 유용한 소스인 케첩catchup 조리법을 실었다. 케첩은 전통적으로 버섯, 굴, 호두 등을 포함한 다양한 재료로 만들어졌다. 토마토로 만든 케첩이 생겨난 것은 이러한 양념을 만드는 요리 전통에서 비롯되었다.

최초의 토마토 케첩 레시피는 '토마토 또는 러브 애플 케첩Catchup'이라는 타이틀이 붙은 레시피로 필라델피아 출신의 과학자 겸 의사였던 제임스 메이스James Mease에 의해 1812년 미국에서 출판되었다. 식초 대신 브랜디를 넣어 이 소스의 보존을 도운 것으로 보인다. 영국 요리책인 윌리엄 키치너William Kitchiner의 ≪요리사들을 위한 참고서The Cook's Oracle≫ (1817년)에는 앤쵸비와 토마토로 만든 토마토 케첩catsup 레시피가 수록되어 있는데, 이듬해에는 앤쵸비는 빼고 식초가 들어간 레시피로 대체되어 출판되었다. 이후 토마토 케첩 레시피는 더 자주 등장하기 시작했다. 1824년 메리 랜돌프Mary Randolph는 큰 화제를 모았던 미국 요리책 ≪버지니아의 주부들The Virginia Housewife≫이라는 책을 출판했는데 여기에도 토마토 케첩catsup 레시피가 수록되어 있다.

토마토를 한 묶음 정도 수확해서 줄기를 고르고 씻은 다음, 물을 넣지 않고 불에 올려 소금을 몇 숟가락 정도 뿌리고 자주 저어가며 한 시간 정도 끓인다. 처음에는 소쿠리 받쳐 불기를 빼 주고 체를 사용해 물기를 한 번 더 빼도록 한다. 이 액체에 다진 양파 2컵과 작게 부순 메이스를 3.5g 정도 넣어 불에 올린다. 소금이 모자라면 조금 더 넣고 통후추도 한 큰술 넣어 병 2개를 채울 수 있는 양이 될 때까지 함께 끓인 후 병에 넣고 코르크 마개로 단단히 막는다. 8월 건조한 날씨에 만들도록 하자.

초창기 토마토 케첩 레시피는 재료라는 면에서, 그리고 소스를 체에 거르거나 거르지 않는 등 사용되는 방법에 있어 대단히 다양했다. 토마토 케첩에 설탕을 재료로 사용한 것은 19세기 중반 이후에 나타났다.

19세기에는 토마토 케첩이 가정에서는 물론 상업적으로도 생산되었다. 남북 전쟁 이후 상업적으로 만들어진 케첩의 생산량이 뚜렷한 증가세를 보이면서 토마토 케첩은 그 중에서도 가장 인기가 있는 케첩이 되었다. 토마토 케첩의 생산은 역사적으로 미국의 토마토 통조림 사업의 번창과 밀접하게 관련이 있는데 처음에 케첩은 토마토 통조림의 부산물에 불과했다. 즉 제조업자들이 토마토를 버리지 않고 모두 다 쓰기 위한 방법으로 케첩이 만들어진 것이다. 1876년 H.J. 하인즈 컴퍼니H.J. Heinz Company에서도 토마토 케첩이 만들어지기 시작했고, 1906년에는 방부제를 넣지 않은 케첩이 생산됐다. 대대적인 인기를 모은 하인즈 케첩은 그 특유의 8각형 유리병(1890년에 특허를 받음)과 이맛돌 모양의 라벨, 틀어서 여는 뚜껑과 함께 상징적인 음식이 되었다. 하인즈는 여전히 미국에서 가장 많이 판매되는 토마토 케첩 브랜드로 그 어떤 경쟁업체들보다 훨씬 많이 판매되고 있으며, 걸쭉한 질감의 달콤짭짤한 이 소스의 레시피는 극비로 남아 있다. 1896년 뉴욕트리뷴New York Tribune의 한 기사는 토마토 케첩을 "이 땅의 모든 식탁에서" 만날 수 있는 미국의 국민 양념으로 묘사했는데 이 표현은 오늘날에도 여전히 유효하다.

요리용 토마토

　토마토가 이국에서 온 새로운 것으로 처음 소개되었을 때 사람들은 토마토에 의구심부터 품었으나 오늘날 토마토는 전 세계적으로 많은 요리에 사용되고 있다. 토마토는 과즙과 함께 천연의 단맛과 신맛이 합해진 독특한 맛으로 인해 음식의 맛을 끌어올리는 데 유용하게 사용되는 재료가 되었다. 토마토는 또한 주연급 재료가 되기도 하는데, 토마토 샐러드, 속을 채운 토마토, 토마토 수프 등이 그 예이다. 또는 약간의 색감이나 식감, 맛을 더하기 위해 신중하게 사용되는 조연이 되기도 한다. 또 생토마토, 통조림 토마토, 말린 토마토, 토마토 페이스트 등 다양한 형태로 의심할 여지 없이 유용한 재료로 사용된다.

프라이드 그린 토마토
Fried Green Tomatoes

만약 익지 않은 토마토를 어떻게 해야 할지 고심한 적이 있다면, 단단한 그린 토마토를 튀기면 맛있는 음식이 된다는 것은 좋은 정보가 아닐 수 없다. 간단히 그냥 먹을 수도 있지만, 베이컨과 계란을 함께 제공하면 훌륭한 아침식사가 된다.

4인분
준비시간 5분
조리시간 4~6분

· 그린 토마토 4개
· 고운 옥수수가루 3큰술
· 보통 밀가루 1큰술
· 고운 설탕 1작은술
· 소금, 후추
· 식물성 기름 2큰술
· 버터 1큰술

1. 녹색 토마토를 두껍게 썬다. 옥수수가루, 밀가루, 설탕을 함께 섞는다. 소금과 막 간 후추로 간을 한다.

2. 기름과 버터를 큰 프라이팬에 넣고 중불에서 거품이 생길 때까지 가열한다. 옥수수가루 섞은 것에 토마토를 넣어 양면에 잘 묻힌 후 털어낸다.

3. 가루를 묻힌 토마토를 팬에서 양면이 황금색이 날 때까지 2~3분간 튀긴다. 즉시 제공한다.

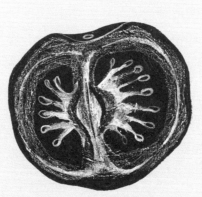
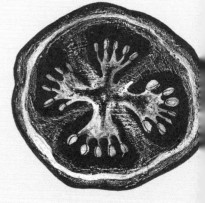

토마토는 익혀서도 혹은 익히지 않고도 먹을 수 있는, 아주 다용도로 활용할 수 있는 재료다. 생토마토를 먹을 때 그 맛을 최대로 끌어 올릴 수 있는 한 가지 간단한 방법은 토마토를 먹기 한참 전에 냉장고에서 꺼내서 실온이 될 때까지 기다렸다 먹는 것인데, 토마토는 차게 하면 맛이 약화되기 때문이다. 풍미가 풍부한 잘 익은 토마토, 이상적으로는 갓 딴 토마토로 만든 샐러드는 간단하게 만든 것조차도 먹는 기쁨을 주는 음식이 될 수 있다는 깨달음을 준다. 대개는 붉은색이지만 노랑, 녹색, 짙은 빨강 등의 색으로도 존재하는 토마토 천연의 생생한 색감 덕분에 토마토는 샐러드의 생기를 살려주는 재료가 된다. 유명한 이탈리아의 인살라타 트리콜로레insalata tricolore는 이탈리아의 국기에 들어가는 세 가지 색을 애국적으로 재현하기 위해 녹색 아보카도 슬라이스와 하얀 모짜렐라 치즈, 선홍색의 토마토가 사용된다.

과즙이 풍부한 토마토의 식감은 다양한 요리 용도로 토마토를 사용하는 가장 중요한 이유가 된다. 토마토가 처음으로 재배되었던 멕시코에서 토마토는 많은 요리에서 중요한 역할을 하는데, 그 중에서도 특히 다진 토마토는 살사를 만들 때 사용된다. 씨를 제거하고 곱게 다져진 토마토는 종종 과카몰리에 들어가는데 이렇게 하면 토마토의 신선한 신맛과 아보카도의 크림 같이 풍부한 맛이 대조를 이루게 된다.

스페인의 판 콘 토마테pan con tomate와 같은 흥미로운 전통 조리법도 있는데, 이는 빵 중에서도 주로 마른 빵에 익히지 않은 신선한 토마토를 합쳐 토마토의 즙이 빵을 부드럽게 적시도록 만든 음식이다. 그리스의 크레타Crete 섬에서는 다코스dakos라는 음식이 있는데, 딱딱한 보리빵 위에 다진 생토마토, 양파, 페타치즈, 올리브 등을 올리고 토마토의 즙이 단단한 빵으로 스며들게 잠시 두었다가 먹는 음식이다. 이탈리아의 판자넬라panzanella라는 빵과 토마토로 만든 샐러드 역시 마찬가지다. 빵을 주사위

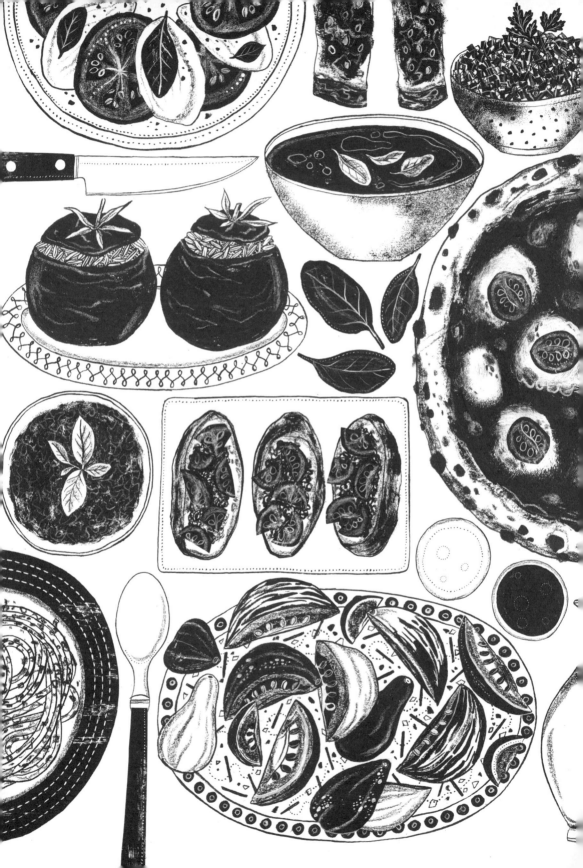

모양으로 잘라 토마토, 양파, 올리브 오일 베이스의 드레싱을 넣고 섞은 샐러드인데, 이것 역시 먹기 전에 잠시 두었다가 먹는다.

기후가 따뜻한 나라들은 신선한 생토마토를 다양하게 활용하는데, 무더운 여름에는 상쾌하게 먹을 수 있는 음식을 만들기 위해 생토마토를 사용한다. 시칠리아에는 이 지역의 향토 음식으로 섬의 서부 해안에 있는 트라파니Trapani 마을의 이름을 딴 페스토 알라 트라파네제pesto alla trapanese가 있다. 시칠리아식 페스토는 잘 익은 토마토와 데친 아몬드, 마늘, 바질로 전통적으로는 절구에 찧어 만들어 갓 삶은 파스타와 버무린다. 살사 디 포모도로 크루도Salsa di pomodoro crudo는 생토마토를 다지거나 으깨서 마늘, 올리브 오일, 바질로 맛을 낸 또 다른 이탈리아의 파스타 소스다. 스페인에는 무더운 여름에 먹기 위해 생토마토 즙을 사용해 만든 차가운 수프인 가스파초gazpacho가 있다.

토마토의 천연 과즙은 익힌 음식을 만드는 데 도움이 된다. 즙이 풍부하고 맛있게 잘 익은 생토마토를 구하기 힘들 경우에는 보통 통조림 토마토가 간편한 대안이 된다. 베샤멜béchamel 소스로 만든 부드러운 식감의 크림 토마토 수프건 섬세한 콘소메consommé건 아니면 건더기가 넉넉히 씹히는 이탈리아 미네스트로네minestrone 수프건 모든 수프는 토마토 본연의 즙을 최대한 활용할 수 있는 훌륭한 방법이다. 토스카나 지역의 유명 음식인 파파 알 포모도로papa al pomodoro는 오래된 시골빵과 토마토, 마늘, 육수로 만든 죽 같은 질감의 걸쭉한 수프다. 이탈리아 수고 알 포모도로sugo al pomodoro를 포함한 소스 역시 보통 양파, 마늘 등으로 간단하게 맛을 낸 것이다. 이 레시피는 남부 이탈리아식으로 만드는 법도 있는데 이 레시피에서는 빵은 건고추와 염장한 앤쵸비로 맛을 낸 토마토를 스파게티와 비벼서 마른 빵가루를 뿌려낸다. 스페인 요리 중에는 그릴이나 팬에 구운 토마토와 아몬드 또는 헤이즐넛, 마늘, 그릴에 구운 뇨

토마토 크로스티니
Tomato Crostini

이 앙증맞은 토마토 토핑 모듬은 이탈리아에서 인기 있는 전채 요리이며, 전통적으로 차가운 프레세코Prosecco, 이탈리아 화이트 와인의 일종 같은 와인 안주로 제공된다.

16개 분량
준비시간 10분
조리시간 15~20분

· 치아바타 8조각
· 올리브유 2큰술
· 체리 토마토 10개, 4등분
· 로마 토마토 2개, 다지기
· 발사믹 식초 1작은술
· 바질 잎 8장
· 소금, 후추

※ **치아바타**Ciabatta
이탈리아어로 납작한 슬리퍼라는 뜻처럼 납작한 모양의 빵으로, 이탈리아 전통 빵들 중에 전 세계에 가장 널리 알려져 있다.

1. 오븐을 200℃로 예열하고, 치아바타를 반으로 자른다. 베이킹 팬에 치아바타 16조각을 올려놓는다. 올리브유 1/2큰술로 각각의 치아바타 윗부분에 바른다. 빵을 황금색이 나게 15~20분 동안 구우면서 중간에 빵을 뒤집어 올리브유 1/2큰술로 다른 면도 바른다. 다 구우면 꺼내서 식힌다.

2. 토마토 토핑을 준비한다. 볼에 체리 토마토와 로마 토마토, 남은 올리브유와 발사믹 식초를 넣고 섞는다. 바질 잎을 채 썰어 고명용으로 조금 남겨두고 나머지를 같이 섞는다. 소금, 후추로 간을 한다.

3. 토마토와 섞은 것을 한 스푼씩 떠서 각각의 빵에 골고루 올려준다. 남은 바질로 고명을 하고 즉시 제공한다.

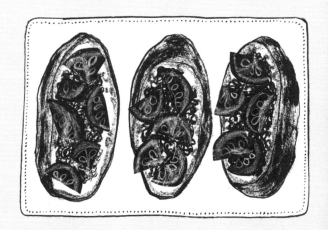

라nora 고추 등을 와인 비네가, 올리브 오일과 섞어서 만든 살사 로메스코salsa romesco가 있다. 이렇게 만든 거친 질감의 매콤하게 톡 쏘는 소스는 생선이나 채소 또는 육류에 곁들여 먹는다. 그리고 물론 피자 반죽에도 보통 붉은 토마토 소스를 바른다.

손질하는 방법에 따라 토마토는 여러 레시피에서 다양하게 사용된다. 어떤 토마토 레시피에서는 토마토 껍질을 벗겨야 한다. 일반적으로 매우 뜨거운 물에 토마토를 데쳐 껍질을 느슨하게 한 다음 그냥 벗기면 된다. 피에몬테Piedmonte 고추 요리와 같은 전통 음식을 예로 들면 껍질을 벗긴 생토마토, 마늘, 앤쵸비 등을 빨간 고추에 채우고 속이 익을 때까지 오븐에서 굽는다.

이와는 대조적으로 주방에서 토마토를 사용하는 또 하나의 방법은 토마토의 말랑하고 즙이 많은 씨 부분을 파내고 토마토 케이스를 만드는 것이다. 이 화려한 색감의 천연 케이스에는 채소에서부터 참치에 이르기까지 다양한 재료를 채울 수 있다. 프랑스에는 멋지게 속을 채운 토마토 음식들이 다양하게 있는데 이 중 토마트 팍시 쇼드 아 라 본느 팜tomates farcies chaudes à la bonne femme이라는 이름의 음식은 속을 파낸 토마토에 소시지 고기로 만든 필링을 푸짐하게 채워 넣은 만든 것이다. 그리스에는 토마토에 쌀, 양파, 허브를 채워 넣고 서서히 약한 불에서 쌀이 익을 때까지 익힌 타베르나taverna라는 음식이 있다.

토마토의 높은 수분 함량과 특유의 맛은 토마토가 토마토 주스라는 액체의 형태로 소비될 수도 있다는 사실을 의미한다. 인디애나 주의 프렌치 리크 스프링스 호텔French Lick Springs Hotel에서 1917년에 셰프로 일한 루이 페렝Louis Perrin은 음료용 주스를 만들 용도로 처음으로 토마토 즙을 짠 사람이라는 명성을 얻었다. 인디애나 주에 살던 켐프Kemp 가족은 1929년 토마토 주스를 상업적으로 생산하기 시작했고, 미국 사람들이 이 새

마르게리타 피자
Pizza Margherita

이 고전적인 피자는 1889년 사보이의 마르게리타 여왕을 기리기 위해 나폴리에 있는 요리사 라파엘 에스포지토가 만들었다고 전해진다. 이탈리아 국기에 있는 빨간색, 흰색, 초록색을 애국적으로 결합해 요리한다.

피자 4개
준비시간 25분, 반죽 숙성 1시간
조리시간 10~15분, 피자 1개당

- 다목적용 밀가루 4컵, 덧밀가루용 약간
- 소금 1작은술
- 고운 설탕 1작은술
- 속효 건조 이스트 1작은술
- 미지근한 물 1과 1/4컵
- 올리브유 2큰술
- 토마토소스 1과 1/4컵, 또는 토마토 페이스트 12~16큰술
- 버펄로 또는 모차렐라 치즈 3개, 조각낸다.
- 바질 잎 2주먹
- 후추

1. 밀가루, 소금, 설탕, 이스트를 섞어 피자 반죽을 만든다. 미지근한 물, 올리브유를 넣고 서서히 섞어 반죽을 만든다. 깨끗한 작업대에 밀가루를 얇게 뿌리고 반죽을 올려 부드럽고 탄력이 생길 때까지 반죽한다. 반죽을 기름칠한 그릇에 넣고 깨끗한 수건으로 덮어 따뜻한 곳에 1시간 정도 둔다.

2. 그동안 오븐을 250℃로 예열한다.

3. 밀가루를 바른 깨끗한 작업대에서 부푼 반죽을 꺼뜨리고 3mm 두께로 밀어 둥근 피자 도우 4개를 만든다.

4. 베이킹팬 바닥에 밀가루를 살짝 뿌리고 피자 도우를 놓는다. 토마토 소스 또는 페이스트를 각각 골고루 펴 바른다. 모차렐라 치즈를 흩뿌리고 바질 잎 절반을 올려준다. 후추로 간을 한다.

5. 예열된 오븐에 10~15분 정도 반죽의 색이 옅어지고 치즈가 녹을 때까지 굽는다. 남은 바질 잎으로 고명을 하고 즉시 제공한다.

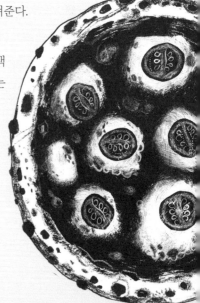

로운 붉은 음료를 좋아하게 되면서 몇 년 후 하인즈 컴퍼니와 캠벨 수프 컴퍼니Campbell Souop Company가 그 뒤를 이었다.

토마토 주스로 만든 대표적인 칵테일인 블러디 메리Bloody Mary가 1920 년대 또는 1930년대에 탄생했다. 이 칵테일의 정확한 유래는 논쟁의 소재가 되고 있다. '피트Pete'라는 별명을 가진 프랑스 바텐더 페르디낭 프치오Ferdinand Petiot는 1921년 파리에 있는 해리스바Harry's Bar에서 토마토 주스와 보드카를 함께 섞었다고 주장했다. 나중에 그는 뉴욕에 있는 세인트레지스 호텔St. Regis Hotel에서 일하면서 이 음료를 뉴욕에 소개했는데 여기서 그는 소금, 후추, 카이엔페퍼, 우스터 소스 등의 맛을 추가했다. 원조의 자리를 다투는 또 다른 도전자들로는 뉴욕 21클럽에서 일하던 바텐더 헨리 즈비키위츠Henry Zbikiewicz와 보드카와 토마토 주스를 섞은 칵테일을 제안한 것으로 알려진 코미디언 조지 제셀George Jessel이 있다. 그 유래가 무엇이건 간에 블러디 메리는 미국에서 가장 인기 있는 칵테일 중 하나가 되었다.

먹을 수도 있고 마실 수도 있는, 굉장히 유용하고 지극히 다양하게 활용할 수 있는 생기 가득한 토마토는 많은 사랑을 받는 채소로 자리매김하며 전 세계인이 즐겨 먹는 채소가 되었다.

토마토

번역후기

바쁜 현대인들의 건강한 식단에 관한 관심이 지속적으로 높아지고 있다. 건강한 식단을 위해서는 식재료 또한 중요한 부분이다. 식단을 구성하는 식재료는 단순히 음식을 만들기 위한 도구로서가 아닌 건강한 식이를 위한 아주 기본적인 선택인 것이다.

이 책은 우리 삶에 있어 필수적인 7가지 식재료들에 대하여 다양한 방향으로 우리에게 이야기해 주고 있다. 돼지고기, 꿀, 소금, 칠리, 쌀, 카카오, 토마토, 이 7가지 식재료는 특별하지 않지만 우리에게 없어서는 안 되는 중요한 식재료들이라 말할 수 있다. 우리의 식단에 자주 다양한 방법으로 사용되며, 맛의 특별함과 풍부함을 제공한다.

이 책은 어쩌면 우리가 잊고 있었을 각각 식재료들의 기원부터 현 시대의 다양한 쓰임을 이야기하며 즐거운 상상을 하게 만들어주는 동시에, 각 식재료의 중요성을 다시 한 번 일깨워준 고마운 책이다.

이 책의 번역작업은 식재료의 기원지로 여행을 떠나 보는 즐거운 시간이었다. 이 책을 접하는 독자들에게도 매력적인 시간을 선물해줄 것이라 생각된다.

찾아보기

꿀

소금

칠리

쌀

카카오

토마토